中国法律史学文丛

秦汉刑罚制度研究

〔日〕富谷至 著

柴生芳 朱恒晔 译

商务印书馆
The Commercial Press
创于1897

秦漢刑罰制度の研究

冨谷至 著

SHIN KAN KEIBATSU SEIDO NO KENKYU

Copyright ©1998 Itaru Tomiya

Chinese translation rights in simplified characters arranged with

KYOTO UNIVERSITY PRESS through Japan UNI Agency, Inc, Tokyo

根据京都大学学术出版会 1998 年版译出

柴生芳(1969—2014),考古学家、中国法律史专家;被授予"时代楷模""全国优秀共产党员""人民满意的公务员"等荣誉称号。

1969年生于甘肃。1990年北京大学考古系本科毕业,分配到甘肃省文物考古研究所。1997—2002年赴日本国立神户大学留学,获得文学硕士、博士学位。先后参与甘肃榆中彩陶遗址、礼县大堡子山秦公大墓、敦煌汉代悬泉置遗址和酒泉、敦煌晋唐壁画墓地等重要考古遗址的发掘清理和报告编写工作,发表《汉代敦煌悬泉置遗址发掘记》等文章。2002年回国工作,任中共甘肃省委办公厅主任科员,2006年起先后任陇西县副县长、定西安定区副区长,2013年任临洮县县长。推动甘肃马家窑遗址发掘和保护以及编制《临洮县华夏文明传承创新区建设方案》,规划甘肃沿洮文化产业带等。

朱恒晔，1972年生于上海。日本神户大学经营学硕士。先后担任上海西门子移动通信有限公司总裁助理、野村综合研究所顾问和毕博管理咨询有限公司（前毕马威咨询 KPMG Consulting）高级顾问。主要项目：2010年上海世博会综合研究、上海市房地产投资研究、中国电子商务市场研究、半导体产品市场研究、上海市政府临港新城规划、洋山港物流园区规划、北京市软件产业发展规划、中国家电产业的外包生产。日文出版作品：《中国国有企业改革新动向》(《知性资产创造》，野村综合研究所出版)。

总　序

随着中国的崛起，中华民族的伟大复兴也正由梦想变为现实。然而，源远者流长，根深者叶茂。奠定和确立民族复兴的牢固学术根基，乃当代中国学人之责。中国法律史学，追根溯源于数千年华夏法制文明，凝聚百余年来中外学人的智慧结晶，寻觅法治中国固有之经验，发掘传统中华法系之精髓，以弘扬近代中国优秀的法治文化，亦是当代中国探寻政治文明的必由之路。中国法律史学的深入拓展可为国家长治久安提供镜鉴，并为部门法学研究在方法论上提供养料。

自改革开放以来，中国法律史学在老一辈法学家的引领下，在诸多中青年学者的不懈努力下，在这片荒芜的土地上拓荒、垦殖，已历30年，不论在学科建设还是在新史料的挖掘整理上，通史、专题史等诸多方面均取得了引人瞩目的成果。但是，目前中国法律史研究距社会转型大潮应承载的学术使命并不相契，甚至落后于政治社会实践的发展，有待法律界共同努力开创中国法律研究的新天地。

创立已逾百年的商务印书馆，以传承中西优秀文化为己任，其影响达致几代中国知识分子及普通百姓。社会虽几度变迁，物是人非，然而，百年磨砺、大浪淘沙，前辈擎立的商务旗帜，遵循独立的出版品格，不媚俗、不盲从，严谨于文化的传承与普及，保持与学界顶尖团队的真诚合作，始终是他们追求的目标。追思当年，清末民国有张元济（1867—1959）、王云五（1888—1979）等大师，他们周围云集一批仁人志士与知识分子，通过精诚合作，务实创新，把商务做成享誉世界的中国品牌。抗战烽烟使之几遭灭顶，商务人上下斡旋，辗转跋涉到渝、沪，艰难困苦中还不断推出各个学科的著述，中国近代出版的一面旗帜就此屹立不败。

近年来，商务印书馆在法律类图书的出版上，致力于《法学文库》丛书和法律文献史料的校勘整理。《法学文库》已纳入出版优秀原创著作十余部，涵盖法史、法理、民法、宪法等部门法学。2008年推出了十一卷本《新译日本法规大全》点校本，重现百年前近代中国在移植外国法方面的宏大气势与务实作为。2010年陆续推出《大清新法令》（1901—1911）点校本，全面梳理清末法律改革的立法成果，为当代中国法制发展断裂的学术脉络接续前弦，为现代中国的法制文明溯源探路，为21世纪中国法治国家理想呈献近代蓝本，并试图发扬光大。

现在呈现于读者面前的《中国法律史学文丛》，拟收入法律通史、各部门法专史、断代法史方面的精品图书，通过结集成套出版，推崇用历史、社会的方法研究中国法律，以期拓展法学规范研究的多元路径，提升中国法律学术的整体理论水准。在法学方法上致力于实证研究，避免宏大叙事与纯粹演绎的范式，以及简单拿来主义而不顾中国固有文化的作品，使中国法律学术回归本土法的精神。

何勤华

2010年6月22日于上海

二十年的岁月

本书《秦汉刑罚制度研究》的中文版于2004年由广西师范大学出版社首次发行。这次商务印书馆联络到本书译者之一的朱恒晔女士，经商务印书馆王兰萍老师的不懈努力，促成了本书的再版发行。我感到由衷的喜悦，借此机会向二位真诚致谢。

《秦汉刑罚制度研究》日文版原著自1998年付梓以来，20余年岁月已然流逝。在此期间，无论在中国还是日本，对中国古代史的研究都取得了惊人的进展，出土文字资料在质量上和数量上的极大充实是主要原因。关于法律和刑罚，1983年到1988年，从湖北省江陵县张家山的多个汉墓出土了汉简，其中247号墓出土的527本的汉律令，让一直没有被系统解明的汉律真实情况水落石出，是划时代的发现。

张家山汉律（二年律令）的图版、释文发表于2001年，当时本书的各篇论文还无法使用这些新发现的资料。因此，对本书所作考证确有必要作若干修改。

在本书"后记"的最后部分，我作了如下表述："虽然为时已晚，但魏晋南北朝刑罚制度的研究也不得不着手进行了"。虽然尚不完整，作为研究成果于2016年发行了《汉唐法制史研究》（创文社），已经是我从京都大学人文科学研究所退休的前一年，近二十载矣。对自己的怠惰，我羞愧难当。此书经厦门大学教授周东平先生翻译，将由中华书局出版发行。

对于中文版的发行，我同样深表感谢，然而不得不承认我对法制史的研究未臻完善。法制史研究包括法律、刑罚以及犯罪三个范畴。其中法律和刑罚方面的研究一直在日中学界热烈开展并取得了成果。但是有关犯罪的研究没有受到应有的重视。某些行为是否构成违法而成为处罚对象，根据不同的地域和时代是有差异的。不同的状况之下，犯罪成立的法理是什么？考虑这个问题，惟有探明历史事实而别无他法。我希望以"犯罪法制史"（并不是"犯罪学"criminology 也不是"犯罪的历史"history of crimes）的重要性及确立为目标，着手时却已为时过晚，研究未达满意之境。"日暮途远"，我的未竟之事要托付给年轻一代的学者。

20多年的岁月，除研究以外，我身边也变化巨大，还发生了和本书中文版相关的伤心事。

由广西师范大学出版社发行的此书作为《简牍研究丛书》的一个环节被当时担任主编的谢桂华先生所采纳。无论是从简牍研究还是从年龄上讲，谢桂华先生都是我的前辈，与我过从甚密，谢先生令嫒来日本留学，我当了身份保证人。她现在已经是两个孩子的母亲，同时也是活跃于日本大企业的企业人。先生来大阪出席令嫒的结婚典礼却是我们最后一次相会，2006年先生与世长辞。那亲切豪放的笑声、几乎听不懂的湖北方言，我至今记忆犹新。在大阪，先生诚恳邀请我参加近期将在中国举办的简牍学会——记得是在连云港，可我因为工作关系无法前往。那时谢桂华先生难以言述的遗憾表情让我始终无法忘却，惭愧至今。

另一位是本书译者柴生芳。和柴君初次见面，正如他在广西师范大学出版社的中文版最后的《跋》中所述，1997年春天，因为想参加我主办的汉简研究班，柴君来到京都大学人文科学研究所。那年我正好作为客座讲师每周去他留学的神户大学大学院（即研究生院）讲课，柴君也加入了我的课堂。

柴君作为班组成员参加了由我主持的京都大学人文科学研究所之"边境出土木简的研究"班。作为成果，同名的研究报告论文集《边境出土木简的研究》（富谷至 编）于2003年由京都朋友书店出版发行，其中收录了柴君的论文《敦煌汉晋悬泉遗址》。这是他自己实地考察敦煌悬泉置遗址的详细发掘报告和遗址分析，首次发表在日本而非中国，是很有价值的论文。

我脑海里的柴生芳君，毕业于北京大学考古系，曾经在甘肃省文物考古研究所从事研究工作，是中国考古学界的英才。但他在日本留学时就有从政志向，希望致力于生活环境和文化事业，那时柴君就已经在为黄土高原的绿化尽力了。2002年回国之后，他作为政府官员在故乡甘肃省发挥才能。尽管我并不了解他作为政府官员的活跃一面，可在2002年8月去敦煌、居延的遗址考察时，已经在政府部门工作的柴君同行了两三天，我们于兰州挥手告别。万万没有想到，那是我见到他的最后一面。此后10年，彼此并未联系。直到2014年8月，厦门大学周东平教授和中国政法大学赵晶教授几乎同时联络我，告知柴君突然去世的消息。已经成为甘肃省临洮县县长的他，因工作过劳，早晨被发现在县政府办公室悄然离世。

商务印书馆再次发行《秦汉刑罚制度研究》中文版，实为可喜可贺之事，本该借再版序言向为出版作出最大贡献的谢桂华先生和柴生芳君致以衷心感谢，现在却不得不将两位记于鬼录。悯然悲兮，无以言表。

富 谷 至

2020年11月

秦汉刑罚得失说

2019年，应商务印书馆之邀，出版了拙作《中国刑法史讲义——先秦至清代》。恰好今年商务印书馆又计划再版日本学者富谷至先生的《秦汉刑罚制度研究》，因我在"讲义"的第三讲"春秋战国秦汉的刑法"中将富谷至的这部大作列入"参考文献"向读者推荐，商务印书馆的资深编辑王兰萍女史嘱我为此书作序。

富谷至，1952年出生于日本。1975年，毕业于日本京都大学文学部；1979年4月，任京都大学人文科学研究所助手；1985年，任日本大阪大学教养部讲师；1994年，任京都大学人文科学研究所副教授；1997年，获得文学博士学位；2000年任京都大学人文科学研究所教授至今。2004年，任德国慕尼黑大学客座教授，并任中国西北大学客座教授。由于其对瑞典探险家斯文·赫定发掘的楼兰文书，以及在东亚各国的制度史、思想史、民族学、社会学领域的研究成果丰硕，2009年7月，瑞典王国对其颁发北极星勋章，以示表彰。在此期间富谷至先后撰写了多篇有关中国史的著作，如《中国古代的刑罚》(1995年)、《秦汉刑罚制度研究》(1998年)、《流沙出土的文字资料》(2001年)、《木简竹简述说的古代中国：书写材料的文化史》(2003年)、《从三国鼎立到统一：史书与碑文一起读》(2008年)、《文书行政的汉帝国：木简竹简的时代》(2010年)、《汉唐法制史研究》(2016年)等。其中《秦汉刑罚制度研究》由柴生芳、朱恒晔翻译成中文，广西师范大学出版社于2006年出版发行，在中国学界产生重大影响。其后，《木简竹简述说的古代中国：书写材料的文化史》由刘恒武翻译,人民出版社于2007年出版;《文书行政的汉帝国:木简竹简的时代》由刘恒武与李孔波合手翻译,江苏人民出版社于2013年出版。这几本著作在国内的出版发行,使富谷至先生成为中国史学界、法学界负有盛名的学者,而作为他博士学位论文的《秦汉刑罚制度研究》,既是其成名作,也是他的代表作。富谷氏以出土秦汉简牍,结合历史文献资料研究秦汉的刑罚制度,其选材严谨,持论精准,是一部学习研究法制史及秦汉史学人的必读之作。

富谷至先生在《秦汉刑罚制度研究》的自撰"序言"中,系统介绍了此书的内容和特点,我也就不打算在这些方面多着笔墨了,只想谈谈我学习该作的收获及个别存疑的地方。

首先,富谷至先生认为,"秦代确立的是一种理论完备的刑罚体系","汉代虽然从形式和内容上沿袭了秦刑罚,但最终还是经过脱胎换骨形成了自己的刑罚体系"。这不仅承认了传统的"汉承秦制"说法,而且进一步肯定了汉代系统地发展了秦之法制大业。陈寅恪先生说:

> 秦之法制实儒家一派学说所附系。《中庸》之"车同轨,书同文,行同伦。"(即太史公所谓至始皇乃能并冠带之伦之"伦"。)为儒家理想之制度,而于秦始皇之身,而得以实现之也。汉承秦业,其官制法律亦袭用前朝。遗传至晋以后,法律与礼经并称,儒家周官之学说悉采入法典。[①]

富谷至在秦汉刑罚制度研究问题上建立起来的理论框架无疑是站得住脚的。

其次,作者系统地介绍了秦代刑罚中的刑、耐、黥、完、罪的概念,指出"刑"和"刑罪"是肉刑的意思;秦简中的"耐"是不施肉刑,但要剃去颜毛,较附加肉刑的劳役刑轻的一类刑罚的总称;"黥"是指施以刺

---

① 陈寅恪:《金明馆丛稿二编》之《冯友兰中国哲学史下册审查报告》,上海古籍出版社1980年,第251页。

青的肉刑；"完"则不施肉刑髡鬓，保持颜面完整的刑罚，但还需服劳役刑。对"罪"字的解释，则更有新意，作者指出，秦简中的"罪"（辠）除了犯罪的意思外，还有刑罚的意思，因而至少在秦律中，还没有把罪与罚加以区分的意识。秦代的刑罚体系，分为肉刑、劳役刑、赀刑（财产刑）、赎刑（另一种财产刑）和死刑。秦代的肉刑并不是单独使用的，是与劳役刑合并使用的。劳役刑既不是无期徒刑，也不是有期徒刑，而是不定期刑。一般是通过"赦"而免除劳役处罚。汉初沿用秦制，仍是肉刑与劳役刑并用，刑期不定。文帝的刑制改革后，废除了肉刑，将劳役刑导入刑期，确立了髡钳城旦（五年）、完城旦（四年）、鬼薪白粲（三年）、隶臣妾（三年）和司寇（二年）等刑罚体系。从而建立了一套比较完整的徒刑制度。在论述这个问题过程，富谷至还就"隶臣妾"问题对前人研究的成果做了系统的梳理，如用新史料否定了沈家本的隶臣妾之名，"是秦所无，汉增之也"的说法，用秦简中的材料证明"隶臣妾"是一种对罪犯贬低身份从事劳作的刑罚的结论，并指出："汉代，在隶臣妾纳入劳役刑范畴后，它就不再附加于其它劳役刑了。"这可以说是富谷至在秦之刑罚制度研究上的突出贡献之一。此外，富谷至还在"缘坐制度"方面从服制与刑罚的结合入手，考察缘坐适用范围的变化，从而得出户籍向服制转化的规律，极有见地，是令人耳目一新的见解。

再者，关于财产刑制度，分为赀刑于赎刑两种。罚赀是指犯罪后被判处缴纳一定数量的罚金或劳役，其本身就是一种刑罚；赎刑是指中国古代法律规定的，犯罪人可缴纳一定数量的金钱，或服一定期限的劳役而减免其罪，是对现有刑罚的易科。富谷至根据《韩非子》中提到秦国刑罚有赀甲，"这说明赀刑源于战国秦"。这个说法不准确，相传夏代即有"罚"。《路史·后记》："夏后氏罪疑惟轻，死者千馔，中罪五百，下馔二百。罚有罪而民不轻，罚轻而贫者不致于散。故不杀不刑，罚弗及疆而天下治。"夏代史料虽不可尽信，但西周《吕刑》中有"罪疑惟罚"

的原则，即对犯罪事实不明、证据不足者，释放时加以"罚锾"，按五刑标准，墨疑罚百，劓疑二百，剕疑五百，宫疑六百，大辟千锾。在出土的西周铜器的铭文中也有"罚锾"的记载。富谷氏认为，汉代的"罚金针对官吏的时候比较多"；"罚金刑不是对秦代赀刑的继承"，罚金在最初没有被列入作为正刑的律的体系。但随着时间的推移，到汉武帝以后，终于作为正刑的一种纳入了刑罚体系。富谷氏对此论述甚详。

赎刑的使用也很久远，《尚书》中有"金作赎刑"的记载。《国语·齐语》有管仲与齐桓公的对话，齐桓公问管仲说，齐国的"甲兵不足如何？"管仲说："轻过移诸甲兵。"具体办法是"制重罪赎以犀甲一戟，轻罪赎以鞼盾一戟，"齐国的赎刑制度还很原始，但可以肯定是实行了的。实际上在19世纪，英国法学家亨利·梅因（1822—1888年）在其名著《古代法》中曾有论述：

> 古代社会的刑法不是"犯罪"法；这（宏按：原文如此，恐当作"而"字）是"不法行为"法，或用英国的术语，就是"侵权行为"法。被害人用一个普通民事诉讼对不法行为人提起诉讼，如果他胜诉，就可以取得金钱形式的损害补偿。
>
> 如果一种侵权行为或不法行为的标准是：被认为受到损害的是被损害的个人而不是"国家"，则可断言，在法律学的幼年时代，公民赖以保护使不受强暴或欺诈的，不是"犯罪法"，而是"侵权行为法"。[①]

梅因所说的是世界普遍的现象，在中国也不例外。如据历史传说在夏代就出现了"金作赎刑"，即用财产或金钱赎罪以代刑罚。据《尚书大传》云："夏后氏不刑不杀，死罪罚二千馔。"[②] 商鞅也说："伏羲、神农，教而不诛"[③]。上古社会的所谓"赎刑"，其本质就是以"侵权行为法"处理氏

---

① 〔英〕梅因：《古代法》，沈景一译，商务印书馆1959年，第208—209页。
② 《史记》卷三〇，《平准书》，《索隐》引《尚书大传》；马融云："馔，六两。"
③ 石磊译注：《商君书·更法第一》，中华书局2011年，第6页。

族部落内的相互侵犯的行为，用赔偿的方式，解决伤害、甚至杀人行为。这可从后世少数民族的史料来解析。如唐代西南少数民族地区"其法：劫盗者二倍还赃，杀人者出牛马三十头，乃得赎死，以纳死家。"[①]金之始祖定约："凡有杀伤人者，征其家人口一，马十偶，牸牛十，黄金六两，与所杀伤之家，即两解，不得私斗。""女真之俗，杀人偿马牛三十自此始。"[②]马十偶，是说公母各十匹；牸（zì）牛，是指母牛。这可以看出，在各民族早期的历史中，对本部族成员的保护，正如梅因所说，不是以"犯罪法"，而是"侵权行为法"。而以肉刑、死刑为主的刑罚，则主要适用于对外部落（族外）侵害的"报复"。蔡枢衡先生（1904—1983年）认为：

> 三皇时代只有扑挞和放逐，没有死刑和肉刑。《路史·前纪》卷八，祝诵氏："刑罚未施而民化"；《路史·后纪》卷五，神农氏："刑罚不施于人而俗善。"《商君书·画策》："神农之世，刑政不用而治"（政，疑为罚之误），都是这一实际的反映。桓谭《新论》："无刑罚谓之皇。"可见没有刑罚，正是三皇所以被称为皇的缘故。[③]

富谷至引用滋贺秀三的观点，说他"发现死刑。肉刑都是以把加害者从社会或共同体中驱逐出去为目的。他认为这是中国刑罚的起源。"这个观点与蔡枢衡《中国刑法史》中所说的"三皇五帝时代，惩罚违反风俗习惯行为的方法是扑挞和放逐"是一致的。富谷至在2017年10月，在华东政法大学的讲座上曾说：

> 刑罚的起源，一般有二元说和发展说两种理论。二元说认为刑罚的起源具有二元性，分为族内制裁和族外制裁两个系统，族内制裁是指一个共同体的人被驱逐出去，而族外制裁是对于共同体的敌人施行的制裁。

---

① 《旧唐书》卷一九七，《南蛮西南蛮·牂牁传》。
② 《金史》卷一，《世纪》。
③ 蔡枢衡：《中国刑法史》，广西人民出版社1983年，第56页。

"无刑罚",并不意味没有任何惩治手段,除了扑挞和放逐外,损害赔偿也是最常用的方式。富谷至不赞成中国刑罚起源的二元性,认为"不存在复仇向赔偿转换的过程"。对于"族内"侵犯人身及财产损害的补偿,大多是以"赎"的方式来赔付。

就像"隶臣妾"是一种对罪犯贬低身份从事劳作的刑罚一样,赎刑并不是任何人都可取赎的,一般能够适用赎刑者,必须拥有一定的社会身份地位。秦代一般定爵位二十等,有爵者方可取赎,无爵者则必须服刑。这就是传说中"夏有赎刑"的实质。爵在秦汉时对有普通公民皆适用,如《汉书·刑法志》记载:"民有罪,得买爵三十级以免死罪",即赎死须买爵三十级。应劭曾注释此说:"一级值钱二千钱,凡为六万",即须花六万钱方可赎死罪。汉武帝时更令,"募死罪入赎,钱五十万,减死一等。"四等爵为不更,其下皆为民爵;五等为大夫,其上为官爵。公士为最低等的爵位。因此,最低的民爵都享有以爵赎免刑罪的特权。但有此权者,未必都能做到取赎。如司马迁就是因为无钱赎刑,只得就刑。他在《报任少卿书》中说他,"家贫货赂不足以自赎,交游莫救,左右亲近,不为一言",只能"伏法就诛"[①],接受腐刑。身为太史令的司马迁,虽有身份,家中无钱,仍不能"自赎"。可见赎刑不是一般人能够承担得了的。

最后,与劳役刑相关的是秦汉的监狱制度,富谷至利用洛阳出土的东汉刑徒砖考据,说明:"这个狱不仅关押未决犯,也具有关押既决犯的功能。"这一结论是十分精审的。晋张斐《律序》:"徒加不过六,囚加不过五。"《太平御览》注曰:"罪已定为徒,未定为囚。"[②] 秦汉时期的监狱,也确实存在关押已决犯在狱中劳作的制度。晋干宝之《搜神记》记载这

[①] 《汉书》卷六二,《司马迁传》。
[②] 参见《晋书》卷三〇,《刑法志》;《太平御览》卷六四二,《刑法部八·徒作年数》。

样一个故事,汉武帝东游到函谷关,有一怪物挡道,百官惊骇。东方朔让以酒灌之,而怪物消。武帝问是为什么？东方朔答曰:"此名为患忧气之所生。此必是秦之狱地,不然,则罪人徒作之所聚。夫酒忘忧,故能消之也。"① 已决犯在狱中多从事管理其他囚犯的工作,往往成为狱霸。《战国策·燕策》:"冯几据杖,眄视指使,则厮役之人至；若恣睢奋击,呴籍叱咄,则徒隶之人至矣。"② 可见徒隶在狱中至张扬。难怪司马迁"见狱吏则头抢地,视徒隶则心惕息"③《资治通鉴》胡三省注:"有罪而居作者为徒,有罪而没入官者为奴。"④ 既决犯徒系拘禁之地,或为监狱之地,或为工役劳作之所。

富谷至对秦汉刑罚制度研究的成果是不容置疑的,但有些具体问题还是可以讨论的。

一是说到监狱制度,与之相关的是囚系制度。《礼记·月令》仲春之月"命有司省囹圄,去桎梏,毋肆掠,止狱讼。"《周礼·秋官·掌囚》:"凡囚者,上罪梏拳而桎,中罪桎梏,下罪梏。"《周易·蒙卦》:"初六,利用行人,用说桎梏。"孔颖达疏曰:"木在足曰桎,在手曰梏。"说明桎梏是非常古老的械具,是木制的脚镣、手铐,加锁颈之械,合称"三木"。富谷至认为"釱趾刑的确立是在景帝后的早些时候——景帝元年左右。"如果说是用铁制的械具禁锢犯人之足,我也没有异议。但若考虑到早期铁制品是十分稀缺的金属工具,主要用于制作兵器,就连农具都很少使用,就更别说是用于械具了。司马迁在《报任安书》中,两次提到械具,一次是说自己"关木索",另一次是说魏其侯窦婴犯事被"关三木"。说明武帝时还普遍使用木制械具。先秦的械具桎梏拲杻等,无不是用木制

---

① (晋)干宝:《搜神记》卷一一。
② (西汉)刘向撰:《战国策》卷二九,《燕策一》。
③ 《汉书》卷六二,《司马迁传》。
④ 《资治通鉴》卷一二,《汉高帝十一年》。

作。《睡虎地秦墓竹简》:

> 公士以下居赎刑罪、死罪者,居于城旦舂,母赤其衣,勿枸椟欙杕。鬼薪白粲,群下吏母耐者,人奴妾居赎赀责(债)于城旦,皆赤其衣。枸椟欙杕,将司之。
>
> 城旦舂衣赤衣,冒赤氊,枸椟欙杕之。①

《睡虎地秦墓竹简》整理小组对"杕"字的注释:"杕,读为钛(dì,第),套在囚徒足胫的铁钳。"这个注释是直接用《说文》对钛的释文。但段玉裁在《说文解字注》中对"钛,铁钳也"有纠正,其注曰:"铁,《御览》作胫。《平准书》钛左趾。钛,踏脚钳也,状如跟衣,箸足下,重六斤,以代刖。"段的意思是"钛"应该作"颈钳"之解,否定其为铁制。而"钳",据《增韵》:"在颈曰钳,在足曰钛。"钳与钛是两种械具,钳为束颈之具,钛为束足之械。蔡枢衡先生说:

> 春秋时代又创始了钳、钛(tài 太)两种束缚行动自由的刑。《管子·幼官》:"刑则交寒害钛。"《急救篇》注:"以铁锴(tà 踏)头曰钳,锴足曰钛。"《说文解字》:"钛,胫钳也";"钳,以铁有所结束也。"锴者,套也。以铁圈套颈项或套足胫,其作用与桎梏无异。细析则钳头钛足,犹如梏颈桎足;浑言则头足皆可成为钳,因亦可称为梏。②

钛与钛通假,钛滥觞于秦之"杕",是以木具束足。桎是将囚犯的双足束缚,使之动弹不得;杕则仅拷刑徒一足,在监管之下驱其劳作。先秦铁的产量有限,加之战事频繁,铁器主要用于铸造兵器。汉初经休养生息,轻徭薄赋,铸剑为犁,生产恢复,铁器大量用于农业生产,"铁器者,农

---

① 《睡虎地秦墓竹简》之《秦律十八种·司空》,文物出版社1978年,第84、89页。
② 蔡枢衡:《中国刑法史》,广西人民出版社1983年,第91—92页。

夫之死生也"①。冶铁业也随之发展起来,有了多余的铁器,就可以用于囚徒之身。钳、釱开始用铁为之。东汉末年,战事频仍,沈家本称:"自曹魏易以木械,而钳与釱遂不复用矣。后世之枷,即古之钳也。但铁、木及大小、长短不同耳。"② 因此,如富谷至所言,景帝初出现铁制的"釱"也是合乎历史事实的,但使用范围有限。

再就是死刑制度,程树德认为,汉代死刑应该有三种:

> 按:汉死刑有枭首、腰斩、弃市,已详《汉律考》。晋张斐《律表》云:死刑不过三。又云:枭首者恶之长,斩刑者罪之大,弃市者死之下。以汉、晋二律证之,知所谓死刑三者,即枭首、腰斩、弃市也。《新律序略》有"大逆无道腰斩"之条。又《魏志·高柔传》,公孙渊兄晃,数陈渊谋逆,帝不忍市斩。柔上疏曰:叛逆之类,诚应枭、悬。事在明帝时。则魏有枭首、腰斩、弃市之刑明矣。③

而富谷至认为:"秦律中的死刑完全可以归为腰斩和弃市两种。"这个观点我认为是正确的,枭首只是对斩首刑后的加刑,不能说是独立的死刑刑种。《史记·秦始皇纪》:"尽得毐等,皆枭首,车裂以徇。《集解》:'县首于木上曰枭。'"沈家本按:"此车裂刑之枭首。"《汉书·刑法志》:"令曰:当三族者,皆先黥、劓、斩左右趾,枭其首,菹骨肉于市。"沈家本按:"此三族刑趾枭首。"④ 沈家本在此讲枭首看作是车裂、夷三族的附加刑。故无论是秦还是汉,枭首都不能说是死刑的一种。魏晋后,枭首成为死刑的一个等级,晋定死刑为三等,枭首、斩、弃市,张斐注律表称:

---

① (西汉)桓宽撰:《盐铁论·禁耕第五》。
② 沈家本:《历代刑法考》(上)之《刑具考》,商务印书馆2016年,第959页,沈家本按。
③ 程树德:《九朝律考》卷三,《魏律考·魏刑名》,商务印书馆2019年,第261页。
④ 沈家本:《历代刑法考》(上)之《刑法分考三·枭首》,商务印书馆2016年,第109页。

"枭首者恶之长,斩刑者罪之大,弃市者死之下。"① 北魏又加上轘,定死刑为四等:轘、腰斩、殊死、弃市;北齐沿袭此制,北周分为五等:磬、绞、斩、枭首、车裂。《说义》:"轘,车裂人也。"磬,就是缢死。《礼记·文王世家》:"公族其有死罪,则磬于甸人。"轘,实际上就是磔刑。隋文帝制定《开皇律》的刑罚制度时,曾下诏:"夫绞以致毙,斩则殊刑,除恶之体,于斯已极。枭首、轘身,义无所取,不益惩肃之理,徒表安忍之怀。"② 因此取消了枭首、轘身之刑,正式确定死刑仅列两种:绞、斩。唐代定律,正式确定死刑为绞、斩二等,其疏议曰:

> 古先哲王,则天垂法,辅政助化,禁暴防奸,本欲生之,义期止杀。绞、斩之坐,刑之极也……故知斩自轩辕黄帝,绞兴周代。二者法阴数也,阴主杀罚,因而则之,即古"大辟"之刑也。③

从此以后,历代刑法典死刑的方式都是绞、斩二等,即便是明清律,凌迟、枭首、戮尸等已经在刑律的条例中出现,但"名例律"所定死刑二等只列绞、斩,其《五刑图》也没有将这些酷刑收入。

秦汉刑罚中的斩刑,主要是指腰斩。沈家本《历代刑法考·刑法分考三》引《战国策》之《秦策·范子因王稽入秦篇》:"今臣之胸不足以当椹质,要不足以待斧钺。"沈家本按:

> 古者斩人大多是腰斩,故往往以要领并言。《管子·小匡》:"管仲曰:斧钺之人,幸以获生,以属其要领,臣之禄也。"《檀弓》:"是全要领以从先大夫于九京也。"注:"全要领者,免于刑诛也。"《后汉书·李云传》:"成帝赦朱云腰领之诛。"不但云保首领,而必云全要领,可知腰斩为多,至汉世犹然也。范雎谓胸当椹质,腰待斧钺。言胸伏于椹质之上,而以斧钺斩其要也,其状甚明。

---

① 《晋书》卷三〇,《刑法志》。
② 《隋书》卷二五,《刑法志》。
③ 《唐律疏议》卷一,《名例律》。

按：斩之义，曰截、曰裂，是本指要斩而言，引申之亦为断首之义。古书多言杀而不言斩。

《释名》：斫头曰斩，斫腰曰腰斩。斩，暂也，暂加兵即断也。

按：《释名》为汉刘熙所著，其分斩与要斩为二，当据汉法也。暂从斩得声，以暂释斩，未必为制字之本意。④

斩刑分为腰斩和领斩，腰斩斫腰，领斩断首。《周礼·秋官·掌戮》："掌斩杀贼谍。"注："斩以鈇钺，若今要斩也；杀以刀刃，若今弃市也。"也就是说，秦汉的死刑执行方式主要就是腰斩和斩首（即弃市）两种。但对特别的重大犯罪行为，"至于谋反、大逆，临时捕之，或污潴，或枭菹，夷其三族，不在律令，所以严绝恶迹也"⑤。这样说，可能更完整一些。

近一百多年来，日本学者热衷于对中国法制史的研究，20世纪初，有穗积陈重、广池千九郎、中田薰、浅井虎夫、泷川政次郎；其后是仁井田陞、内藤乾吉、西田太一郎等；中期以后，有曾我部静雄、滋贺秀三、池田温、大庭修、岗野诚等。我所列举的这些专攻中国法制史的日本学者，挂一漏万，对中国历史研究做出巨大贡献的日本学者绝不止这些。其中之翘楚者当首推仁井田陞，他于1933年出版辑佚之作《唐令拾遗》，还出版了多部本的《中国法制史研究》，在中外法学界及历史学界产生重大影响。其后，池田温又主持了对唐令的补订工作，于1997年完成《唐令拾遗补》，对国内外学者研究唐代法制具有深远意义。近30几年来，国内学界比较熟悉的两位研究中国刑法史的学者西田太一郎和富谷至，主要是因为他们的著作。西田太一郎著《中国刑法史研究》，段秋关译，1985年，由北京大学出版社出版，据译者段秋关说：该书"原系西

---

④ 沈家本撰：《历代刑法考》（上）之《刑法分考三·腰斩》，商务印书馆2016年，第104页。

⑤ 《晋书》卷三〇，《刑法志》。

田太一郎1961年提交京都大学法学部的法学博士学位论文。"这是中国自改革开放以来，第一部引进的日本学者关于中国刑法史的研究专著。当时可以说是引起"轰动效应"，凡对法制史感兴趣的大学师生，几乎都是人手一册，一时"洛阳纸贵"，第一版就印了15000册。再就是富谷至的这部《秦汉刑罚制度》，巧的是富谷先生也称这是他的博士学位论文。2006年，广西师范大学出版社出版，但仅印了2500册。这是因为改革开放30多年，中国与世界各国的学术交流日益广泛，翻译的学术著作如"汗牛充栋"，学生可以选择的书太多，不知从何下手。但15年过去，市场上此书早已售罄，这次商务印书馆欲重新再版，学界期盼已久，可谓功德无量。

王 宏 治

2020年11月10日于北京

目　　录

中文版序言 …………………………………………… 富谷至　1
译者序言 ………………………………………… 柴生芳　朱恒晔　3

第一编　秦统一后的刑罚制度

第一章　秦刑罚的文献资料 …………………………………… 15
　　一、刑罚的种类和刑期 …………………………………… 15
　　二、《汉旧仪》和《汉书·刑法志》 …………………… 17

第二章　秦的刑罚——云梦睡虎地秦墓竹简 ……………… 20
　　一、刑、耐、髡、完、罪 ………………………………… 20
　　二、刑罪——肉刑 ………………………………………… 31
　　三、劳役刑 ………………………………………………… 33
　　四、赀刑——财产刑 ……………………………………… 43
　　五、赎刑——另一种财产刑 ……………………………… 49
　　六、死罪——死刑 ………………………………………… 54

第二编　汉代刑罚制度考证

第一章　刑徒墓的概要与分析 ………………………………… 67
　　一、洛阳郊外刑徒墓 ……………………………………… 67
　　二、阳陵附近刑徒墓 ……………………………………… 78
　　三、问题的提出 …………………………………………… 81

第二章　鈇左右趾刑 ·· 83
第三章　汉代劳役刑——刑期与刑役 ···························· 92
　　一、劳役刑的变异 ·· 92
　　二、文帝刑制改革之一——髡钳城旦舂刑 ··················· 97
　　三、文帝刑制改革之二——刑罚的序列化 ··················· 101
　　四、文帝刑制改革之三——刑期的设定 ······················ 106
　　五、文帝刑制改革之四——总结与补正 ······················ 113
　　六、赦令 ··· 119
第四章　汉代的财产刑 ·· 126
　　一、从赀刑到罚金刑 ··· 126
　　二、赎刑及其变化 ·· 134

第三编　连坐制的诸问题

第一章　秦的连坐制——睡虎地秦简中可见的连坐诸规定 ········· 150
　　一、什伍的连坐 ··· 150
　　二、家族的连坐——缘坐制 ····································· 155
第二章　汉的缘坐制——其废止与变迁 ···························· 172
　　一、关于"收" ·· 172
　　二、汉代的族刑 ··· 178
　　三、汉的迁刑——与族刑的关系 ································ 189
　　小结 ·· 195

第四编　秦汉二十等爵制与刑罚的减免

第一章　史料中所见爵的刑罚减免 ································· 201
第二章　关于刑罚减免的实效性 ···································· 208
第三章　秦代有爵者的刑罚减免 ···································· 213

第四章　爵制的变异和刑罚 …………………………………… 222
结语 ……………………………………………………………… 234

补编　秦汉的刑罚——其性质和特征

一、约和律 ……………………………………………………… 247
二、罪与罚 ……………………………………………………… 256
三、秦汉的刑罚 ………………………………………………… 261
小结 ……………………………………………………………… 274

参考文献 ………………………………………………………… 277
附录：睡虎地秦墓竹简新旧版编号对照表 …………………… 278
后记 ……………………………………………………………… 282
跋 ………………………………………………………………… 287
再版后记 ………………………………………………… 柴裕红 292

表目录

表 1.1 秦简劳役刑前使用司寇、隶臣、鬼薪、城旦 …………… 28
表 1.2 秦简赃值与刑罚关系 ………………………………… 47
表 1.3 秦刑罚种类及其关系 ………………………………… 60
表 2.1 肉刑及其废止后置换刑罚关系表 …………………… 104
表 2.2 赦令发布比较表 ……………………………………… 118
表 2.3 秦至汉刑罚制度变化 ………………………………… 142
表 3.1 缘坐者与主犯受刑关系 ……………………………… 171
表 3.2 秦汉缘坐制变迁 ……………………………………… 195
表补 1 律和约不同之处 ……………………………………… 255

中文版序言

此书作为1998年日语版的中文译版,附加若干出版论文,曾作为我的博士学位论文。

本书内容为研究1975年出土的云梦睡虎地秦律,并加以考证,力求诠释秦汉刑罚制度。但是,《张家山汉墓竹简[247号墓]》(文物出版社,2001)使我获知1983年出土的湖北江陵张家山27种汉律与津关令,有鉴于此,拙书若干考释需要重新订正,今后俟有机会再做改订。

此中译版是中国知己友人厚情惠赐之物。

首先,中文译者柴生芳,1998年在神户大学文学部研究生院留学期间,曾作为我在神户大学讲课的听课者,亦以班员身份参加京都大学人文研究所由我主持的"中国边境出土木简研究",遂将此译文进行完毕,在此表示衷心感谢。有关出版诸事,则要感谢谢桂华先生。我与谢桂华先生在简牍研究方面,互相切磋,常常惠赐厚情。此番承蒙出版之誉,亦为谢先生之厚意。

另要感谢谢先生女儿谢向斌及陈波。我认识谢向斌,是她在近畿大学留学期间;认识其丈夫陈波,则是通过已故关西大学教授大庭修,陈波现亦为京都大学人文科学研究所的研究班成员。由他们二人适时与谢先生联系出版事宜。

此外,自我从事中国史研究以来,得以结识众多中国知己友人,曾经得到他们的热情帮助,于此虽不能一一列举诸先生尊姓大名,亦借此机会深表感谢,诚恳希望今后多多交流,彼此友谊与日俱增。

富 谷 至
2005 年晚秋

译者序言

  对秦汉刑罚的研究，历来都备受关注。清末（民国），杜贵墀、张鹏一、沈家本、程树德等人，从辑录汉律着手，对汉代刑法进行了系统分析和研究。[①]在日本，以仁井田陞、滨口重国为代表的汉学专家，也做了大量工作。[②]由于可利用的相关史料大都是汉代的，而且又有像《汉书·百官公卿表》这样用秦官记载汉制的做法，以往在研究秦的刑罚时，可以采取的方法只能是依汉推秦。这尽管给研究工作带来了许多困难，但丝毫没有影响秦汉刑罚研究的水平。

  1975年，在湖北省云梦县睡虎地11号墓中发掘出土了1100余枚秦代竹简。这批秦简多为秦始皇即位前后的法律文书。它的出土，给现有史料中几乎没有记载的秦律的研究带来了希望，也使得以前的各种推测，有些得到了进一步证实，有些得到了纠正。例如，文献史料中记载的汉代劳役刑罚之一的"隶臣妾"，沈家本认为秦制中没有，[③]但这批秦简中却频频出现。因此，沈说需要修正。

  在拟对秦汉法制史、刑罚史进行探讨的本书中，将会利用大量新出土数据，特别是湖北省云梦县睡虎地出土的竹简（以下简称睡虎地秦简

  [①] 杜贵墀：《汉律辑证》、张鹏一：《汉律类纂》、沈家本：《历代刑法考》、程树德：《汉律考》。

  [②] 仁井田陞：《中国刑罚体系的变迁》（《中国法制史研究》刑法，东京大学出版会，1959，补订版，1980）、滨口重国：《汉代强制劳动刑及其它》（《秦汉隋唐史研究》上，东京大学出版会，1966）。

  [③] 沈家本：《刑法分考》卷十一（《历代刑法考》所收）。

或睡虎地秦律)进行考证①。在进入正题之前,对这批秦简的性质,以及这些以法律关系内容为主的法律条文在所处时代的实际效用等问题,有必要进行澄清。

在1975年发现睡虎地秦简以来的20余年间,利用这批秦简进行的研究,可谓硕果累累。其中,有不少是关于秦简性质的论述。相关情况,籾山明先生在《云梦睡虎地秦简》(《中国法制史》的基本资料研究,东京大学出版会,1993)一文中表述得最得要领,这里就不一一列举了。在该文中,籾山明先生对睡虎地秦简中的法律文书,即《秦律十八种》、《效律》、《秦律杂抄》、《法律答问》和《封诊式》的性质,也阐述了自己的观点。他称这些法律文书为"书籍",但不是为了向第三者传达作者意图而编撰的具有普读性质的书籍,而是墓主执行公务(县治狱)时自供便览的工作手册。虽然对籾山明先生的观点没有什么异议,但我认为就此问题还有必要做进一步的探讨。下面,换一个角度展开讨论。

关于《秦律十八种》和《封诊式》等睡虎地法律关系秦简的各种名称,除了《封诊式》之外,其它都是在竹简出土以后的整理阶段加上去的假定名称,并不是随葬时本身就有的"书名"。

唯一可作原有书名的《封诊式》,也是根据放在遗体头部的一组98枚简的最后一枚编号为678号简的背面文字确定的。"封诊式"这个名称,是不是当时的一般用语还值得怀疑。所谓"封",如简文"封有鞫者某里士五(伍)甲家室、妻、子、臣妾、衣器、畜产……"(五八八)所示,是指对嫌疑人财产的查封。"诊",从"……诊必先谨审视其迹"(六四八)来看,是验证的意思。"式",如"……其一式曰……"(六六九)所示,是指公文的格式。且三个字在98枚简中都分别被单独使用。可见,"封诊式"就是"封"和"诊"的书写格式和文例。作为一个标题出现,

---

① 本书所引睡虎地秦简的编号均采用《云梦睡虎地秦简》(文物出版社1981年)图版的编号。

很可能是写简或者埋简的人随意加上去的称谓。也就是说，不能简单地认为"封诊式"就是当时经过颁布发行的具有普读性质的文书。这一点，也可以从文书的编缀方式上进一步得到证明。

简牍一般分为单独使用的简和以册书形式编缀的册两大类。册书中还可以分为书籍、账簿和文书简，不同册书在简侧刻痕、编缀方法，以及收卷方法上各有特点。

至今为止出土的书籍简，以1959年在甘肃省武威县磨嘴子6号汉墓中发现的近500枚简牍的武威《仪礼》最为典型。[①] 从这批简牍使用当时本来用以书写经书、长度相当于汉代二尺四寸的简材，以及事先留出编缀空档等可知，它从一开始就是被当作书籍来编写的。其中，在称作《仪礼》甲本的七篇中，有"士相见之礼"、"第三"等具体的标题名和篇次数（即页码数）。需要注意的是这些标题名和篇次数的书写位置。

"士相见之礼"、"第三"、"服传"、"第八"等，都写在各编最初的第一、二枚简的背面。这说明，简册是字朝内从最后一枚简卷起的。这样，简册卷起时写在篇头简背面的标题和篇次就正好能看得见，阅读时则可以从头至尾依次展开。这种收卷方式是合乎情理的。

书籍简篇名的上述写法，也同样见于银雀山出土的《孙子兵法》。这部《孙子兵法》包括现行本的《孙子》十三篇、现行本中没有的佚篇四篇以及《孙膑兵法》十六篇。其中，《作战》、《刑（形）》等篇名就写在各篇篇头简的背面，与武威《仪礼》一样，也具备书籍简的收卷条件。当然，并不是所有的册书都采用这种收卷方式。

为了证明这一点，下面列举1973年出土的新居延汉简中编号为EPF22.70～79计有10枚简的《居延都尉吏俸谷秩别令》和编号为EJT37.1537～1558共计22枚简的《橐他莫当燧守御器簿》两个简册。这两个册子分别是官吏俸禄的支付表和莫当燧装备用品名簿。也就是

[①] 《武威汉简》，文物出版社1963年。

说，属于账簿类。其中分别附有

　　　　六月壬申守张掖居延都尉旷丞崇告司马千人官谓官县写移书
到如大将军莫府书律令　　　　　　　　　　掾阳守属恭书佐丰
　　　　　　　　　　　　　　　　　　　　　　　　EPF22.71A
　　　　始建国二年五月丙寅朔丙寅橐他守侯义敢言之谨移莫当燧守
御簿一编敢言之
　　　　　　　　　　　　　　　　　　　　　　　　EJT37.1537A

的呈文。呈文简的背面有"已雠"（EPF22.71B）和"令史恭"（EJT37.1537B）等注记。

　　"已雠"是点验完毕的意思，"令史恭"是书写该简册的书记官。这两组简牍本来是分别编缀成册的，但出土时已经散乱。这里的问题是，背面有注记的呈文简原本究竟应该在整个册书的什么位置。

　　旧居延汉简中由77枚简组成的《永元五年兵釜磴簿》（简号128.1），为解决这个问题提供了一个很好的线索。这部简册是烽燧（具体地说，是广地侯官辖内的破胡燧和河上燧）的装备用品名簿，也属账簿类。77枚简是在编缀状态下发现的，其中，记述账簿送达内容的呈文简放在单条记录物品名簿简的后面。由此可知，上述新居延汉简的两个账簿类简册中背面有注记的呈文简，也应该放在整个册书的最后。

　　同样是在背面书写文字，为何却要放在整个简册的最后呢？这是因为这种账簿类册书与书籍类册书不同，收卷时是从第一枚简卷起，卷完时放在最后的呈文简正好位于整个册书的前面。所谓账簿简，具有可以顺次附加的属性（如《永元五年兵釜磴簿》就是这种属性的具体体现），其编缀本身就有归拢在一起进行整理的意思，与展开以便阅读的书籍简在编缀方法上自然就有所不同。总之，书籍类册书和账簿类册书，在简牍形制和编缀方法等方面有区别。

　　在此基础上，我们再返过头来看看睡虎地秦简。

《封诊式》的标题，是写在由98枚简组成的书式文例集的最后一枚简（六七八）的背面。这说明，它采取的是账簿简而非书籍简的编缀方法。98枚简不是一次性完成的书籍，它还留有以后顺次追加的余地，是一种有待整理的类似笔记的东西。由此可见，前面对"封诊式"不是惯用语而是临时性应急词句的推断，在这里得到了印证。

《封诊式》虽然弯曲变形，至少还有一个标题，而《秦律十八种》《效律》和《秦律杂抄》就连这样的标题都没有。更为遗憾的是，这些竹简原本的编缀情况也已无从而知。在这种情况下，直接推断它们采用了书籍简的编缀和收卷方式，显然有些困难。不过，把它们与同出的《封诊式》当作同类对待，应该没有太大问题。这就是说，睡虎地秦简中的这批法律文书，与其说是已经完成的书籍，倒不如说是整理编缀而成的对法律条文进行解释的资料汇编或指南手册。

以上，对睡虎地秦简是不是书籍的问题进行了详细考证。通过考证，实际上还可以得出下面这样的结论。

条文、法规、法解释以及指南手册等在编辑成书之前，被作为一种法律资料收集整理，说明这些条文、法规和法解释在当时还极具生命力。一旦被编辑成书，从某种意义上来说就成了一种具有纪念意义的编纂物，法规的时效性也就有可能弱化。由于睡虎地秦简还处在未成书阶段，我认为它是仍具时效性的现行法规。

秦统一以前施行的这个见于睡虎地秦简的秦律，在统一以后仍作为现行法继续沿用。相关资料在近年也有发现。这就是云梦龙岗秦简。

1989年在云梦县城东发掘了9座秦汉墓葬。其中6号墓中出土了150余枚竹简，简文的内容主要是律文或者法律关系文书。[①]

[①] 关于云梦龙岗秦简，《江汉考古》1990年第3期发表了题为《云梦龙岗秦汉墓第一次发掘演示文稿》的发掘报告。最近，《考古学集刊》八中的《云梦龙岗六号墓及其出土简牍》一文，登载了全简的释文和图版。本书有关龙岗秦简的简牍编号、考释编号均以《考古学集刊》为准。

发掘报告根据出土文物推断，6号墓年代的上限为秦统一后，下限为西汉以前的秦末。这与简文的内容很吻合。出土登记编号为二六三（考释编号二六）和一四五（考释编号二八）记载：

从皇帝而行及舍禁苑中□□□ □□□□，

考释编号二六

皇帝□将者令从

同二八

"皇帝"这个词，是秦王政统一全国那年，即公元前221年颁布诏书时首次使用的。把"民"改称为"黔首"也是在那个时候，龙岗秦简中用的恰恰也是"黔首"。

黔首犬入禁苑中而不追兽及捕兽者，勿敢杀，其追兽及捕兽者，

考释编号四八

杀之。河禁所杀犬皆完入公，其它禁苑（杀者），食其肉而入其皮。

同四九

"皇帝"和"黔首"，都是秦统一以后才问世的术语。简文中出现这两个词，充分说明这些简是秦统一时期的遗物。

不仅如此，考释编号四八、四九的简文中还有更值得注意的地方。首先，我们先来看看睡虎地秦简《秦律十八种》之一的《田律》中的下组简文：

麛时毋敢将犬以之田。百姓犬入禁苑中而不追兽及捕兽者，勿敢杀；其追兽及捕兽者，杀

〇七三

之。河禁所杀犬皆完入公，其它禁苑（杀者），食其肉而入其皮。田律

〇七四

毋庸赘言，龙岗秦简的四八、四九号简的简文，与睡虎地秦简《田律》

的〇七三、〇七四号简同属一条法律条文。唯一不同的是，睡虎地秦简中的"百姓犬"在龙岗秦简中成了"黔首犬"。这说明，秦统一以前的律令在统一后仍被作为现行法规继续使用。

睡虎地秦律到龙岗秦律这个流系，不但在秦统一后没有停止过，而且还延续到了汉代。

1985年至1988年，在湖北省荆州城西两公里的江陵县张家山发现数座汉墓，其中出土有2500余枚竹木简。①值得一提的是247号墓出土的汉律竹简。据发掘报告称，其年代属吕后时期。

247号墓出土的汉律全貌还未公布，至今只发表了其中的《奏谳书》释文和一部分图版。这是一部包括春秋至西汉时代20多个审判案件的案卷集，计有227枚竹简。②其中，有这样一个案件记录：

> 七年八月己未江陵丞言：醴阳令恢盗县官米二百六十三石八斗。恢秩六百石，爵左庶长□□□□从史石盗醴阳己乡县官米二百六十三石八斗，令舍人士五(伍)兴、义与石卖，得金六斤三两，钱万五千五十，罪，它如书。兴、义言皆如恢。问：恢盗臧(赃)过六百六十钱，石亡不讯。它如辥（辞）。鞫：恢，吏，盗过六百六十钱，审。当：恢当黥为城旦，毋得以爵减、免、赎。律：盗臧(赃)直(值)过六百六十钱，黥为城旦；令：吏盗，当刑者刑，毋得以爵减、免、赎，以此当恢。
>
> 一五

---

① 有关江陵张家山汉简的概要及介绍文章主要有：《江陵张家山汉简概述》(《文物》1985年第1期)、彭浩《湖北江陵出土西汉简牍概说》和李学勤《论江陵张家山二四七号墓汉律竹简》(关西大学东西学术研究所，大庭修编：《汉简研究的现状与展望》，关西大学出版部，1993)。

② 《奏谳书》的释文、图版和解说见《江陵张家山汉简〈奏谳书〉释文》(一)(二)及李学勤《奏谳书解说》(《文物》1993年第8期、1995年第1期)。本书所引《奏谳书》的编号，是根据上文的案例编号而来的。

案件始于江陵丞的报告，是关于醴阳令恢指使部下石盗窃县官谷物，并让石与舍人兴和义把谷物变卖成现金的罪行的审判过程。文头的"七年"，是指高祖七年（前200年），也就是西汉初年。另外，《奏谳书》中还有如下律文：

> 律：盗臧（赃）直（值）过六百六十钱，黥为城旦；令：吏盗，当刑者刑，毋得以爵减、免、赎。

该条律文，应该就是汉律。

这个赃物价值超过六百六十钱时量刑为黥城旦刑的刑罚规定，与睡虎地秦律一致。确切地说，相关规定在睡虎地秦律中就业已存在，《奏谳书》只是对它的沿袭罢了。

> 士五（伍）甲盗，以得时直（值）臧（赃），臧（赃）直（值）百一十，吏弗直（值），狱鞫乃直（值）臧（赃），臧（赃）直（值），过六百六十，黥甲为城旦，问甲及吏可（何）论？甲当耐为隶臣，（吏）为失刑。
>
> 四〇五

关于秦律根据犯罪时的赃值进行刑罚量定的问题，正文中要做详细论述。虽然上述简文中官吏的判处出现了失误，但其量刑所依据的秦律毫无疑问是"赃过六六〇钱以上时，黥为城旦。即盗臧（赃）直（值）过六百六十钱，黥为城旦"。可见，睡虎地的秦律规定被汉律原封不动地沿用了。

以上，对睡虎地秦简的史料性质进行了论述。统一以前的秦律，在保持其时效性的情况下被统一后的秦律乃至汉律所继承的这一史实，从睡虎地秦律、龙岗秦律及张家山汉律的继承关系上，可以窥其一斑。

行文至此，我们再回到前面书籍简和档案简的问题上来。睡虎地秦简《封诊式》是档案简，那么江陵张家山法律关系汉简该是什么呢？

"奏谳书"三个字写在出土简牍上，而且也是在最后一枚简的背面,[①]其性质应该与"封诊式"相似。

　　江陵张家山247号墓中除了《奏谳书》以外,还出土有题为《二年律令》的汉律竹简500枚。相关资料还未发表,不过据介绍,竹简采取一简一律的形式,且均标有"某律"的字样,"二年律令"的标题写在第一枚简的背面。[②]

　　从我个人对标题书写位置的认识来判断,这个《二年律令》应该是二年(吕后二年)对当时的汉律进行归纳整理、编纂而成的律书。作为档案的《奏谳书》与已经编纂成书的《二年律令》,虽同属法律关系方面的册书,但有质的不同。

　　从有关解说律令编纂的文献史料可知,法律的各种条文,在经过一个阶段以后,都要进行归纳整理、编纂成书。依据的就是所谓的档案材料。也就是说,像《奏谳书》、《封诊式》以及《秦律十八种》这样的档案材料,经过一个时段最后总是要变成《二年律令》式的书籍。换句话说,就是写在最后一枚简上的标题最终要写到第一枚简的背面上去。

　　本书拟就秦律到汉律的流变过程进行详细具体的论证说明。律,是指含有罚则规定的法准则,即刑法典,其主干部分是刑罚体系。因此,阐明秦汉刑罚制度的实际状况就成了本书的主体部分。汉代虽然从形式和内容上沿袭了秦刑罚,但最终还是经过脱胎换骨形成了自己的刑罚体系。这是由秦、汉在政治、社会等方面存在的差异性造成的。此外,也与秦刑罚本身所具有的特性有关。正缘于此,本书拟用五个部分即正编的四个部分和补编的一个部分,来探讨秦汉的刑罚制度。

---

　　① 彭浩:《谈〈奏谳书〉中的西汉案例》(《文物》1993年第8期)。另外,彭浩《湖北江陵出土西汉简牍概说》见关西大学东西学术研究所大庭修编《汉简研究的现状与展望》,关西大学出版部,1993)110页这样写道:"书名写在第一枚简的背面。"但《文物》1995"案例22"却又在最后一枚简的背面。彭先生后来的解说似乎有误。

　　② 张家山汉墓整理小组:《江陵张家山汉简概述》(《文物》1985年第1期),李学勤:《论江陵张家山二四七号墓汉律竹简》(前揭大庭修编《漢简研究的现状与展望》),第114页。

第一编，通过对秦即睡虎地秦律以及秦帝国刑罚的种类、内容和刑罚术语的解析，进一步阐明秦刑罚制度的结构体系。

第二编，《汉代刑罚制度考证》。沿袭了秦律的汉代刑罚制度，经过文帝十三年推行的刑法改革，最终形成自己的体系。本编核心内容是阐明刑法改革后形成的有别于秦的汉代刑罚体系。

第一、二编，在考察刑罚全貌的同时，从一开始就对刑罚中占有很大比重的强制劳动刑进行阐述。由于劳动刑是秦汉刑罚体系中的一条主线，在论述过程中将明显有所偏重。

第三编，提出刑罚中具有古代、中世不同时代特征的连坐刑。现在的刑罚完全是对犯罪的直接或间接关系者进行的制裁。但是，在秦汉时代，即使犯罪者的家族不存在共犯关系，也没有其它任何犯罪行为，但只要符合血缘这个唯一条件，同样适用刑罚。确切地说，第三编主要是对秦汉时期缘坐刑的具体情况及其演变的考察。

从第一编到第三编，着重阐述的是刑罚中的刑罚适用与刑罚推量，第四编则以刑罚回避为主。在这一编中，有一些与秦汉政治史研究方面所谓二十等爵制同刑罚减免关系之一般说法不同的个人看法，由此折射出了秦和汉在皇帝政治、皇帝权力方面存在的差异性。

最后，以《秦汉刑罚的性质及特征》为题单设一编，考察秦汉时期罪与罚的思想观念，并通过对法制度中根本性法意识的探讨来阐明秦汉刑罚的具体特征。

柴 生 芳

朱 恒 晔

2006年1月于兰州

第一编

秦统一后的刑罚制度

第一章　秦刑罚的文献资料

一、刑罚的种类和刑期

秦汉刑罚可以分为死刑、肉刑、劳役刑三种。为了便于考证，本章首先拟就肉刑和劳役刑作一简单说明和梳理[①]。

肉刑

有三种。对此，《汉书·刑法志》文帝废止肉刑的诏书中有明确记载：

今法有肉刑三，而奸不止，其咎安在？

孟康注说三种分别为黥、劓和刖[②]。黥指在面部刺青；劓是割鼻子；刖即断趾，又分为刖左趾和刖右趾两种。这一点已无需讨论了。

劳役刑

有城旦、鬼薪、隶臣、司寇和戍罚作五种。

城旦刑　根据《史记集解》如淳注所引汉律及《汉书》应劭注等史

---

① 以下提到的诸说在沈家本《刑法分考》卷十一、程树德《刑名考》(《汉律考》二所收)、滨口重国《汉代强制劳动刑及其它》，《秦汉隋唐史研究》上，东京大学出版会，1966) 等书中均有论及。

② 今法有肉刑三，而奸不止，其咎安在？孟康曰："黥、劓二，则[刖]左右趾合一，凡三也。"

料记载[①]，城旦刑是指在边境线上早晨修筑塞垣、午间担任警备的刑罚，有髡城旦和完城旦两种。关于这两种城旦刑的刑期，沈家本认为分别是四年和三年，而滨口重国则认为分别是五年和四年。服同等刑罚的女子与男子不同，刑役名称不是城旦而是舂，从事的是舂米的劳动。关于髡钳和完的具体含义，后面将进行详细论述。

鬼薪刑　从后面将要引用的《汉旧仪》和《汉书·惠帝纪》应劭注可知[②]，鬼薪刑是负责采集宗庙祭祀用薪蒸的劳役，刑期三年。女子服择米的白粲刑。

隶臣刑　沈家本认为秦无此刑，而滨口则认为是继秦而来的。刑役是在官府从事杂用，刑期与鬼薪刑一样也是三年。女子称作隶妾。

司寇刑　程树德、沈家本、滨口重国和仁井田陞都认为是二年刑。关于刑役内容，沈家本释作司寇，从事备盗和警戒。滨口和仁井田从沈说。女子为作如司寇。

戍罚作刑　据《汉旧仪》等记载，戍罚作刑是在边境进行警备的刑役，刑期一年。女子称复作，役于官事杂用。

上述肉刑和劳役刑都是汉对秦制的沿袭。

现在，一般都认为秦及汉初的劳役刑可以分成不同等级，刑期长者五年，短者一年或者三个月。支撑这一观点的依据是《汉旧仪》和《汉书·刑法志》中的有关记载。下面拟专设一节，从这两则史料入手，就相关问题作些探讨。

[①] 《史记·秦始皇本纪》集解引如淳曰："'《律说》论决为髡钳，输边筑长城，昼日伺寇虏，夜暮筑长城。'城旦，四岁刑也。"《汉书·惠帝纪》应劭注："城旦者，旦起行治城；舂者，妇人不豫外徭，但舂作米，皆四岁刑也。今皆就鬼薪、白粲。取薪给宗庙为鬼薪，坐择米使正白为白粲，皆三岁刑也。"

[②] 参照注①。

二、《汉旧仪》和《汉书·刑法志》

《汉旧仪》和《汉书·刑法志》中的有关记载是考证劳役刑不容忽视的重要史料，现录引如下：

《汉旧仪》

秦制二十爵，男子赐爵一级以上，有罪以减，年五十六免。无爵为士伍，年六十乃免者，有罪，各尽其刑。凡有罪，男髡为城旦。城旦者，治城也。女为舂，舂者，治米也。皆作五岁。完四岁；鬼薪三岁。鬼薪者，男当为祠祀鬼神，伐山之薪蒸也；女为白粲者，以为祠祀择米也，皆作三岁。罪为司寇，司寇男备守，女为作，如司寇，皆作二岁。男为戍罚作，女为复作，皆一岁到三月。

《汉书·刑法志》

诸当完者，完为城旦舂；当黥者，髡钳为城旦舂；当劓者，笞三百；当斩左止者，笞五百；当斩右止，及杀人先自告，及吏坐受赇枉法，守县官财物而即盗之，已论命复有笞罪者，皆弃市。罪人狱已决，完为城旦舂，满三岁为鬼薪白粲。鬼薪白粲一岁，为隶臣妾。隶臣妾一岁，免为庶人。隶臣妾满二岁，为司寇。司寇一岁，及作如司寇二岁，皆免为庶人。其亡逃及有罪耐以上，不用此令。

在这两则史料中，《汉旧仪》是用秦制来列举劳役刑的，显然含有汉承秦制的意思。其中记载的各种刑役及其刑期，对了解秦汉劳役刑非常重要。已多次提及的滨口重国先生，在《汉旧仪》的基础上，综合各种观点，对劳役刑的刑役及其刑期进行过考证。[①] 就《汉旧仪》及其它相关文献史料而言，滨口经过考证得出的结论值得重视。之所以根据汉劳

[①] 滨口重国：《汉代强制劳动刑及其它》（前引）。

役刑来推定秦劳役刑,是因为《汉旧仪》开头以秦制记述的劳役刑刑罚,在汉代的相关史料中也能找到。沈家本的秦不存在隶臣妾刑的观点,也与《汉旧仪》中没有相关记载有关。

而《汉书·刑法志》中的这则史料是文帝废除肉刑时的臣下奏章。在奏章得到诏准后,肉刑随即就被废除。三种肉刑分别成了髡钳城旦舂、笞刑和弃市。并规定,已决刑役,如完城旦已服三年者,服鬼薪白粲、隶臣妾各一年即为庶人;隶臣妾刑已服二年者,服司寇一年和作如司寇二年即为庶人。① 其中列举的各种劳役刑与《汉旧仪》一致。后半部分关于已决刑役的记述,采取城旦舂→鬼薪→隶臣妾→庶人这样一个向短期刑或轻刑方向递减的减刑顺序,与《汉旧仪》也无抵触。两则史料,除了个别地方有出入外,几乎一致,并不矛盾,而且在汉承秦制这一点上,也无异议。

所谓个别有出入的地方,一个是为何在《汉旧仪》中看不到有关隶臣妾的记载,这也是导致秦制没有隶臣妾说的原因。但在有大量秦简出土的今天,对这一观点又不得不进行修正。秦简中有隶臣妾而《汉旧仪》中没有,一定是有缘由的。

另一个是《汉书·刑法志》中的记载,开头的"诸当完者,完为城旦舂"一句,历来被认为是"诸当髡钳完者完为城旦舂"的讹传。对此,臣瓒有注云:

> 文帝除肉刑,皆有以易之,故以完易髡,以笞代劓,以钛左右止代刖。今髡曰完矣,不复云以完代完也。此当言髡者完也。

臣瓒此说,向来都是被原封不动地照搬,滨口重国和仁井田陞等日本学者也不例外。② 另外,在引用《汉书·刑法志》的上则史料时,基本

---

① 对此有几种解释,详见前引滨口重国文第 641 页。正式考证见本书第二编第三章(二)、(三)、(四)。

② 前引滨口文 640 页和仁井田文(补订版)第 86 页。

上都改读为"当髡钳完者"①。这一点似乎已成铁案。我想这大概是因为有文帝刑法改革旨在减轻刑罚和汉代刑罚制度沿用秦制这样的前提存在的缘故吧。

第三个是关于《刑法志》后半部分对既决刑的处理。已经判为完城旦舂刑的,经过鬼薪白粲和隶臣妾到免罪,需要五年。可是正如前面已经指出的那样,完城旦舂是四年刑。这样一来,该如何看待这个五年的规定呢?②

第四个是《刑法志》后半部分的处理规定为何要从完城旦舂开始。在城旦舂刑中,髡钳城旦刑远比完城旦舂刑重,按道理来说首先应该提到髡钳城旦舂。另外,关于隶臣妾刑反复在免罪规定中提到的现象,也不能不说有些奇怪。

对《汉旧仪》和《汉书·刑法志》中存在的这些不尽合理之处,历来的态度是要么想办法使其合理化,要么索性不予理睬。可是,在云梦睡虎地竹简出土后对秦的刑罚制度已经有所了解的今天,就不得不再加审视、重新考量了。下面,将利用睡虎地秦简就秦统一后的刑罚进行全面考察。并以此为基础,在第二编中考察汉代的刑罚制度。至于上述几个问题,由于与入汉以后的刑罚制度相关联,将在第二编《汉代刑罚制度考证》中逐一进行解答。

---

① 如内田智雄编:《释注中国历代刑法志》(创文社 1964 年)中,就是把"完"当做"髡"来解释的。

② 滨口重国把"满三岁"误做"满二岁"(前引论文第 641 页)。

第二章　秦的刑罚
——云梦睡虎地秦墓竹简

一、刑、耐、黥、完、罪

下面，拟就散见于竹简的刑罚进行考察。首先要澄清竹简中经常使用的"刑"、"耐"、"黥"、"完"和"罪"等刑罚用语的含义。这些用语不仅仅只限于竹简，也是考察秦汉劳役刑全貌的关键术语。

刑

关于"刑"的用例如下：

葆子狱未断而诬告人，其罪当刑为隶臣，勿刑，行其耐，有（又）毄（系）城旦六岁……

四七九

葆子狱未断而诬〔告人，其罪〕当刑鬼薪，勿刑，行其耐，有（又）毄（系）城旦六岁。可（何）谓当刑为鬼薪？●当耐为鬼薪未断，以当刑隶臣及

四八一

完城旦诬告人，是谓当刑鬼薪。

四八二

简四七九、四八一和四八二都属法律答问类简，前段列举法律条文，

后段展开问答。从四八一和四八二简来看,"刑鬼薪"之后即是"刑为鬼薪",说明"刑〇〇"和"刑为〇〇"意思一样。这也同样适用于"耐"、"黥"和"完"。"刑"字后面直接跟具体劳役刑名的例子,除了"刑隶臣"和"刑鬼薪"以外,还有"刑城旦"①。这些"刑"与各种劳役刑一起使用,是被处置刑罚的总称。关于"刑",还有如下用例。

擅杀、刑、髡其后子,谳之。……

四四二

女子驷(四)。公士以下居赎刑罪、死罪者,居于城旦舂,毋赤其衣,勿枸椟欙杕。鬼薪白粲,群下吏毋耐者,人奴妾居赎赀。

二〇一

四四二简中的"刑"与"杀(杀害)"及"髡(削发)"并列,应该是对身体造成残害的意思。二〇一简是本书要经常引用的司空律的一部分。在"公士以下居赎刑罪、死罪者"一句里,"刑罪"与"死罪"并用。这个"刑罪"不是抽象意义上的刑罚,而是具有特殊的限定语义,这里指肉刑。也就是说,"刑"和"刑罪"是肉刑的意思,"刑为隶臣"释为"施肉刑后服隶臣役"。"刑"指肉刑,不只限于秦简,也见于文献史料。

妾父为吏,齐中皆称其廉平,今坐法当刑。妾伤夫死者不可复生,刑者不可复属,虽后欲改过自新,其道亡繇也。

《汉书·刑法志》

这是最终导致肉刑被废除的淳于公之女的话。这里的"刑",明显是指肉刑。不过,"刑"有狭义和广义之分。需要指出的是,表示肉刑的"刑"是狭义的。

子曰:君子怀德,小人怀土;君子怀刑,小人怀惠。

---

① 例如:"游士在,亡符,居县赀一甲;卒岁,责之。●有为故秦人出,削籍,上造以上为鬼薪,公士以下刑为城旦。●游士律。"(三三二、三三三)

在"德"、"刑"义对、"刑"、"惠"韵押的上句中,"刑"是一般意义上的刑罚的意思,与"以佐王刑邦国"(《周礼·秋官》)[①]中的"刑"都是广义的。这种例子在《汉书·刑法志》中也有。

就"刑"而言,《礼记·曲礼》中有这样一句各言:"礼不下庶人,刑不上大夫。"[②] 具体含义在本书第四编中将要论及。行文至此可知,"刑"有广义和狭义之分,但我认为秦简中的"刑"是狭义上的肉刑的意思。

耐

关于"耐"的意思,最明显的是前面列举过的四七九、四八一和四八二简。另外,还有以下数例。

> 大夫甲坚鬼薪,鬼薪亡,问甲可(何)论?当从事官府,须亡者得。●今甲从事,有(又)去亡,一月得,可(何)论?当赀一盾。复从事。从事有(又)亡,卒岁得,可(何)论?当耐。
>
> 四九七、四九八
>
> 甲徙居,徙数谒吏,吏环,弗为更籍,今甲有耐、赀罪,问吏可(何)论?耐以上,当赀二甲。
>
> 五一七

在四七九、四八一和四八二简中,"耐"以"勿刑,行其耐"与"刑"对称;在四九七、四九八和五一七简中,"耐"以"有耐,赀罪"与"赀"并列。另外,还有与"刑隶臣"、"刑鬼薪"一样的"耐隶臣"和"耐鬼薪"。"刑"是残害身体的肉刑,"赀"是指交纳钱财的财产刑,"耐"也非刑罚

[①] 《周礼·秋官·司寇》:"惟王建国,辨方正位,体国经野,设官分职,以为民极,乃立秋官司寇,使帅其属而掌邦禁,以佐王刑邦国。"(郑注:禁,所以防奸者也。刑正人之法)

[②] 《礼记·曲礼上》"礼不下庶人,刑不上大夫。"(郑注:不与贤者犯法,其犯法则在八议轻重,不在刑书)

的具体称谓，而是一类刑罚即不施肉刑、较附加肉刑的劳役刑轻的劳动处罚的总称。五一七简"耐以上"中的"耐"就是这个意思。除了秦简外，"耐"的这种用法在《汉书》中也能找得到。

　　春，令郎中有罪耐以上，请之。

《汉书·高帝纪》

　　考自昭、宣、元、成、哀、平六世之间，断狱殊死，率岁千余口而一人，耐罪上至右止，三倍有余。

《汉书·刑法志》

而且，在《汉书》诸家注中也有认为耐罪是轻刑的说法。[①] 那么，为何要用"耐"字来命名呢？看来，还得从"耐"字本身的字义着手进行分析。

关于"耐"和"耐刑"的含义，迄今为止，可以说是众说纷纭，莫衷一是。滨口重国在综合各家之言的基础上，进行了重新考察。[②] 最近，若江贤三还利用秦简资料作了进一步的阐发。[③] 我基本上同意滨口先生的说法。这里只想就"耐"字的含义作些简单陈述。

"耐"通"耏"，前引《汉书·高帝纪》的应劭注[④] 以及同意应注的师古说[⑤] 都是这个观点。师古认为，"耏"即"颊旁之毛"，司马贞说"须发多为耏"[⑥]。也就是说，"耏"是指颊、鬓等头发以外的颜毛。其实，与颊、

[①] 《汉书·文帝纪》苏林注"一岁为罚作，二岁以上为耐。耐，能任其罪也"，《汉书·高帝纪》应劭注："轻罪不至于髡，完其耏鬓，故曰耏。古耐字从彡，发肤之意也。杜林以为法度之字皆从寸，后ած如是。言耐罪以上，皆当先请也。耐音若能。"

[②] 前引滨口氏论文第650页注(27)。

[③] 若江贤三：《文帝废除肉刑的改革——关于髡刑与完刑》，《东洋学术研究》十七·六，1978年。

[④] 参照注(4)。

[⑤] 《汉书·高帝纪》颜师古注："依应氏之说，耏当音而，如氏之解则音乃代反，其义亦两通。(而)[耏]谓颊旁毛也。彡，毛发貌也，音所廉反。而《功臣侯表》宣曲侯通耏为鬼薪，则应氏之说斯为长矣。"

[⑥] 《史记·高祖功臣侯者年表》索隐"字林，以多须发曰耏"。

鬘等相关的刑罚也存在过。这从刺客豫让暗杀的故事中就可以得到某种启示。

主人智伯被赵襄子杀害，豫让遂改名姓为刑徒，从事涂抹厕所墙壁的劳动，目的是要暗杀赵襄子。失败之后，他再次装成癞病患者，以寻求新的机会。《史记·刺客列传》中的这个故事，同样见于《战国策·赵策》：①

> 豫让又漆身为厉，灭须去眉，自刑以变其容，为乞人而往乞。

可见，剃去须眉是变成刑人的一种手段。在中国，须眉自古以来是男子的象征。美须髯作为刘邦和刘秀容貌特征的相关记载，也反映了这一点。②另外，睡虎地秦简中有关拔他人须眉构成犯罪的记载，更能说明其重要性。

> 或与人斗，缚而尽拔其须麋（眉），论可（何）殹（也）？当完城旦。
> 　　　　　　　　　　　　　　　　　　　　　　　　　四五一

所谓刑罚，多少都带有某种肉体或精神上的摧残。如果想要在外表上与一般人有所区别，剃去须眉效果肯定最明显。耐＝耏＝颜，是对耐刑中把剃去须眉作为处罚的极具说服力的解释。③

---

① "豫让又漆身为厉，灭须去眉，自刑以变其容，为乞人而往乞"，这里的"灭须去眉"不是不能解释为：为了装癞病患者而剃去眉发，但我仍认为那是"自刑以变其容"的内容。

② 《汉书·高帝纪》"高祖为人，隆准而龙颜，美须髯"，《汉书·霍光传》"光为人沈静祥审，长财七尺三寸，白皙，疏眉目，美须髯"，《后汉书·光武帝纪》"（光武帝）身长七尺三寸，美眉目，大口，隆准，日角"。

③ 关于耏，《说文解字》九篇下有"罪不至于髡也"。段玉裁解释为"按耐之罪，轻于髡，髡者鬄发也。不鬄其发，仅去须鬓，是曰耐"。确如段玉裁所说，耐是指剃掉须鬓。不过，这里有一个难题。11页注①提到的应劭注中也有："轻罪不至于髡，完其耏鬓，故曰耏，故耏字从彡，发肤之义也"。这一句话直接读为"罪轻到不了髡，完整保留耏鬓，所以称耐。以前，耐字从彡，发肤的意思"其实是很自然的事，但一直以来却出现多种读法。如果从早于应劭的许慎《说文解字》"罪不至于髡也"来看，应劭注到"轻罪不至于髡"为止是一句话，"完其耏鬓"是另一句话，这样一来，耐刑就是不剃去须毛。当然应该防止为了自圆其说而对应劭注断章取义的做法，但问题是不知道如何解释为好。如果允许臆测的话，应该是在应劭的时代，耐罪剃去颜毛的本来意思已经没有了，变成了如后所述的仅仅表示轻罪的意思。

不但"耐"字的字面意思如此，秦简中的"耐"实际上也是剃去颜毛。之所以是一类刑罚的总称，是因为它与"刑"配套使用。《晋书·刑法志》中有如下记载：

> 今律令，犯罪应死刑者六百一十，耐罪千六百九十八，赎罪以下二千六百八十一，溢于《甫刑》千九百八十九，其四百一十大辟，千五百七耐罪，七十九赎罪。

这里的"耐罪"，显然是某类刑罚的总称。滨口①和堀毅②两位先生认为，在晋代，"耐"的意思发生了变化，通指劳役刑。不过我认为，与其说是"耐"字的意思随着时代的变化而发生了变化，倒不如说"耐"本来就是一种伴有劳动的轻刑（与肉刑相比）的总称。

黥、完

黥，是指施以刺青的肉刑。与汉代一样，秦也是在脸上刺青。

> 女子为隶臣妾，有子焉，今隶臣死，女子北其子，以为非隶臣子殹（也），问女子论可（何）殹（也）？或黥颜頯为隶妾，或曰完，完之当殹（也）。
>
> 五四四

由秦简可知，秦除了黥刑，还有斩趾等肉刑③。

关于"完"的解释，大凡有三种。一是程树德、沈家本的解释，即只剃须鬓、不施髡刑说。④二是王先谦、滨口重国的不施髡刑黥刑说。⑤三

---

① 滨口前引文及其《汉代钛趾刑与曹魏的刑名》一文（前引书所收）。
② 堀毅：《秦汉刑名考——以云梦出土秦简为主》（《早稻田大学大学院文学研究科纪要》别集第四册，1977 年）。
③ 如"害盗别徼而盗，驾（加）皋之，●可（何）谓驾（加）皋？●五人盗，臧（赃）一钱以上，斩左止，有（又）黥以为城旦，不盈五人，盗过六百六十钱，黥騂（劓）以为城旦……"（三七一、三七二）。
④ 前引程树德、沈家本书。
⑤ 王先谦：《〈汉书·刑法志〉补注》。滨口重国：《汉代强制劳役刑及其它》（前引）。

是堀毅、若江贤三的与髡刑一样剃去头发说[①]。诸说的依据虽然都是《汉书·惠帝纪》孟康注"完"为"不加肉刑,髡鬄也"。(原文"爵五大夫、吏六百石以上及宦皇帝而知名者,有罪当盗械者,皆颂系。上造以上及内外公孙、耳孙有罪当刑及当为城旦舂者,皆耐为鬼薪、白粲。民年七十以上若不满十岁有罪当刑者,皆完之。"),但是,在释读时,却出现了"不施肉刑施髡鬄也"和"不施肉刑髡鬄也"两种读法。

在秦简中,"完"除了表示"完城旦"这个刑罚名外,还见于下面两个例子。

……百姓犬入禁苑中而不追兽及捕兽者,勿敢杀;其追兽及捕兽者,杀

〇七三

之,河(呵)禁所杀犬皆完入公,其它禁苑(杀者),食其肉而入其皮。　田律

〇七四

欲归爵二级以免亲父母为隶臣妾者一人,及隶臣斩首为公士,谒归公士而免故妻隶妾一

二二二

人者,许之,免以为庶人。工隶臣斩首及人为斩首以免者,皆令为工。其不完者,以为隐官工。　军爵

二二三

[①] 前引堀氏及若江氏论文,是利用秦简进行考证的结果。堀氏引用《集韵》的观点,把完读做"五忽切",释为"髡,去发刑,或作完",认为"完"通"丸",是"光头",即剃去头发的意思。《集韵》的这一观点。(诸桥《大汉和辞典》也用此说,大概是以《经典释文》卷十一〈礼记音义〉中的"髡,五忽反,本又作完,音同,除户官反"为基础的。)这是"髡"、"完"混同的结果,如《周礼》秋官掌戮"髡者使守积"的郑司农注"髡当为完,谓但居作三年,不亏体者也。"也同出一辙。其实很难以《集韵》确定"完"的原意就是剃去头发。至于"完"等于"丸"等于"光头",在日语中"丸"确实是剃去头发的意思,但这种用法在汉语中却很少,如"丸髻"的"丸"是"圆形"的意思。

〇七四简的"完"是(食肉)不可以弄伤皮革的意思,二二三简的"不完者"解释为"不具者"更为自然。文献史料中的"完"一般都被当做"完全"的意思使用。

　　沛今共诛令,择子弟可立者立之,以应诸侯,则家室完。

《史记·高祖本纪》

　　帝王之功,圣人之余事也,非所以完身养生之道也。

《吕氏春秋·仲春纪》

　　综上所述,秦简和文献史料中作为刑罚的"完"和"完城旦",都应该按照"完全"的意思来解释。下面就秦简中的相关用语进行讨论。

　　"完城旦"这种刑罚,在秦简中除了单独出现外,还与黥、黥城旦等配套使用。这与第一章提到的《汉旧仪》和《刑法志》中髡钳城旦舂经常与"完城旦舂"配套出现的情形相同。

　　女子为隶臣妻,有子焉,今隶臣死,女子北其子,以为非隶臣子殹(也),问女子论可(何)殹(也)？或黥颜頯为隶妾,或曰完,完之当殹(也)。

五四四

　　当黥城旦而以完城旦诬人,可(何)论？当黥劓。

四九〇

　　从此二例以及秦简中的其它用例来看,"完城旦"应该是城旦刑中相对于颜面上刺青的黥而言,保持颜面完整的刑罚。另外,从《汉书·刑法志》等史料中髡钳城旦与完城旦的对应关系来看,完城旦也是不剃去头发并使之保持完好的意思。因此,我认为孟康注应释作"不施肉刑髡鬚"。

　　以上,对刑罚总称的"刑"、"耐"和表示具体施刑办法的"黥"、"完"等术语的含义,进行了考察。"耐"、"黥"、"完"与"刑为城旦"一样,都是被放在各种劳役刑前面进行使用的,因此,秦简中的有关组合可以列表如下。

表 1.1　秦简劳役刑前使用司寇、隶臣、鬼薪、城旦

司寇	隶臣	鬼薪	城旦	
×	○	○	○	刑
○	○	○	○	耐
×	△	×	○	黥
×	△	×	○	完

○见于秦简。
×不见于秦简。
△指五四四简"黥颜頯为隶臣，或曰完"可释作黥隶臣、完隶臣。

表 1.1 中之所以没有黥鬼薪和黥隶臣等术语，是因为它们包含在刑鬼薪和刑隶臣等总称之中。另外，司寇刑没有刑司寇也不见黥司寇，是因为司寇是对犯罪者最轻的刑役，不施加肉刑。但是，这里有一个问题，那就是刑罚总称"耐"和具体刑名"完"的关系，是否与刑、黥的关系一致；如果一致，为何又只见完城旦而不见耐城旦？关于这个问题以及"耐"与"完"的关系问题，在以后对城旦刑的考察中将要涉及。

总之，秦代的刑罚，特别是劳役刑的名称常常是以两种形式出现：（A）刑或者耐＋劳役刑名，（B）黥或者完＋劳役刑名。在（A）的情况下，"刑"、"耐"分别是肉刑和非肉刑的总称。而在（B）的情况下，"黥"和"完"则表示颜面上是否刺青，即对身体造成残害的具体样态。为何存在有（A）（B）两种表述方法呢？我想，大概是因为秦代有死刑、肉刑、非肉刑及后述的赀刑（财产刑）等四大类刑罚，同时各类刑罚又有各自具体刑类划分的缘故。死刑、肉刑在秦律中分称"死罪"和"刑罪"，表示刑罚的种类。下面就"罪"、"当"的含义做些讨论。

今天，我们把法律术语"罪"（犯罪）当做对违反法律的行为者可以

进行惩罚的行为来定义并加以使用的。秦律中这种用法的"皋（罪）"也确实存在。

　　贾市居列者及官府之吏，毋敢择行钱、布；择行钱、布者，列伍长弗告，吏循之不谨，皆有罪。　金布

一三五

　　夫有罪，妻先告，不收。妻媵臣妾衣器当收不当？不当收。

五四〇

以上二例中的"有罪"，都可以理解为犯罪行为的意思。① 不过，下面两例却显然有所不同。

　　葆子狱未断而诬告人，其罪当刑为隶臣，勿刑，行其耐，有（又）毄（系）城旦六岁。（下略）

四七九

　　伍人相告，且以辟罪，不审，以所辟罪罪之，有（又）曰不能定罪人，而告它人，为告不审，今甲曰伍人乙贼杀人，即执乙，问不。

四六六

四七九简中所见的"当"，即"当刑为隶臣"一句中的"当"，后缀刑罚名称，具有法律用语特定的含义和用法，并不是一般意义上的助词或动词。由近年出土的江陵张家山汉简《奏谳书》可知，这个"当"是指刑事诉讼过程中诉讼程序。

　　八年十月己未安陆丞忠刻（劾）狱史平舍匿无名数大男子种一月，（中略）鞫，平智（知）种无名数，舍匿之，审，当：平当耐为隶臣。（下略）

一四

上简是以高祖十年己未（前197年）安陆丞忠劾状为开篇的案件，即对狱史平匿藏无户籍大男（十五岁以上的男子）种案件的审判记录。

---

① 这里的"有罪"可以解释为"犯有违法行为"、"被问罪"等，但"罪"应该含有"犯有违法行为并被适用于这种刑罚"的意思。详见后述。

该简中所见的"劾"、"鞫"和"当",均是审判过程中不同阶段的法律程序。"劾"是告诉、起诉,"鞫"是审议、审判,而"当"则是量刑的意思。

"半当耐为隶臣",就是平应该量刑为耐隶臣刑的意思。这里的耐隶臣是刑罚的一种,说明"当"不是对罪的认定,而是对刑罚的量定。

行文至此,我们再回到前面记有"其罪当刑为隶臣"的四七九简去。既然"其'罪'(皋)量定为刑隶臣"的意思是量定刑罚为刑隶臣,那么这里的"罪"就应该是刑罚,而不是犯罪行为。

四六六简"以辟罪"、"以所辟罪罪之"中的"罪",同样也可以释做"刑罚"。在《睡虎地秦墓竹简》(文物出版社,1978年)注释中,把"辟"释做"罪",即"列举罪名予以告发"。但我认为"辟"通"避",应释做"回避"。秦刻石《琅玡台刻石》中有"除疑定法,咸知所辟"(排除疑问,准确定法,并且知道有所回避),《汉书·董仲舒传》也有"尚不辟死,安能辟罪"(连死都不能免,又怎能免去刑罚)。

可见,四六六简中的"以辟罪"、"以所辟罪罪之"就是"回避刑罚"、"想回避反而被处以相应刑罚"的意思,"罪"、"罪之",不用说就是刑罚的意思。

通过以上考察可知,二〇一(前引)等简中所见的"死罪"、"刑罪"以及以下两例

> 甲徙居,徙数谒吏,吏环,弗为更籍。今甲有耐赀罪,问吏可(何)论?耐以上,当赀二甲。
>
> 五一七
>
> (前略)●可(何)以购之?其耐罪以上,购如捕他罪人;赀罪,不购。
>
> 五一〇

中的"赀罪"、"耐罪"等前面冠有某罪或者某种刑罚总称名的"罪",都是刑罚的意思。死刑、肉刑、非肉刑及财产刑等秦代刑罚,都是按照刑

罚种类进行划分的。既然"罪"是刑罚的意思,那么就更能说明"刑罪"中的"刑"不是单纯处罚的意思,而是指具有特定含义的肉刑。

可见,秦简中"罪(辠)"除了犯罪的意思外,还有刑罚的意思。下面将进一步展开讨论。

"罪"一词具有"犯罪"和"刑罚"两种含义,说明罪(crime)的概念和与其相对应的罚(punishment)的概念没有被严格地区分开来。至少在秦律中,还没有把罪和罚加以区分的意识。

我想这应该是对秦汉刑罚制度进行思考的至关重要的问题,在以后的考察中将多有论及。有关秦律中用语的考证及刑罚的种类的考察就告一段落。下面拟就各种刑罚进行分析。首先要讨论的是"刑罪",亦即肉刑。

二、刑罪——肉刑

《汉书·刑法志》明确记载,肉刑有黥、劓和刖(斩趾)三种。这在睡虎地秦律中也可以得到确认。不过,这三种肉刑做为正刑,并不具备同等的量级和独立性。这一点可以从法律答问的下条简文看出。

> 害盗别徼而盗,驾(加)罪之,●可(何)谓驾(加)罪? ●五人盗,臧一钱以上,斩左止,有(又)黥以为城旦;不盈五人,盗过六百六十钱。
>
> 三七一
>
> 黥劓以为城旦;不盈六百六十到二百廿钱,黥为城旦;不盈二百廿以下到一钱,迁之,求盗比此。
>
> 三七二

在这个"对害盗、别徼等盗贼取缔官盗窃行为的惩处比一般盗窃为重,即予以'驾罪'处罚"的秦律规定中,我想着重讨论"驾罪(辠)"。

在这里，"驾罪"的"驾"通"加"，其具体内容如下：

(1) 五人集团盗窃时

　　1　盗窃一钱以上　　斩左趾＋黥城旦

(2) 盗窃集团不足五人时

　　1　赃值六六〇钱以上　　劓＋黥城旦

　　2　赃值二二〇钱以上未满六六〇钱　　黥城旦

　　3　赃值未满二二〇钱　　迁

对一般盗窃来说，如后面将要论及的那样，作为盗窃罪最重的量刑，即盗窃六六〇钱以上时，要处以黥城旦刑。但是，对集团盗窃及取缔官盗贼犯罪等特别案件，则视情节予以加重处罚。对于"加罪"，首先要指出的是，秦律中的"罪"是刑罚的意思，就是说"加罪"是加罚即附加刑罚的意思。附加的刑罚如上述(1)、(2)所示，附加于黥城旦刑的是斩左趾、劓刑两种肉刑。类似的例子还有：

当黥城旦而以完城旦诬人，可(何)论？当黥劓。

四九〇

四九〇简是对处以黥城旦刑而又以完城旦刑诬告他人的人进行数罪并罚的条文。按照诬告反坐的原则，这也适用于完城旦的诬告犯。可是，完城旦刑轻于原本判处的黥城旦刑，黥城旦含盖了完城旦刑。因此，这里便用重于黥刑的劓刑代替完城旦刑来作为黥城旦的附加刑进行处理。下面再举一个例子：

将司人而亡，能自捕及亲所智(知)为捕，除毋(无)罪；已刑者处隐官……●群盗赦为庶人，将盗戒(械)囚刑。

四九五

罪以上，亡，以故罪论，斩左止为城旦，后自捕所亡，是谓处隐官●他罪比群盗者皆如此。

四九六

这个规定与前举三七一、三七二简相关联，群盗即集团盗窃应处的刑罚如前述，分作(1)、(2)两种情况。四九六简中的"以故罪论，斩左止为城旦"，是在群盗人数无法确定的情况下，对犯人逃走罪行进行一并罚处的一般规定。在这种情况下，要加重刑罚并使其有实际效用，只有采取斩左趾。对于其它刑罚，如果出现轻于或等同于"故罪"的现象，为了避免含盖刑，也是以斩左趾刑为附加刑的。

综上可见，刖(斩趾)和劓这两种肉刑只是黥刑的附加刑，不能被单独执行，在睡虎地秦简中总是和黥城旦刑配套出现，而黥刑(由于秦的刑罚与劳役刑组合，又称黥城旦刑)则是肉刑的正刑。所谓"刑城旦"和"刑鬼薪"，具体说，就是指黥城旦和黥鬼薪。

以上，对三类肉刑的属性以及它们在正刑与附加刑的区别进行了分析。在秦刑罚的肉刑体系中，个别刑只充当某一方面的作用，在犯罪内容与应处刑罚上并不具备独立性。也就是说，所受伤害及以同种同等的伤害进行报复的所谓同害复仇刑(tario)，反映刑的性格极少。有关秦代刑罚与同害复仇的问题，本书在《补编》中将另有详论。

三、劳役刑

关于睡虎地秦律中劳役刑一般都与肉刑相配套的情况，在表一中已有所反映。明确知道的劳役刑，如城旦舂、鬼薪、隶臣妾和司寇等，也都是《汉旧仪》、《汉书·刑法志》所列举的刑罚。但根据秦简可以探明、以及对以往解释需要进行订正的地方很多，下面就各种劳役刑逐一进行讨论。

隶臣妾

自秦简发现以来，其中有关隶臣妾的记载，引起了学者的极大关注。

在中国方面,很多学者都把目光集中到隶臣妾上,高恒、高敏、林剑鸣、宫长为及宋敏等位先生,先后都有论述发表。诸说大致可以分为两种,一种认为隶臣妾是奴隶或者官奴婢(高恒、高敏、宫长为、宋敏),另一种则认为隶臣妾是刑徒(林剑鸣)[1]。应该说,有关隶臣妾的争论至今也没有结果。秦简中能看到的隶臣妾,除前引各例外,还有以下数例。

> 捕赀罪,即端以剑及兵刃刺杀之,可(何)论?杀之,完为城旦;伤之,耐为隶臣。
>
> 四九四
>
> 士五(伍)甲盗,以得时直(值)臧(赃),臧(赃)直(值)百一十,吏弗直(值),狱鞫乃直(值)臧(赃),臧(赃)直(值)过六百六十,黥甲为城旦,问甲及吏可(何)论?甲当耐为隶臣,(吏)为失刑。
>
> 四〇五

这两个例子和前面论及"刑"时列举的四七九简"其罪当刑隶臣,勿刑",都是有关获罪论处的内容。四九四简是以杀人或伤人分别判处完城旦和耐隶臣,四〇五简则是应处以隶臣妾却误判为黥城旦的有关记录。显然,除了完城旦和黥城旦外,隶臣妾也是刑罚。

另外,近来出土的有关隶臣妾的资料也值得注意。本书开头介绍过的江陵张家山247号墓出土的汉简《奏谳书》二十中,就有如下简文:

> ●异时鲁法:盗一钱到廿,罚金一两;过廿到百,罚金二两;过百到二百,为白徒;过二百到千,完为倡。有(又)曰:诸以县官事訑其上者,以白徒罪论之。有白徒罪二者,驾(加)其罪一等。白徒者,当今隶臣妾;倡,当城旦。今佐丁盗粟一斗,直(值)三钱,柳

---

[1] 高恒:《秦律中"隶臣妾"问题的探讨》,《文物》1977年第7期;高敏:《关于秦律中的"隶臣妾"问题质疑》,《睡虎地秦简初探》1979;林剑鸣:《"隶臣妾"辨》,《中国史研究》1980年第2期;宫长为、宋敏:《"隶臣妾"是秦的官奴婢》,《中国史研究》1982年第1期。

下季为鲁君治之，论完丁为倡，奏鲁君。君曰：盗一钱到廿钱，罚金一两，今佐丁盗一斗粟，直（值）三钱，完为倡，不已重乎？（下略）

二〇

这是有关先秦鲁国刑罚的记载。"白徒者，当今隶臣妾。倡，当城旦"中的"今"，反映了汉初刑法的具体情况。因为汉初的刑法承袭于秦，所以也可以把它看做是秦的刑罚。隶臣妾不见于鲁国刑罚，也不见于其它先秦的文献史料。那么，作为秦统一后新生刑罚的可能性就相当高。所谓新生，与其说是自然地发生，倒不如说是制度、法制用语的新造词汇较为妥切。隶臣妾作为刑罚名称显然不成问题。

不过，这里有必要思考的是造语的依据。

"隶臣妾"虽然不见于先秦文献，但俘虏被贬为臣妾的现象在先秦却确实存在过。例如，《左传》宣公十二年，败于楚战的郑伯有这样一段话：

孤实不天，不能事君，使君怀怒以及敝邑，孤之罪也。……其剪以赐诸侯，使臣妾之，亦唯命。

"隶"的身份隶属于吏，同样见于《左传》昭公七年：

天有十日，人有十等……故王臣公，公臣大夫，大夫臣士，士臣皂，皂臣舆，舆臣隶，隶臣僚，僚臣仆，仆臣台。

关于这个"隶"，杜预注云："隶，隶属于吏也。"这里的"隶"、"臣妾"，虽然与秦简语意相近，但隶臣妾一词，不仅不见于《左传》，也不见于其它先秦史料。

对隶臣妾，睡虎地秦简中有这样的规定：

寇降，以为隶臣。●捕盗律曰：捕人相移以受爵者，耐……

三六六

《睡虎地秦墓竹简》在对该条的注释中，引用了《史记·汲黯列传》的有关记载：

> 臣愚以为陛下得胡人，皆以为奴婢，以赐从军死事者家。

这是把隶臣妾解释为奴婢的最有力的例证和参考史料。在秦简中，也发现有接近于奴隶语意的词汇"臣妾"①。

下面，我们再来看看已经引用过的有关免除隶臣妾规定的二二二、二二三简。

> 欲归爵二级以免亲父母为隶臣妾者一人，及隶臣斩首为公士，谒归公士而免，故妻隶臣妾一人者，许之，免以为庶人……
>
> 　　　　　　　　　　　　　　二二二、二二三

免除"故妻隶妾"需要归还公士爵位，而免"亲父母"为"隶臣妾"则需要归还两级爵位。也就是说，在最低级别爵位公士和隶臣妾之间有两级爵位。我认为，这两级爵位就是公士—士伍。如果说爵位是身份序列的标志，那么隶臣妾则也是公士—士伍—隶臣妾这一序列中的身份标志。

据此，我曾对隶臣妾做过如下推断：

> 它（隶臣妾）是指因获罪身份被贬为臣妾的意思，隶属于吏。与臣妾关联的是奴隶的身份，但不是奴隶的称谓。如前所述，它是与城旦舂相对应的刑罚。但与属劳役刑的城旦舂有所不同，隶臣妾是因获罪而降贬身份，属于身份刑的范畴。劳役是身份刑的附加物②。

我的这种把隶臣妾定为身份刑的做法，后来受到了籾山先生的批评：

> 这里必须要指出的是如果隶臣妾是身份刑，那么贬低身份有何具体含义，且又为何要得到制裁呢？（中略）对原来就没有爵位的

---

① 例如，"臣妾牧杀主，●可（何）谓牧。●欲贼杀主，未杀而得，为牧"。（四四六）
② 拙著《秦汉的劳役刑》，《东方学报》，京都，55 册，1983 年，第 120 页。

人来说，爵制外的放逐根本算不上是什么打击（制裁）。因此，隶臣妾仍然应该属于从事轻度杂役的劳役刑①。

的确，"身份刑"这个名称作为刑罚，对其实质性的内容缺乏严密定义，有反思的必要。对贬低身份是不是等于受到了制裁，也有再做明确回答的必要。另外，也不可否认隶臣妾是以强制劳动作为刑罚内容的事实。

尽管可以理解籾山先生的批评，但对隶臣妾作为劳役刑及其定位问题，仍存有疑虑。总的来说，秦的劳役刑的刑罚名称如城旦舂、鬼薪、白粲、司寇及作如司寇等都是以劳役内容为根据命名的。那么，隶臣妾是否也是如此呢？籾山先生认为是"'家'内从事杂役的隶属者"。即使如此，它表明的只是隶属的立场和处境，而不是劳动的内容。另外，从二二二、二二三简的有关内容来看，还爵二级减免的刑罚并非"耐罪"和"刑罪"等刑役的总称，减刑仅仅是针对隶臣妾的规定。

也就是说，城旦舂等一系列劳役刑与隶臣妾并非一个体系。对隶臣妾第一义的制裁是贬低身份，使其低于包括无爵者在内的庶民。同样是强制劳动，城旦舂等是以劳役为制裁前提的，而隶臣妾则是降贬身份，被贬低的身份具有劳动属性。因此，如下面将要论及的那样，隶臣妾与其它劳役刑并列的原因是两种劳役的定位不同。

把隶臣妾称做"身份刑"是否妥当暂且不论，至少目前我还不想改变有关秦代存在降贬身份这种制裁的看法。当然，这并不能解决受刑者刑罚效用的问题。对此，目前还没有更具说服力的见解，姑且做如下分析，以备后考。

放逐爵制外如果是对有爵者应有特权的剥夺，那么就与有爵者的刑罚减免有关。如本书第四编将要论及的那样，拥有公士以上爵位者免

---

① 籾山明氏对拙著的书评，见《法制史研究》34，1984年，第344页。

除肉刑。由于上造以上的有爵者被纳入了爵体系之内,所以从第二级的公士开始免除肉刑。但是隶臣妾不同,是被放逐到爵制以外了。这对受刑者来说无疑是不利的,是有效用的制裁。这样看,不知能否成立? ①

那么,隶臣妾刑是怎样的刑罚,同时它与其它劳役刑又有何种关联呢?

在第一章已经指出,汉代隶臣妾的刑役是在官府内做杂役。从秦简的有关条文来看,秦代也是如此。

  隶臣妾其从事公,隶臣月禾二石,隶妾一石半;其不从事,勿禀……

一一六

另外,称有技术的隶臣为工隶臣也见于五四四及下简。

  隶臣有巧可以为工者,勿以为人仆、养。 均

一八〇

同时,对于隶臣妾,值得注意的是它还有看守刑徒,逮捕犯人的刑役。

  毋令居赀赎责(债)将城旦舂。城旦司寇不足以将,令隶臣妾将……

二一二

  隶臣将城旦,亡之,完为城旦,收其外妻、子。子小未可别,令从母为收……

四八六

这是隶臣妾代理司寇刑刑役,监视城旦刑徒的有关内容。另外,秦

---

① 需要回顾一下"士伍"爵,过去曾做零位爵解释,见《秦汉庶人与士伍笔记》,《中国士大夫阶级与地域社会关系的综合研究》(昭和五十七年度科学研究费补助金综合研究 A 研究成果报告)。失去爵位的有爵者与因犯罪被驱逐出爵位体系外的隶臣妾是用士伍来区别的。同样是无爵,设置这样一个零位爵来对爵体系内外加以区别,应该说还是很有必要的。

简《封诊式》中还出现不少被称为"牢隶臣"的隶臣。如：

  告子爰书：某里士五（伍）甲告曰：甲亲子同里士五（伍）丙不孝，谒杀，敢告。即令令史己往执。令史己爰书：与牢隶臣某执丙，得某室。

六三〇、六三一

  可见，监视、逮捕犯人也是隶臣妾的刑役之一。这种以贱人身份充当刑吏角色的现象，与日本江户时代的非人阶级以及欧洲中世纪的刑吏有着某种共通性。①

  最后，还有必要指出的是在秦代隶臣妾还常常附加于其它劳役刑。隶臣妾代理司寇刑役的现象前已有述，其它方面举例如下：

  当耐为隶臣，以司寇诬人，可（何）论？当耐为隶臣。有（又）毄（系）城旦六岁……

四八八

  隶臣妾毄（系）城旦舂，去亡，已奔。未论而自出，当治（笞）五十，备毄（系）日。

五〇二

  之所以出现这种附加现象，其主要原因是隶臣妾与司寇及城旦刑等劳役刑分属不同刑罚范畴。汉代，在隶臣妾纳入劳役刑范畴后，它就不再附加于其它劳役刑了。当然，汉代还有笞刑附加于劳役刑的现象。有关情况将在下编进行详述。下面就城旦刑进行考察。

城旦舂

  关于城旦舂刑役，秦代与汉代并无区别。至少在秦简中找不到相关资料。

---

  ① 参考三浦周行：《法制史之研究》第八编，岩波书店1919年；阿部谨也：《刑吏的社会史》，中央公论社1978年。

秦代城旦舂刑除了附加隶臣妾刑外，还用来赎罪。另外，以劳役方式赎债虽不是刑罚，也同样从事城旦舂劳役。

……公士以下居赎刑罪、死罪者，居于城旦舂，毋赤其衣，勿枸椟欙杕。鬼薪白粲，群下吏毋耐者，人奴妾居赎赀责（债）于城旦，皆赤其衣，枸椟欙杕，将司之。

二〇一、二〇二

1979年12月，在陕西省临潼县刑徒墓中发掘出土了刑徒砖。[①] 其内容虽仅限于居赀（详见后），但他们都是从事骊山陵工事的城旦。可见，秦代的城旦舂有一开始就以刑罚来服役者、附加它刑变成城旦舂者及因赎罪、赎债而服以城旦舂劳役者三类。

不过，二〇一、二〇二简中以衣服和木械的有无为标识的规定，对于城旦刑可以说是个例外。下面的二一四简则是关于城旦刑的一般规定：

城旦舂衣赤衣，冒赤毡，枸椟欙杕之……

二一四

前面已经指出，城旦舂刑这种劳役刑在秦简中可分黥城旦和完城旦两种。如果二一四简中赤衣赤帽、夹带木械者属一般城旦舂，那么就应该是完城旦舂。黥城旦舂是指在颜面施加刺青者。汉代的城旦舂刑也与此相同。《汉书·司马迁传》载《报任安书》中有这样一段记述：

人固有一死，死有重于泰山，或轻于鸿毛，用之所趋异也。太上不辱先，其次不辱身，其次不辱理色，其次不辱辞令，其次诎体受辱，其次易服受辱，其次关木索被箠楚受辱，其次鬀毛发婴金铁受辱，其次毁肌肤断支体受辱，最下腐刑，极矣。

"毁肌肤断支体"不用说是指肉刑，而"鬀毛发婴金铁"是指髡钳城

[①] 详见本书第四编第三章。

旦舂也没有问题。髡是剃除头发的意思，毋须后来各家注说，司马迁在这段文字中早就有如实明确的表述。"关木索……"应该是完城旦的意思。在汉代，完城旦和髡钳城旦是相对的，完城旦是不剃头发夹带木械（是不是经常夹带木械还不清楚）的刑罚，而髡钳城旦则是剃除头发夹带金械的刑罚。

不过，秦简中的城旦刑，还有几个问题有必要进行探讨。

其一，关于城旦舂刑的刑期。有关刑期的全面考察，准备在第二编中结合汉代的刑罚进行展开。这里只想就已经引用过的秦律中三次出现的"斫城旦六岁"的有关规定稍加讨论。为了方便起见，相关文句抄录如下：

> 葆子狱未断而诬告人，其罪当刑为隶臣，勿刑，行其耐，有（又）毄（系）城旦六岁。

四七九

> 葆子狱未断而诬（告人，其罪）当刑鬼薪，勿刑，行其耐，有（又）毄（系）城旦六岁。

四八一

> 当耐为隶臣，以司寇诬人，可（何）论？当耐为隶臣，有（又）毄（系）城旦六岁……

四八八

关于"城旦六岁"，有的认为与城旦舂的刑期有关联，也有观点认为在秦代城旦刑就是六岁刑[①]。但这三个例子都是耐隶臣、耐鬼薪附加城旦刑的例子，也就是说"六岁"仅限于在六年间加服城旦刑的附加刑，自然与本来的城旦刑没有关系。更进一步说，这里的"城旦六岁"也恰恰反证了本来的城旦刑不是六岁刑这一事实。

---

① 若江贤三：《秦汉时期的劳役刑——关于隶臣妾的刑期》，《东洋史论》I，1980年。

其二，就是前面遗留下来的关于"耐"和"完"的问题。"耐"的原意是剃去颜毛。但在秦代，如前所述是指不施肉刑只进行劳动的轻刑的总称。这样，"耐"和"完"的关系是否等同于"刑"和"黥"的关系，以及为何只有"完城旦"的名称而没有"耐城旦"的名称等问题就出现了。

对此，可以从下面两方面进行解释。

（A）耐是不施加肉刑的意思，完是对应于黥的语汇。因此耐刑中含有完刑，完城旦也剃去颜毛。之所以没有耐城旦这一术语，是因为完城旦包含了它的意思。

（B）完城旦虽然赭衣木械，但保留颜毛。从广义的轻刑来说它属于耐刑，但城旦刑不剃颜毛。

（A）（B）两种解释哪一种正确，在目前我还没有做出判断的充分依据。不过，如果允许推测的话，那么我认为，在秦简有关城旦刑的记载中，之所以没有与"刑城旦"对应的"耐城旦"，是因为城旦舂刑具有附加其它刑罚，如耐隶臣、耐鬼薪等附加刑罚的属性，为了区别这些耐刑（剃去颜毛），自然就有"完城旦"这样的术语。也就是说我比较倾向于劳役刑完城旦不剃颜毛的（B）的思路。

司寇

关于司寇的刑役，《汉旧仪》解释为"备守"，沈家本则认为是监视贼寇即对盗贼进行管制的刑役。

也就是说，司寇是对受刑囚进行司法管制的刑役。但同时，司寇还有捕盗及对劳役刑徒进行监督的刑役内容。司空律有如下条文：

> 毋令居赀赎责（债）将城旦舂。城旦司寇不足以将，令隶臣妾将。居赀赎责（债）当与城旦舂作者，及城旦傅坚
>
> 二一二
>
> 城旦舂当将司者，廿人，城旦司寇一人将。司寇不□，免城旦

劳三岁以上者,以为城旦司寇。 司空

二一三

这里的"城旦司寇"就是司寇对城旦刑徒进行监督的意思。这个司空律,也是以司寇刑对劳役刑进行监督为前提所做的有关补充规定。

戍罚作、复作

《汉旧仪》中有"男为戍罚作,女为复作,皆一岁到三月"的记载。关于"一岁三月",滨口重国认为是耐刑之中刑期为一年、半年或三个月的劳役刑。仁井田也同意此说。[①]

对滨口、仁井田的上述观点,我并无异议。但对戍罚作是秦以来就已经存在的刑罚的观点,我持否定态度。

睡虎地秦律中的确没有发现称做戍罚作、复作的刑罚,但以秦简中没有相关名称就否定它们的存在,未免有些武断。当然这不是唯一依据。事实上,戍罚作刑具有与秦代刑罚体系不同的属性。

戍罚作刑是具有一年、半年及三个月三种刑期的刑罚。《晋书·刑法志》中所谓的"作刑三",如滨口指出的那样,就是对这种具有三种刑期的汉代罚作刑体系的沿袭。可见,罚作刑是以刑期进行划分的刑罚,与秦代刑罚的刑期问题有很大关系。有关问题准备在以后进行探讨。不过,这里值得一提的是,它与其它没有标明刑期的劳役刑有质的区别。有关这种刑罚的形成过程等问题,容待后考。

四、赀刑——财产刑

《说文解字》六篇下"赀"条:"赀,小罚,以财自赎也。从贝,此声。

[①] 滨口重国:《汉代的钛趾刑与曹魏的刑名》,见前引《秦汉隋唐史的研究》上卷,第675—676页。仁井田陞:《中国刑罚体系的变迁》,见前引《中国法制史研究》刑法,第17页。

汉律,民不繇,赀钱二十三。"在这里,《说文》所引汉律的赀钱和"小罚,以财自赎"之间存在着概念上的区别。所谓赀钱,毋宁说具有人头税的性质。可是,"以财自赎"的赎罪对象,到底是所受刑罚,还是所犯罪行呢? 如果是前者,赀就变成赎刑;若是后者,赀刑就可以解释为罚金刑或者财产刑。睡虎地秦律以"赀罪"与其它如耐罪、刑罪等相对出现,说明财产刑在秦代刑罚体系中是占一席之地的正刑。

秦律的赀罪是以赀一盾、赀一甲的武器为单位,有四个等级,由重到轻依次为赀二甲→赀一甲→赀二盾→赀一盾[①]。这可以从以下简文得到证实。

> 猎律。伤乘舆马,夬革一寸,赀一盾;二寸,赀二盾;过二寸,赀一甲。(下略)
>
> 三五五
>
> 数而赢、不备,直(值)百一十钱以到二百廿钱,谇官啬夫;过二百廿钱以到千一百
>
> 二七六
>
> 钱,赀啬夫一盾;过千一百钱以到二千二百钱,赀官啬夫一甲;过二千二百钱
>
> 二七七
>
> 以上,赀官啬夫二甲
>
> 二七八

《韩非子》中也有关于财产刑的赀刑及其以武器为单位的记述。

[①] 若江贤三氏认为赀二盾等于赀一甲,赀罪可分为三个等级(见《秦律中的赎刑制度》上、下,《爱媛大学法学部论集》18、19,1985 年、1986 年)。若江说的依据是对刑罚的金钱换算,正如籾山氏批评的那样(见籾山明《秦汉刑罚史研究的现状》《中国史学》卷五),行论不免有些勉强。赀二盾在睡虎地秦简中确只有一例,根据罪行的种类,也可以认为财产刑的适用等级有三种,但因此把赀二盾忽略掉的做法,我不敢苟同。

秦昭王有病，百姓里买牛而家为王祷。（中略）王曰：訾之人二甲。夫非令而擅祷者，是爱寡人也。夫爱寡人，寡人亦且改法而心与之相循者，是法不立，法不立，乱亡之道也。不如人罚二甲而复与为治。

《外储说右下》

一曰。秦襄王病，百姓为之祷。（中略）王因使人问之，何里为之，訾其里正与伍老，屯二甲。

《外储说右下》

这两则都是秦昭、襄王时的故事，其真实性姑且不论。但有一点需要注意，那就是赀甲的财产刑在《韩非子》中是指在秦国施行的刑罚，这说明赀刑源于战国秦。这里只是提一下，有关问题在后面探讨其与汉代财产刑＝"罚金刑"的关系时，将进行展开讨论。秦律的赀刑与汉代财产刑的比较研究，容后再考。

关于秦律规定何种犯罪适用何种赀刑的问题，要想从秦简所见的各种事例中归纳总结出一个系统性的东西来，还是比较困难。不过，与肉刑、劳役刑相比，赀刑应该归为轻刑。以盗窃罪为例，它在肉刑、劳役刑以及赀刑方面的档次划分很明确。下面就举几个有关盗窃罪的条文。

（A）士五（伍）甲盗，以得时直（值）臧（赃），臧（赃）直（值）过六百六十，吏弗直（值），其狱鞠乃直（值）臧（赃）；臧（赃）直（值）百一十，以论耐。问甲及吏可（何）论，甲当黥为城旦，吏为失刑罪。

四〇三

（B）士五（伍）甲盗，以得时直（值）臧（赃），臧（赃）直（值）百一十，吏弗直（值），狱鞠乃直（值）臧（赃），臧（赃）直（值）过六百六十，黥甲为城旦，问甲及吏可（何）论？甲当耐为隶臣，吏为失刑［罪］

四〇五

(C)诬人盗直(值)廿,未断,有(又)有它盗,直(值)百,乃后觉,当并臧(赃)以论,且行真罪、有(又)以诬人论,当赀二甲一盾。

四一九

(D)司寇盗百一十钱,先自告,可(何)论? 当耐为隶臣,或曰赀二甲。

三七八

(E)告人盗百一十,问盗百,告者可(何)论? 当赀二甲。盗百,即端盗驾(加)十钱,问告者可(何)论? 当赀一盾。赀一盾应律,虽然,廷行事以不审论,赀二甲。

四〇八、四〇九

在从(A)到(E)的五个事例中,(A)和(B)应该是同一事例的表里,体现了以逮捕时为标准来计算盗窃赃价并量定刑罚的原则。据此,我们首先可以确定六六〇钱以上→黥城旦和一一〇钱→耐隶臣的对应关系。

(C)是关于合并刑的论处。这里处以"赀二甲一盾",不是诬告罪的二〇钱的诬告反坐和另外一件一〇〇钱的盗窃两种赃值累加后以一一〇钱进行量定的结果(数赃并罚),而是采取两案各自独立论处、量刑的结果。具体地说,就是赃价二〇钱→赀一盾,一〇〇钱→赀二甲。

(A)、(B)表明,盗窃一一〇钱被判处的刑罚是耐隶臣。但盗窃犯如果是服监视罪人刑役的司寇刑徒,在其自首的情况下又该如何处置呢? 自首的刑减轻与司寇刑徒的刑加重相互抵消,结果成了相当于盗窃一一〇钱的一般案件。由(D)条可知,在这种情况下,要么处以耐隶臣刑,要么减刑一等改赀二甲。

最后的(E)例是对告发不审(实)的论处。赀二甲的处罚是前例中关于盗窃一〇〇钱的量刑。该例中告发者故意多加了十钱,论处时把依律加处的赀一盾和赀二甲做了分别对待。一方面,前者的赀一盾是对抓获时一〇钱盗窃诬告反坐的量刑。案律:赃价一〇钱→赀一盾。另一方面,如果把整个案件以告不审罪来看待的话,则对一一〇钱告不审罪的量刑是赀二甲。一一〇钱的盗窃适用于耐隶臣刑,对一一〇钱盗窃的诬告反坐也应该是耐隶臣,但是由于不实告发(告不审)在故意程度上低于诬告,所以量刑也比诬告轻一等,是轻耐隶臣一等的赀二甲。

以上数例概括如下:

六六〇钱以上　　　　黥城旦
一一〇钱　　　　　　耐隶臣
一〇〇钱　　　　　　赀二甲
二〇钱·一〇钱　　　赀一盾

根据秦简,至少可以明确上述几组关系。在对秦代劳役刑(肉刑+劳役刑)的种类、四种赀刑以及以十一进位法构成的数字等方面进行综合考虑的基础上,我把秦律中赃值与刑罚的对应关系做了如下假设。

表1.2　秦简赃值与刑罚关系

六六〇钱以上		黥城旦
六六〇钱未满	五五〇钱以上	黥鬼薪
五五〇钱未满	四四〇钱以上	黥隶臣
四四〇钱未满	三三〇钱以上	完城旦
三三〇钱未满	二二〇钱以上	完鬼薪
二二〇钱未满	一一〇钱以上	完隶臣
一一〇钱未满	八八钱以上	赀二甲
八八钱未满	五五钱以上	赀一甲
五五钱未满	二二钱以上	赀二盾
二二钱未满		赀一盾

在上表1.2中没有列入司寇刑,也许会遭到指责。之所以如此,是因为我认为在秦代劳役刑中司寇刑是看守、监督刑徒的特殊刑罚,对适

用于司寇刑的罪犯应该有某种限定。在(D)例中列举司寇刑进行讨论,其实就是为了体现司寇刑的这种属性。总之,在从刑城旦到耐隶臣的六种劳役刑与包括——○钱在内的赃值对应中,没有加入司寇刑的余地。

另外,在云梦龙岗秦简中,也发现有两枚反映盗窃罪量刑的简。

赀二甲。不盈廿二钱到一钱,赀一盾。□□□□

考释编号　一三

二百廿钱到百一十钱,耐为隶臣妾。

考释编号　一四

虽然是残简,但其内容与上表并不矛盾。

有关秦代赀刑,还有一点不得不提。以赀一甲、二甲等武器单位为等级的这种财产刑,给人最大的印象就是,罚金如其名所示,按甲和盾纳入官府。但因此就认为受刑者真的从某个地方弄到铠甲来交纳恐怕有问题。当然,在赀甲、赀盾的财产刑出现之初,如战国秦昭、襄王时代,财产刑是指被处以交纳供战争使用武器刑罚的可能性很大。[①] 可是在秦统一以后,这种仍然让受刑者交纳甲盾等实物的做法就失去了现实意义。

那么,具体情况又该如何呢?那就是把赀甲、赀盾换算成钱。在不能以钱支付的情况下,便以劳役替代。以劳役付赀称"居赀",是秦律中常见的术语。

居赀赎责(债)者归田农,种时、治苗时,各二旬　司空

二一一

"居赀赎责"四个字在秦律中各处可见,有"居赀"(以劳役服赀刑)、"居赎"(以劳役服赎刑,后述)及"居责"(以劳役偿还债务)等不同含义。

[①] 《国语·齐语》中有用武器赎罪的记载:"赎以犀甲一戟。"但严格地说,由于没有"赀"字,是否可以与赀罪等同还有疑问。

有责(债)于公,及赀赎者,居它县,辄移居县责之。公有责(债)百姓未赏(偿),亦移其县,县赏(偿)。　金布律

一四三

在居作时,司空律对一天的劳动单价及待遇有具体规定。

有罪以赀赎及有责(债)于公,以其令日问之,其弗能入及赏(偿),以令日居之。日居八钱;公食者,日居六钱。居官府公食者,男子参。

二〇〇

女子驹(四)。公士以下居赎刑罪、死罪者,居于城旦舂,毋赤其衣,勿枸椟欙杕。鬼薪白粲,群下吏毋耐者,人奴妾居赎赀。

二〇一

责(债)于城旦,皆赤其衣,枸椟欙杕,将司之;其或亡之有罪。葆子以上居赎刑以上到赎死,居于官府,皆勿将司。所弗问。

二〇二

遗憾的是,一甲、一盾换算成金钱的数额规定不见于睡虎地秦律,受赀刑者实际必须劳动的天数也无从而知。但是如果赀刑的受刑者不能支付相当于一甲、一盾的金钱,就必须服以劳动单价为一日八钱的劳役却是事实。可见,赀一盾、赀二甲等只是表示财产刑级别的符号。

以上,对以赀刑为名称的秦代财产刑进行了探讨。支付或者剥夺金钱的刑罚是财产刑。不过我认为,在秦律中还有另外一种被赋予正刑地位的财产刑,那就是见于前例二〇〇简的"有罪以赀赎及有责于公"、在二一一简"居赀赎责"中与"赀刑"并列的"赎刑"。

五、赎刑——另种一财产刑

赎刑,不只限于中国法制史。一般来讲,赎刑是指通过赎买使本应

受处的刑罚向缓和方向转变的代替刑或换刑。睡虎地秦律中有不少关于赎刑的规定,秦律研究者也把它定位为正刑的代替刑。[1]

但是,秦律中规定的赎刑是否有代替刑的属性呢?把秦赎刑看做代替刑,恕我不能苟同。

在秦律中,拥有"赎耐"、"赎黥"、"赎鬼薪"具体刑名的赎刑,均以律文或者问答的形式表现。

甲谋遣乙盗。一日,乙且往盗,未到,得,皆赎黥。

三七四

抶篙,赎黥。可(何)谓抶篙?抶篙者,已抶启之乃为抶,且未启亦为抶,抶之弗能启即去,一日而得,论皆可(何)殹(也)?抶之且欲有盗,弗

四〇〇

能启即去,若未启而得,当赎黥。抶之非欲盗殹(也),已启乃为抶,未启当赀二甲

四〇一

匿敖童,及占癃不审,典、老赎耐。●百姓不当老,至老时不用请,敢为酢(诈)伪者赀

三六〇

二甲;典、老弗告,赀各一甲,伍人,户一盾,皆迁之 ●傅律

三六一

所谓代替刑或者换刑,首先应该存在本来适用的正刑,而这个正刑出于某种原因,有了可以商量的余地,最终以轻于正刑的其他刑罚来替代。那么在上面所举三例中,本来量定的刑罚又该是什么呢?从"抶篙,

---

[1] 前引若江贤三:《秦律中的赎刑制度》(上、下);栗劲:《秦律通论·赎刑》,山东人民出版社1985年。

赎黥"（四〇〇）、"匿敖童及占癃不审典老赎耐"（三六〇）来看，其内容并非问答，而是法律条文。法律律文的这种把代替刑放在首位而忽略正刑的做法，即便是存在睡虎地秦简所记秦律条文比正式律文简略的可能性，还是因为看不到正刑的影子而显得不大合理。

也许会有"赎黥"一语本身就暗示了其正刑是黥刑（黥城旦）的观点。但如果认为赎耐的正刑也是"耐"的话，那么，具体应该是"耐城旦"、"耐鬼薪"、"耐隶臣"和"耐司寇"中的哪一个呢？既然"赎耐"一词不能确定具体是哪一种正刑，那么认为"赎黥"的正刑是黥城旦的观点也就很难成立。

如上所述，代替刑是在某种刑罚减免条件充分的情况下，对正刑加以替代适用的刑罚。那么简三七四、简四〇〇记载的有关案件又是根据哪些事由适用代替刑的呢？三七四简是一个盗窃未遂案件。由于该案件与既遂案件相比，属于未遂或者说预谋阶段的案件，因此就认为黥城旦刑可以用赎黥替代的观点，显然与秦律刑罚适用的理念不符。

秦律中的刑罚适用，一般是以行为者的犯罪意志和动机为判断标准，不考虑行为的既遂、未遂及预谋等时段因素，也不考虑行为者是执行犯还是教唆犯[①]。也就是说，秦律刑罚适用的基本理念是一种主观主义的理念，三七四简的"皆赎黥"正是这一基本理念的集中体现。

那么，三七四简中量定赎黥的理由是什么呢？如果仅限于盗窃罪，显然就是以动机为量刑标准进行刑罚适用的结果。秦律对盗窃犯的量刑如前表所示，从赀一盾到黥城旦刑，根据赃值可以分为十个级次。在

---

① 拙著《谋反——秦汉刑罚思想的展开》，《东洋史研究》42—1，1983年。在该论文中，我也引用三七九和四〇〇简，并对其进行了解析，但对为何在这里被适用于赎刑的原因的分析过于简单。认为"未遂和既遂的区别仅在于是否被认定为赎刑"（第13页）等于是在承认未遂和既遂之间有赎存在，现在看来这显然有问题。为何在这里变成赎刑，以本书以后的论述为准。

简三七四中，乙的犯罪行为虽以未遂告终，但由于秦律不承认未遂犯与既遂犯之间的区别，所以也要把乙的行为当做既遂来论处。问题是量刑标准的赃值因盗窃未遂而无法计算。从三七四简来看，在这种情况下要被量处为"赎黥"刑。之所以是赎"黥"，而且是盗窃罪中最重的黥城旦刑，充分体现了秦刑罚在犯罪事实不能确定时量定最高刑的原则（前面提到的合并刑也基于这一原则）。可见，甲和乙的赎刑不是在适用于黥城旦刑后第二阶段的减刑措施，而是因为赃值不能确定时的刑罚适用。也就是说，针对盗窃罪设定的刑罚比前表中的十级多，是十一级，这多出来的一级就是对赃值不能确定的赎黥。能把具有这种性质的赎黥当做代替刑来看待吗？答案是否定的。我认为，三七四简中的"赎黥"属于正刑[①]。

四〇〇简"抉籥"的情况也是一样。撬开门锁盗窃的未遂犯罪行为，因赃价无法计算被量刑为"赎黥刑"。值得注意的是该简中的"当赎黥"。已反复提到，"当"是量刑的意思。也就是说，四〇〇简中犯罪行为应该量定的刑罚是"赎黥"，这更说明赎黥是正刑。

在有关傅律的三六〇简中，对典、老论处的刑罚是赎耐。遗憾的是，还不太清楚为何要处以赎耐刑。从简文后半部分"百姓不当老"的规定来看，在对申报户籍的违法行为追究责任时，除了申报当事人外，还要连坐里正和里老，并处罪轻一等的刑罚。但秦律认为不满十五岁或身体

---

① 这样，或许可以说未遂犯的行为也应该量刑为黥城旦，但不免有些牵强。无法确定赃物的价值就意味着量刑的可能性从赀一盾扩大到黥城旦刑。不是秦律无视了这一点，而是对名称和作为适用刑应用到黥城旦中去的所谓刑罚的不均衡或逆转性考虑不足。毫无疑问，赎黥的代价高于赀刑。

本书结稿后，角谷常子氏发表了《秦汉时期的赎刑》(《前近代中国的刑罚》京都大学人文科学研究所，1996年）。她对赎刑的有关解释虽然与拙著有不同的地方，但在秦的赎刑为法定正刑，以及三七四、四〇〇简"赎黥"的原因为"不能量刑"等方面，与拙著相通。

残疾者没有能力承担法律责任,在这种情况下典老将被处以它种刑罚。也就是说,因为没有主要责任人,所以不存在连坐。我们是不是可以做这样的推断:即三六〇简中对典、老论处的赎耐刑并不是以赀二甲、赀一甲为等差的财产刑,而是另一种刑罚。无论如何,从"赎耐"这一刑罚名称来看,赎刑也应该属于正刑。

为了避免误解,有一点需要说明,即秦简中的"赎"字也有"抵偿"、"代替"的意思。如"隶臣欲人丁粼者二人赎,许之"(一二八)中的"赎"就是代替的意思。前述作为正刑的赎刑,是指秦律中诸如"赎耐"、"赎黥"、"赎鬼薪"等刑罚。"赎"字加刑罚名,本身就是固有的正刑名称,不是用来"抵偿耐刑"或"顶替黥刑"的代替刑。

作为财产刑的一种,赎刑与前面论及的赀刑一样,也可用劳役代替。秦律中所见的"居赎"就是这个意思。其劳动单价和赀刑一样,也是一日八钱。

> 有罪以赀赎及有责(债)于公,以其令日问之,其弗能入及赏(偿),以令日居之。日居八钱;公食者,日居六钱。居官府公食者,男子参

二〇〇

> 女子驷(四)。公士以下居赎刑罪、死罪者,居于城旦舂,毋赤其衣,勿枸椟欙杕。鬼薪白粲,群下吏毋耐者,人奴妾居赎赀

二〇一

> 责(债)于城旦,皆赤其衣,枸椟欙杕,将司之;其或亡之有罪。葆子以上居赎刑以上到赎死,居于官府,皆勿将司。所弗问。

二〇二

> 赎迁,欲入钱者,日八钱。

二一九

以上各例,都是用劳动来支付金钱的,且价钱一样,可以说赀刑和

赎刑是构成秦代财产刑的双轮。在一方不能处理的情况下,可以变换成另外一种,两者互为补充,成为秦代刑罚体系的重要组成部分。

六、死罪——死刑

在考证了秦代刑罚的刑罪(肉刑)、耐罪(非肉刑)、赀罪(财产刑)及赎罪(赎刑)之后,接下来我们再来讨论死刑。

与有大量例证的刑罪和赀罪相比,睡虎地秦简中有关死刑的规定却极少。用现有秦简资料很难对死刑、死刑的种类及其执行形态进行全面考察。

栗劲先生在《秦律通论》①"死刑"(二三六至二三七)中,把死刑分为"戮刑"、"磔刑"、"定杀"、"生埋"、"赐死"、"枭首"和"要斩"等。由于其中的"赐死"与其它死刑的性质不同,这里首先予以排除。

"定杀"、"生埋(狸)"是指溺死刑和活埋刑,有关名称在《法律答问》中可以看到。

> 疠者有罪,定杀。定杀,可(何)如?生定杀水中之谓殹(也)。或曰生埋。生埋之异事殹(也)。
>
> 四九一
>
> 甲有完城旦罪,未断,今甲疠,问甲可(何)以论?当迁疠所处之;或曰当迁迁所定杀。
>
> 四九二

这里的"定杀"即溺杀,只是对癞病患者的一种特别处理,并非秦律中一般意义上的死刑。而"生狸"只是对"定杀"内容的诠释,是不是

---

① 栗劲:《秦律通论》,山东人民出版社1985年。

以秦的法定刑存在还不清楚。①

戮刑见于《法律答问》四二一简。

> 誉适(敌)以恐众心者,翏(戮)。翏(戮)者可(何)如? 生翏(戮),翏(戮)之已乃斩之之谓殹(也)。
>
> 四二一

这里指的是行刑前的处置。死刑执行后的戮或者戮尸,也可以在文献史料中得到证实。

> 八年,王弟长安君成蟜将军击赵,反,死屯留。军吏皆斩死,迁其民于临洮。将军壁死,卒屯留、蒲鹝反,戮其尸。
>
> 《史记·秦始皇本纪》

"生戮"、"戮尸"中的"戮",主要是指在行刑前或者在行刑后为了达到凌辱目的而进行的游街示众(即处刑前的游街和处刑后的暴尸)。《国语·晋语》"杀其生者而戮其死者"的韦昭注"陈尸为戮",就是把"戮"当做暴尸来解释的。

在《法律答问》四二一简中的确有关于"戮"的处置规定,但因此就断定它是"戮刑",或者说它就是秦律中规定的法定刑的名称,不能不说还有一定难度。因为在秦律中有以暴尸为内容的法定刑名"磔"存在。

> 甲谋遣乙盗杀人,受分十钱。问乙高未盈六尺,甲可(何)论?当磔。
>
> 四三七

前面,在考察赎刑及劳役刑时曾经指出,所谓"当"就是指对刑罚的量定,紧接其后的刑罚名称便是应该量定的法定刑名。根据秦律这一原则,可以肯定这里的"磔"是秦律中的法定刑名。

---

① 栗劲氏认为,虽然生埋只有这一例,但足以说明它是秦的法定死刑(见前引)。但围绕"定杀"的内容是溺杀还是生埋的讨论,得不出制度存在的结论。

对"磔"的具体含义,《注释》做"车裂"解释。但根据《汉书·景帝纪》"改磔曰弃市",颜师古注的"磔谓张其尸也",可以肯定磔是公开尸体的意思。[1] 因此可以说,戮这种刑罚作为正式刑名包含于"磔"刑之中,磔是秦律的法定刑名。

与"当磔"同样形式出现的是"当弃市",对此,本书将在第二编《汉代刑罚制度考证》及第三编《连坐制的诸问题》中进行详述。弃市刑是地道的汉代法定刑,而这种汉代刑罚,同样也存在于秦律中。

士五(伍)甲毋(无)子,其弟子以为后,与同居,而擅杀之,当弃市。

四四一

同母异父相与奸,可(何)论? 弃市。

五四二

在秦律中,"磔"和"弃市"是两种不同的刑罚,但到了汉景帝二年(前155年)二月,磔刑也并入弃市刑,即"改磔曰弃市,勿复磔"。这虽然属于汉代刑罚的范畴,但因为与秦的死刑有关连,就在此先行做些讨论。

长期以来,"改磔曰弃市,勿复磔"均被解释为废除磔死刑的意思。也就是说,处刑后进行暴尸处理的刑罚从此被废止了。我不那么认为。

弃市这一刑罚名称的由来是"弃绝于市"。如《礼记·王制》——该书的成书年代在晚于秦律的汉文帝时期——"刑人于市,与众弃之"的记载,就是指在市中公开行刑(其执行方法应该是斩首)。这里的公开,严格地说是指公开刑罚的执行。它不只限于行刑,行刑前受刑者向刑场

---

[1] 栗劲氏认为作为车裂的结果,犯人四分五裂的尸体与张尸相关联(见前引),但他把车裂解释为公开尸体的手段,缺乏证据;《注释》把磔解释为车裂所依据的是《荀子·宥坐篇》的杨注,但对《荀子》的原文"吴子胥不磔姑苏东门乎",俞樾认为伍子胥没有被处车裂而是被张尸的颜师古注较为恰切。参考籾山明:《法家以前——春秋时期的刑与秩序》,《东洋史研究》39—2,1980年。

的押送也公开进行（用槛车这种设有运送动物的槛的车来押送）。同时，行刑后一定期间内不许收尸的做法也是可以想象的。虽不能断定它是在秦律成立之初就已经存在，还是在后来渐次完成的，但从公开行刑的目的即一般预防和威慑的角度来看，公开不应只限于行刑的瞬间，而应该包括行刑前后，即整个行刑的全过程。

磔是基于对尸体的处理方式命名的，采取何种方法行刑从刑罚名本身不得而知。如果没有什么特殊原因，磔刑的行刑方法应该是斩首。也就是说，弃市和磔虽然在秦律中分属不同刑罚，但在行刑方法和尸体的处理等方面并没有区别。由此可见，"改磔曰弃市，勿复磔"诏令的真正目的是为了统一刑名。

还有一种死刑即腰斩刑，虽然不见于睡虎地秦简，但从文献史料来看，它作为法定刑存在于秦律。以谋反罪被处死刑的李斯和他的儿子由就是按腰斩刑处决的。

二世二年七月，具斯五刑，论腰斩咸阳市。

《史记·李斯列传》

在对连坐刑进行考察的第三编，我将要论及汉律中腰斩刑以法定刑存在且适用于谋反罪的情况，而李斯也是被当做谋反罪处以腰斩刑。可见，腰斩刑作为死刑的一种，在秦律中占有一席之地。

以上，分别对秦的死刑进行了讨论。与其它刑罚相比，尽管史料少，难免有臆测的成分，但秦律中法定的死刑应该有腰斩、弃市和磔三种。[1]除此之外，秦律中还可见其它死刑名。总的来说，秦律中的死刑按名称可以分为两大类：一类是以行刑方法命名的腰斩、弃市和斩首等；另一类是根据尸体处理办法命名的枭首和磔等。单从把犯人装上槛车

---

[1] 不过，有关弃市刑与磔刑的轻重关系及适用的罪行，即两者的性质与区别，至今无从得知。

游街后押往刑场,然后在众人面前砍头或者斩腰,并在长时间内不收尸这一死刑执行过程来说,秦律中的死刑完全可以归为腰斩和弃市两种。那么,腰斩和弃市两种死刑有何本质性的区别呢?仅仅是因为行刑部位不同而造成的痛苦度的差异吗?这个问题在后面讨论连坐制时将进行详论。

对于秦的死刑,还有一种要特别强调的刑罚,那就是因极为残酷而备受谴责的夷三族刑。暂且不论这种刑罚起于何时,又源于何处。但有一点可以肯定,那就是秦统一后的刑罚中不但有夷三族刑,而且还实际使用过。众所周知,前面所举李斯案中,李斯丞相被处的就是夷三族刑。另外,陷害李斯的赵高被处的也是夷三族刑。

夷三族刑是诛杀三族所有人的刑罚。那么三族具体指什么呢?对此,有父母、兄弟和妻子三代和父族、母族和妻族三族两种说法。① 父族、母族和妻族三族全部适用于死刑,人数非常庞大,不太现实。结合秦夷三族刑与汉代族刑的继承关系及其相似之处,把秦的三族刑的适用范围解释为父母、兄弟(同产)和妻子应该比较合理。这个问题与连坐制的适用范围相关,在第三编中还将进行讨论。

在这里,还想探讨一下秦三族刑中"具五刑"的内容。这里所说的"五刑"到底指甚么呢?史料记载中关于"具五刑"的解释也不完全一致。

> 汉兴之初,虽有约法三章,网漏吞舟之鱼,然其大辟,尚有夷三族之令。令曰:当三族者,皆先黥、劓、斩左右趾,笞杀之,枭其首,

---

① 《史记·秦本纪》"文公二十年,法初有三族之刑"后附的集解所引张晏注曰"父母、兄弟、妻子",如淳注曰"父族、母族、妻族"。有关族刑的范围,见西田太一郎《中国刑法志研究》第八章《关于缘坐制》(岩波书店1974年)及牧野巽《汉代的家族形态》(《牧野巽著作集》第一卷所收,御茶之水书房,1979年)。另外,也有对《史记·秦本纪》三族刑始于文公二十年说作为事实接受持怀疑态度的。见小仓芳彦《关于族刑的两、三个问题》(《中国古代政治思想研究》所收,青木书店1970年)。

菹其骨肉于市。其诽谤詈诅者，又先断舌。故谓之具五刑。

《汉书·刑法志》

昔高祖令萧何作九章之律，有夷三族之令，黥、劓、斩趾、断舌、枭首，故谓之具五刑。

《后汉书·崔寔传》

《后汉书·崔寔传》认为"五刑"是黥、劓、斩趾、断舌和枭首五种，有别于《汉书·刑法志》。[1]可见，在崔寔的年代即东汉晚期，有关五刑的具体内容已相当模糊。其实，"具五刑"从一开始就不是严格意义上的五种类型，"五"只是一个概数，是"复数的"、"多的"等表示程度的意思。考证"五刑"究竟是哪五种类型没有实际意义。

另外，还需要探讨的是为何要数刑并罚？受汉人指责的、象征秦刑罚残酷性的，就是这种绞尽脑汁使用各种行刑方法的刑罚。

不过我对汉人的评价持有异议。秦的具五刑、夷三族不是极尽残酷的简单刑罚，而是秦法合理性、必然性及其与其它刑罚有机联系的具体表现。那么，有什么样的必然性呢？

在这里，我们再来看一下具五刑的具体内容，它包括黥刑、劓刑及斩趾刑。这些刑罚都是见于秦简的法定刑，其中黥刑（黥城旦）是正刑，劓和斩趾刑是根据犯罪程度进行附加的附加刑。

这样，由黥刑＋劓刑＋斩趾到死刑（弃市刑是公开行刑，然后将砍下的人头示众＝枭首）的阶次性递加，是在正刑基础上追加附加刑的结果。因为适用族刑的是罪行最重的罪犯，无非是在秦律规定的正刑黥刑上附加劓和斩趾刑，最终处以死刑。所谓具五刑，并没有脱离对特殊犯罪进行阶次性附加刑罚的秦律刑罚体系。

---

[1] 虽然不清楚是否与秦的五刑直接关联，但《尚书·舜典》"五刑有服"传附有"五刑：墨、劓、剕、宫、大辟"的注释。

本编以《秦统一后的刑罚制度》为题,对秦刑罚的种类和实际情况进行了考察。关于刑罚的种类及其关系可列表如下:

表 1.3 秦刑罚种类及其关系

赎罪	赀罪	耐罪	刑罪	死罪
赎赎赎赎赎 耐黥死	赀赀赀赀 一二一二 盾盾甲甲	完	黥黥黥 ＋＋ 劓斩 趾	弃腰夷 市斩三 、族 磔
劳役刑				(身份刑)
	作司 如寇 司 寇	白鬼 粲薪	春城 旦	隶隶 臣妾

上表 1.3 集中表现了秦的刑罚及其相互关系。如果借助于文字说明,秦的刑罚特点可表述如下:

首先,刑罚可以分为死刑、肉刑、劳役刑和财产刑等几种类型。在秦律中,死刑和刑罪用"○罪"的方式表达,反映了古代中国刑罚中罪与罚之间无明确界限的基本特征。

不过,这些刑罚并不纵列于死刑之下。当然从刑罚的轻重来说,死刑最重,肉刑、劳役刑、财产刑渐次减轻。秦刑罚自成体系,刑罪、耐罪和赀罪为平行并列关系。因此便出现如在前面的刑城旦中所述的那样,肉刑和劳役刑并加,赎罪和赀罪两种财产刑相互补充的现象。另外,由于秦刑罚的这种平行并列关系,同样服劳役的隶臣妾,因其首要目的是贬低身份,与其它劳役刑有所不同。

这也许会给人造成一种秦刑罚互不关联、不成体系的印象。其实,秦代确立的是一种理论完备的刑罚体系。

秦刑罚体系有一个特点,就是如上表所示,各种刑罚都与劳役刑有内在联系,除死刑以外的所有刑罚,要么与劳役刑并加执行,要么由劳役刑替代执行。

这种以劳役刑为基础的结构,在刑罚制度发生变化时,劳役刑便会成为变化的基轴。相关现象将在《汉代刑罚制度考证》中进行阐述。

第二编

汉代刑罚制度考证

众所周知，有关汉代刑罚特别是劳役刑的研究，当首推清末学者沈家本和程树德。日本方面则以滨口重国为代表。《汉代的将作大匠及其役徒》、《汉代强制劳动刑及其它》、《关于汉代的笞刑》、《汉代的釱趾刑和曹魏的刑名》以及三十年代后期发表的几篇论文①，都是滨口关于汉代劳动刑的精辟论述。在后来的半个世纪，汉代刑罚制度的研究又发生了巨大变化，从地下发掘出土了无论在量或质上都出人意料的文物，滨口在《汉代强制劳动刑及其它》一文中引用过的恒农砖便在其列。所谓恒农砖，就是河南省灵宝县附近出土的刑徒墓砖，罗振玉集录了其中的231件铭文砖，于1917年出版了《恒农砖录》。这些砖都是从北京琉璃厂古董屋弄来的，有关的出土经过多有离奇之处②。尽管如此，滨口在研究过程中还是利用了这批恒农砖。1964年春，洛阳郊外经过正式发掘又出土了约800块刑徒砖。令人震惊的是恒农砖与这批刑徒砖很可能还是一批。

其后8年的1972年，在咸阳北西汉景帝阳陵的附近也发现了刑徒墓，年代与洛阳郊外的不同，属于西汉时期。在这批刑徒墓中虽然没有墓志，但却在墓主骨架上发现了洛阳郊外刑徒墓中所没有的刑具。这两处刑徒墓为汉代劳役刑的研究提供了弥足珍贵的资料。第一编利用睡

---

① 《汉代的将作大匠及其役徒》(《史学杂志》47—12，1936年)，《汉代强制劳动刑及其它》(《东洋学报》23—2，1936年)，《关于汉代的笞刑》(《东洋学报》24—2，1937年)，《汉代的釱趾刑与曹魏的刑名》(《东洋学报》25—4，1938年)。以上论考均转录于《秦汉隋唐史的研究》上卷(东京大学出版会，1966年)，本书以后所记滨口论文的页数皆以此为准。

② 张政烺:《秦汉刑徒的考古资料》(《北京大学学报》人文科学，1958年第3期)，中国科学院考古研究所洛阳工作队:《东汉洛阳城南郊的刑徒墓地》(《考古》1972年第4期)11页及其注。

虎地秦简对秦的刑罚进行了考证，本编则先利用刑徒墓中出土的砖文和刑具资料对汉代的劳役刑进行考察，然后再着重探讨伴随汉文帝十三年（前167年）废除肉刑这一刑罚制度史上的重大变革而出现的刑罚制度改革，主要侧重于对《汉书·刑法志》有关条文的分析。

本编主要以劳役刑为对象，在最后一章还将对财产刑在汉代的变迁做些考察。应该说，本编是在第一编的基础上对汉代刑罚体系的综合考证。不过，需要声明的是有关死刑的考察将放在第三编《连坐刑的诸问题》中去。

第一章 刑徒墓的概要与分析

一、洛阳郊外刑徒墓

1964年春，在河南省洛阳偃师县西大郊的西南一个叫做"岗上"的高台上，发现了522座东汉刑徒墓。刑徒墓只是面积达5万平方米墓地的一部分。中国科学院考古研究所洛阳工作队的发掘报告及有关考证（以下称《洛阳墓报告》）发表在《考古》1972年第4期上。下面以报告为依据，对刑徒墓做简单介绍。

发现地"岗上"位于东汉洛阳城址南2500米，汉魏洛河的南岸。刑徒墓为长方竖穴墓，长1.8～2.3米，宽0.4～0.5米，头向以南北向居多。墓很浅，最深也不足1米。据推测，当时的埋葬也不太深。从墓坑附近及坑内填土可知，造墓时这片土地属于荒芜之地。当时在洛阳城南洛河南岸的荒野上建有庞大墓地。

已化为白骨的尸骨被放在盖上钉有十数枚钉子的棺内。单人葬，仰身直下肢，双手交于腰间。根据骨骼判断，墓主96%为男性，且多属壮年。墓葬几乎没有随葬品。但从中发现有刑罚史上弥足珍贵的资料，即篇头提到的刑徒的墓志——刑徒砖，总数达820余枚。下面是砖的概况和我个人的看法。

出土砖，最大者24×12×35厘米，正面或者正反两面阴刻有被葬者的姓名和简历。一般来说，一墓一人有两砖，分别置于棺之上下。砖属建筑用砖,同样的砖在汉魏洛阳城遗址中也出土不少。建筑剩余部分,被刻制成刑徒的墓志埋入墓中。从照片可以看到,刑徒墓志是用刀等利器阴刻在烧制的砖或者土坯上的,以直线为主,字体极为潦草。判断该大型墓地为东汉刑徒墓地的唯一依据是刻在砖上的日期和劳役刑名。据《洛阳墓报告》称,计有死亡年月日的砖229枚,以永元十五年(103年)四月三日为上限,延光四年(125年)十月二十二日为下限。如前所述,发掘区域只是整个墓地的一小部分,未发掘墓砖的年限很可能会超出永元、延光向上下延伸。遗憾的是,《洛阳墓报告》并未发表820块出土砖的全部砖文。这里姑且把报告《墓葬表(1)(2)》中发表的刻有永初元年五月二十一日至同年六月六日和元初六年闰月二十日至二十九日年月日的砖文抄录如下:

1　右部无任陈留圉髡钳赵棠永初元年五月廿一日物故死在此下

(墓号:T2M51)

2　右部无任南阳祁完城旦谢金永初元年五月廿三日物故死在此下

(T2M49)

3　右部无任南宛髡钳陈便永初元年五月廿五日物故死在此下

(T2M48)

4　右部无任乐安博昌髡钳朐平永初元年五月廿五日物故死在此下

(T2M47)

5　右部无任梁国下邑髡钳魏仲永初元年五月廿七日物故死在此下

(T2M46)

6　右部无任东海郯鬼薪张便永初元年五月廿八日物故死在此下

(T2M45)

7　右部无任陈留小黄髡钳孟仲永初元年六月四日物故死在此下

（T2M42）

8　右部无任陈国陈鬼薪虞少永初元年六月四日物故死在此下

（T2M41）

9　右部无任（左）冯翊夏阳髡钳李（小）永初元年六月□□物故死在此下

（T2M40）

10　右部无任巨鹿广宗髡钳却威永初元年六月六日物故死在此下

（T2M38）

11　无任河南洛阳髡钳金陵元初六年闰月廿日死

（T1M18）

12　无任济阴城武完城旦渭阳元初六年闰月廿三日死

（T1M19）

13　无任南阳郑髡钳乾虑元初六年闰月廿三日死

（T1M20）

14　无任卢江寻阳髡钳张午元初六年闰月廿四日死

（T1M22）

15　无任丹阳石成髡钳吴指元初六年闰月廿五日死

（T1M23）

16　无任东平□□髡钳□□元初六年闰月廿七日死

（T1M25）

17　无任南郡秭归髡钳陈元元初六年闰月廿六日死

（T1M26）

18　无任河南洛阳髡钳董未元初六年闰月廿七日死

　　　　　　　　　　　　　　　　　　　　（T1M28）
　19　无任颍川定陵完城旦应丁元初六年闰月廿九日死
　　　　　　　　　　　　　　　　　　　　（T1M30）
　20　无任汝南（宜）春完城旦池建元初六年闰月廿九日死
　　　　　　　　　　　　　　　　　　　　（T1M31）

　　以上共有二十条砖文。前面提到，一个人一般有两块砖，这里所列均是其中文字较多的一块。另外一块以 T2M51 为例，与砖 1 不同，仅有"无任赵棠"字样。砖文基本都是并列部名、无任（伍任）、郡县名、刑名、姓名及死亡日期等六项内容，最后以"死在此下"结束。这些记载给我们提供了可靠的第一手资料，以死亡日期来说，砖 1 到砖 10，即从五月二十一日到六月六日不足二十天的时间内，至少有十个刑徒死亡。劳役刑徒接连不断死亡的现象不仅限于永初元年五月末，元初六年闰月末的砖 11 到砖 20 也是如此。当然还很难下结论说，某个时期死亡人数多，或者说从整个刑徒的数量来看算不了什么。不过埋葬死于不同时期的死者，并形成像洛阳郊外刑徒墓这样规模的墓地本身就很让人震惊。对此姑且不说。下面，拟对刻文的内容逐一进行讨论。

（A）部名——右部

　　砖文开头的部分，也有不少刻有"左部"及"左"的砖[1]《洛阳墓报告》称，"右部"和"左部"是指设置于西汉前期沿袭至东汉的管辖土木建筑的官府——将作大匠的属官右校和左校。据《后汉书·百官志》，将作大匠设有管理、监督左工徒和右工徒的属官左校令和右校令。[2]左工徒

---

[1] "左无任南阳武阳完城旦委文永宁元年五月十二日死"、"无任河南於陵完城旦李寿延光三年十二月十五日死左部"（均载于《洛阳墓报告》第 7 页）。

[2] 《续汉书·百官志》将作大匠条："左校令一人，六百石。本注曰：掌左工徒，丞一人。右校令一人，六百石。本注曰：掌右工徒，丞一人。"

在《后汉书》列传中多以"输作左校"来表述,[①]是配属于左校署的劳役刑徒。滨口重国证明将作大匠辖下的劳动者主要是刑徒。[②]出土砖文记有劳役刑名,以土木建筑中使用过的砖刻制墓志,而且砖文又冠以"右部"和"左部"的字样,因此,认为其是设有"右校"和"左校"属官的将作大匠的役徒应该较为合理。不过这里有一个问题。将作大匠虽然在西汉时已经设置,但在东汉初年,规模大大缩小,明帝时已为谒者所兼领,直到建初元年(76年)才再次设置将作大匠真职。另外,西汉时将作大匠设有石库、东园主章、左校、右校、前校、后校和中校等七个官署,东汉初年行政改革时,除左校署外,其余均废。再次设置右校署形成左校右校两署体制是安帝延光三年(124年)才有的事。有关经过和原因,滨口重国已有考证。[③]从文献的角度来说,其考证没有问题。

如前所述,出土砖的年代在和帝永元十五年(103年)到延光四年(125年)之间,基本上都在恢复右校署的延光三年以前。但是,在有永初元年纪年的砖1到砖10这十块砖上却刻有"右部"的字样。恢复右校的十几年前出现"右部"刻文应如何理解呢?如果右部等于右校,那么就有必要根据砖文重新考证文献记载中有关右校设置的年代。[④]

不过,我不赞成这种做法。或许可以把"部"和"校"同等对待,也可以把右部假设为前右校署阶段。但这样做无法解释存在左校署时仍出现"左部"表记的现象。[⑤]左校于建武初年已经设置,[⑥]"左校"这一术语理应不算甚么新词。况且在部署上,如果左右区分严格的话,为何在

---

① 仅举一例,"郭闳归罪于(段)颎,颎坐徵下狱,输作左校"。(《后汉书·段颎传》)
② 前引滨口重国:《汉代的将作大匠及其役徒》。
③ 同上。
④ 前引张政烺:《秦汉刑徒的考古资料》183页。张氏的论文执笔于1958年,所利用的是《恒农砖录》等收录的刑徒砖。
⑤ 《洛阳墓报告》所举刑徒砖"无任河南於陵完城旦李寿延光三年十二月十五日死左部"的纪年是延光三年(124年),但正如本文所言,左校署从建武元年(25年)开始业已存在。
⑥ 前引滨口重国:《汉代的将作大匠及其役徒》,第590页。

砖11到20没有一个记有部署名。根据上述种种,对右校等于右部说不能不产生疑问。下面,虽难免有推测之嫌,但我想谈谈自己的看法。

以"部"来命名劳役刑徒所属组织的现象,不只限于刑徒砖,也见于其它文献资料。

(建和三年)十一月甲申,诏曰,(中略)又,徒在作部,疾病致医药,死亡厚埋藏。

《后汉书·桓帝纪》

另外,军队编制单位也常见有"部曲"的"部"。这里,首先要指出的是这种军事术语的"部"也有"左部"、"右部"之分。

永光五年七月癸卯朔壬子左部左曲候

罗布泊汉简 2

右部后曲候丞陈殷十月壬辰为乌孙寇所杀

罗布泊汉简 3

黄文弼认为上例中的左部和右部是西域戊己校尉的戊校尉(左部校尉)和己校尉(右部校尉)。[1]虽然至今为止还缺乏证明戊己校尉与上述左右部关系的直接证据,但可以肯定地说,作为军事组织的编制单位,"部"在西汉永光年间已经存在。另外,青海省上孙家寨木简中关于军队编制的记录,如"其后曲为左翼,右部前曲为右翼,其后……"(二三九、一八九、〇九一)"鼓音,左部前曲左"(三四八)等,也可见军队编制单位的"左部"和"右部"。[2]

据《续汉书·百官志》和《通志·兵一》记载,一部有400人[3]。且不

---

[1] 《罗布淖尔考古记》(中国西北考察团丛刊之一,1984,《黄文弼著作集》第一卷,1988年,恒文社)。

[2] 《文物》1981年第2期,《青海大通县上孙家寨二五号汉墓》、《大通上孙家寨汉简释文》。

[3] 《续汉书·百官志》:"将军,……其领军皆有部曲,大将军营五部,部校尉一人,比二千石,军司马一人,比千石。部下有曲,曲有军候一人,比六百石。曲下有屯,屯长一人,

说这个数字是否准确，但"部"作为以人数为标准划分的编制单位，则毫无问题。这种军事术语的部曲后来被借以表现社会身份。如果把表现社会身份的"部曲"理解为"以军队建制组织生产劳动[①]，"的派生，那么同样作为劳动，劳役刑徒的组织被命名为"左部"、"右部"就不足为奇。需要说明的是，无论在何种情况下，"部"、"左部"、"右部"的称谓均以人数为基准。也就是说，左部和右部是人数超过一个部的最大基数时的产物。砖11～20的元初六年砖没有左右部的记录，是因为当时的劳役刑徒都在一个部的编制之下，没有必要刻写部名。

将作大匠的属署除了右校和左校外，在西汉时还有其它五署存在，而且各自都有其固定的职掌[②]。有关职务的详细内容虽不尽知，但东汉时复置的左右两校，在属性和职掌上肯定有所区别。《后汉书》多见输作左校却不见"输作右校"，就暗示了这一点。[③]根据人数临时设置的"部"和以职掌内容常设的"校"应分属不同系统。当然，这里并没有要否定出土刑徒砖上记录的从事首都洛阳土木工事的刑徒受将作大匠管辖这一事实本身的意思。

比二百石。"

《通典》卷一四八兵立军："一说，凡立军，一人曰独，二人曰比，三人曰参，比参曰伍，伍人为列（列头），二列为火（十人，有长，立火子），五火为队（五十人，有头），二队为官（百人，立长），二官为曲（二百人，立候），二曲为部（四百人，立司马），二部为校（八百人，立尉），二校为裨（千六百人，立将军），二裨为军（三千二百人，有将军副将军也）。"

对上孙家寨出土木简的记载，李零氏推算的结果是伍（五人）、什（十人）、队（五十人）、官（百人）、曲（二百人）、部（四百人）、校（二千人）。见《青海大通县上孙家寨汉简性质小议》，《考古》1983年第6期。

① 宫崎市定：《从部曲到佃户》，《东洋史研究》29—4、30—1，1971年。后收录于《亚洲史论考》中卷，朝日新闻社，1976年。

② 《汉书·百官公卿表》，"将作少府，……景帝中六年更名将作大匠，属官有石库、东园主章、左右前后中校七令丞，又主章长丞"。对各种职掌，滨口重国氏进行了推论（见前引论文587—592页）。"校"有时也被当做相当于"部"的军队构成单位使用。不过，西汉七部署中只有左右校是按人数设置的部署未必合理。

③ 请参考前引滨口论文第604页。

（B）无任・五任

前面所举 20 块砖中均记有"无任"，其他还有"五任"的例子[1]。这两个术语在 1979 年出土的敦煌马圈湾汉简中做如下用[2]：

> 无部署，须具伍任乃予符，盗符者数请其罪，任者皆为从作，其无任者勿予符，恶子为不从作。
>
> D21

另外，在稍后的《隋书・刑法志》有关南朝梁制度的记载中也可以看到：

> 是时徒居作者具五任，其无任者，著升械。若疾病，权解之。是后囚徒或有优剧。

在前者敦煌简中，伍任者予符，无任者不予；后者《刑法志》中，"无任"者加刑具，"五任"者免之。关于《刑法志》有两种解释：其一，为胡三省说，他认为，任即技能，具备五种技能中任何一项者为"五任"，不具备者即为"无任"[3]。刑具的有无以技能的有无为标准。其二，在与《隋书》有同样记载的《通典》卷一七〇杜佑自注中，根据"任即保"，把任解释为保证，即保证人。[4]

从汉简和《隋书・刑法志》中所见无任、伍（五）任均相对出现这一现象来看，意思应该一致。这样一来，胡三省所谓的技能的有无特别是技能与符发配的关系，就难以理解；而把"任"释做保证，没有保证不予

---

[1] 仅举一例，"右部五任下邳下相髡钳曹福代胡非永初元年六月六日物□"，见《洛阳墓报告》，7 页。

[2] 《敦煌汉简》上、下（中华书局，1991 年），简号皆依此书。

[3] 《资治通鉴》卷一五九，胡三省注："任谓其人巧力所任也，五任谓任攻木者则役之攻木，任攻金者则役之攻金，任攻皮者则役之攻皮，任设色者则役之设色，任搏埴者则役之搏埴。任音壬。"

[4] 《通典》卷一七〇舞紊条。内田智雄编《译注续中国刑法志》（创文社，1970 年）用此说。

符、刑徒加著刑具的解释，则较为合理。《隋书·刑法志》北齐制度"无保者钳之"的记载，就是杜注的旁证。"五任"的"五"即"同伍"的"伍"。这里可以管窥同伍组织即连带责任制，也可以想象有了连带责任制，夹戴防止逃亡刑具的必要性就会减少。这也是我认为任是保证的理由。

（C）郡县名

一般认为刑罚名前记载的郡县，是刑徒的籍贯、出生地。但从下列砖文看，还有重新解释的必要。

右部无任少府若卢髡钳尹孝永初元年五月四日物故死在此下

"少府若卢"是少府下置的狱名。① 在刑徒砖的年代即安帝永初年间，这个监狱确实存在。

（永初二年）五月，旱，丙寅，皇太后幸洛阳寺及若卢狱，录囚徒。

《后汉书·安帝纪》

犯罪后移送若卢从事劳役的记载在《后汉书》中也可以找到。② 刻有"少府若卢"的刑徒砖共有四块。如果少府若卢作为狱名成立，那么其它砖上同样位置的郡县名就不是刑徒的籍贯，而是移送洛阳以前收容刑徒的监狱所在地。当时的郡县确实有监狱。据载，在班固编纂《汉书》的章帝年间，全国的监狱计有2000余所。③ 西汉平帝元始二年（2年）时有103个郡国，1500个县，而在东汉顺帝永和五年（140年）有郡国105

---

① 《汉书·百官公卿表》："少府……属官有尚书、符节、太医、太官、汤官、导官、乐府、若卢、考工室、左戈、居室、甘泉居室、左右司空、东织、西织、东园匠十六官令丞"，服虔注曰："若卢，诏狱也。"另外，《汉书·王商传》有"于是左将军丹等奏，……臣请诏谒者召商诣若卢诏狱"，孟康注曰："若卢，狱名，属少府，黄门内寺是也。"关于汉代的狱名，诸参考《容斋续笔》卷一《汉狱名》。

② 《后汉书·庞参传》："庞参字仲达，河南缑氏人也。……举为孝廉，拜左校令，坐法输作若卢。"

③ 《汉书·刑法志》："今郡国被刑而死者，岁以万数，天下狱二千余所，其冤死者多，少相覆狱，不减一人。"

个,县1100个。根据《后汉书·应奉传》记载,应奉在做郡决曹史时,对所辖42县的囚徒进行过调查,其人数以千百计。当时在全国每个郡国县中至少有一所监狱,每一所监狱里有以百人为单位的囚徒。[①] 刑徒砖所见郡国名39个,涉及地域很广。关押在各郡国县的刑徒会临时移送它处从事劳役,这一点在史料记载中也可以得到证实,[②] 可见,刑徒砖文反映了在首都从事土木工事的刑徒是从全国各地监狱移送而来这一史实。

我完全同意《洛阳墓报告》在骨骼鉴定的基础上做出的刑徒砖记录的郡县名不是刑徒籍贯而是原来关押刑徒的监狱名的结论[③]。不过,在得出这一结论以前,对相关问题还有必要进一步澄清。

"狱"多指"裁判",当然也表示空间和场所,这时它只有审判所和审判以前作为嫌疑犯进行关押的拘留所这两层含义。也就是说,"狱"不表示关押既决囚的监狱的意思,这似乎已经成为定论。[④] 但如果把砖文上所记的郡国县名理解为是服役刑徒曾经待过的监狱,则说明这个狱不仅关押未决刑犯,也具有关押既决囚的功能。这样,就不得不对前面的观点进行修正。至少我认为可以得出这样的结论,即在汉代的监狱

---

① 《后汉书·应奉传》:"以郡决曹史,行部四十二县,录囚徒数百千人,及还,太守备问之,奉口说罪系姓名,坐状轻重,无所遗脱。"

② 《后汉书·钟离意传》:"举孝廉,再迁,辟大司徒侯霸府,诏部送徒诣河内。时冬寒,徒病不能行,路过弘农,意辄移属县使作徒衣,县不得以与之。"《鄐君开通褒斜道刻石》(《金石萃编》卷五):"永平六年,汉中郡以诏书受广汉、蜀郡、巴郡徒二千六百九十人,开通褒斜道。"

③ 人名前所记郡县名并非该人的籍贯、出生地的推测,由以下也可以证实。首先让我们来看一看本文列举的二十块砖中的例11和例12,其刑徒名分别是"金陵"、"渭阳",作为人名总给人一种奇异的印象。这种接近于地名的名字,似乎更应该是11、12砖上刻记的刑徒生前因出生地而被称呼的俗名。这样,11砖刑徒的出生地就不是河南洛阳,而更靠近江苏。12砖也一样,可以参考《魏书》卷五《后妃传》:"又于其后园为像母起庙,名其里曰渭阳里"中同样作为地名的渭阳。

④ 如宫崎市定:《宋元时代的法制和裁判机构》,《东方学报》京都二四册,1954年。后收录于《亚洲史研究》第四,同朋舍,1977年。

中有既决囚存在。砖文是最好的例证，除此之外，文献史料中还有如下记载：

> 建武初（略）除细阳令。每至岁时伏腊，辄休遣徒系，各使归家，并感其恩德，应期而还。有因于家被病，自载诣狱，既至而死，延率掾史，殡于门外，百姓感悦之。
>
> 《后汉书·虞延传》

舞台是细阳县县狱，休遣即暂停劳役使其休息的意思，文中的囚人——徒系，换句话说囚徒自然应该是既决囚。[1]

另外，从东汉初期狱所的增减也可以证明狱就是监狱的狱。据载，汉武帝以后，中央官厅的诸部局即中都官设置监狱达26所，而光武帝时，除了廷尉和洛阳二狱，其余皆废。[2] 若卢狱的重新设置是在和帝永元九年（97年）。[3] 滋贺秀三氏不同意由此断定狱有监狱功能的观点。[4] 但是反过来讲，狱中有既决囚不正是这一功能的间接说明吗？不过，《续汉书》光武初年是不是废除了绝大多数中都官狱还存有很大疑问。为了弄清楚这一点，我想把注意力放在光武初年的将作大匠上。前面已经提到，在负责土木工事的官署将作大匠里从事劳作的是刑徒。而这些刑徒除了将作大匠本身支配的以外，还有根据工事需要从其它部门临时调配来的。可以想象，将作大匠的工事是所有刑徒劳役中规模最大，需要劳动力最多的工事。但如前述，将作大匠在东汉初年规模锐减，直到建初元年（78年）才

---

[1] 其它如《后汉书·灵帝纪》中的"使侍御史行诏狱亭部，理冤枉，原轻系，休囚徒"。

[2] 《续汉书·百官志》："孝武帝以下，置中都官狱二十六所，各令长名，世祖中兴皆省，唯廷尉及洛阳有诏狱。"关于中都官的狱数，《汉书·张汤传》苏林注及《汉书·宣帝纪》颜师古注均引《汉仪注》所记，但《宣帝纪》的师古注变"二十六"为"三十六"。这里采用沈家本《狱考》的"二十六"说。

[3] 《后汉书·和帝纪》："（永元九年十二月）己丑，复置若卢狱官（注：前书曰若卢狱属少府，《汉旧仪》曰主鞫将相大臣也）。"

[4] 滋贺秀三：《刑罚的历史》（《刑罚的理论与现实》，岩波书店，1972年），第98页。

恢复真职,安帝延光三年(124年)设左右两校署。① 东汉初期,在将作大匠规模缩减时,中都官狱的功能也几乎衰退,这说明服役刑徒使役官署与服役刑徒收容所之间存有某种关联。因此可以说,汉代的狱具有收容服役刑徒的功能,刑徒砖上所见郡县名是狱名的解释不成问题。

(D)刑名

据《洛阳墓报告》称,在出土的刑徒砖中,有273枚砖刻有刑罚名,涉及髡钳、完城旦、鬼薪和司寇四种。其中,髡钳(髡钳城旦)最多,约占总数的56%,完城旦占33%,鬼薪占7.4%,司寇占3.6%。汉代的劳役刑除了刑徒砖上看到的髡钳、完城旦、鬼薪和司寇之外,还有隶臣妾和戍罚作,前者在西汉武帝时消失②,后者刑期在一年之内,从刑期来看不宜派往远方。可见,刑徒砖上几乎集中了当时所有的劳役刑名。

本书的主要目的是为了探讨秦汉劳役刑的刑役内容和刑期。从这个意义上来讲,砖文中有关刑名的记载显得尤为重要。这里仅对发掘报告的有关内容做了介绍。由于刑徒砖和刑徒墓有着密切关系,下面拟在探究二者关系的基础上,对刑役的有关问题进行讨论。我们暂且放一下洛阳郊外刑徒墓,看看另一处刑徒墓。

二、阳陵附近刑徒墓

1972年春,在咸阳市和泾阳县交界的阳陵西北1.5公里处发现29座刑徒墓,其中有35个人骨架。③ 墓葬的排列、葬式及墓坑的大小不定,

---

① 前引滨口重国:《汉代的将作大匠及其役徒》。
② 本编第三章将有详述。
③ 秦中行:《汉阳陵附近刑徒墓的发现》(《文物》1972年第7期)。本文以下所引的发掘报告均依此文。

同时还有一个墓穴中埋葬六人的现象。墓葬上层为汉代文化层，从中发现刻有"长乐未央"、"千秋万岁"等西汉瓦当，可以断定其年代为西汉时期。人骨架上发现有刑具，可知是刑徒墓。这些刑具是洛阳附近刑徒墓中所没有的。阳陵即西汉景帝的陵墓，景帝五年（前152年）三月开始营造，[①]据六年后的中四年（前146年）"赦徒作阳陵者"（《史记·孝景本纪》、《汉书·景帝纪》）的记载，陵墓工事当在此年完成。《孝景本纪》中的"徒"即刑徒。可以肯定地说，阳陵的营造，动用了大量刑徒。由于距阳陵很近，这批墓葬如报告称，自然应该是景帝五年到中四年间从事陵墓营建的劳役刑徒的墓葬。关于阳陵附近的刑徒墓，本书想特别指出的是出土的刑具及其形制。有关情况从以下几方面进行分述。

（A）刑具

29座墓葬中，发掘报告仅列举了1号和2号两座墓，整体情况，只能在此基础上进行推测。首先来看报告中所举1、2号墓的平面图。1号墓埋了一个人，值得注意的是刑具套在和身体分离的头颈部。

2号墓叠放了六具身体，刑具分别在一号人骨的头颈部和二、四号人骨的腿胫部。据报告，从该墓地出土的刑具均为铁制，可以分为两大类：一类是圆形或马蹄形，一类是圆形或圆形出长角。2号墓人骨腿胫部的刑具（简称刑具A）属于前者，1号墓和2号墓人骨头颈部的刑具（简称刑具B）属于后者。刑具A为圆形物，直径9.5厘米，重820～1100克。刑具B为圆形出角物，直径17～24厘米，角长29.5～34厘米，重1150～1600克。根据所在人体的位置及其大小来看，在A、B两种刑具中，A为下肢腿胫部刑具，B为上肢头颈部刑具。由1、2号墓的

[①] 《史记·孝景本纪》："五年三月，作阳陵、渭桥。五月，募徒阳陵。予钱二十万。"《汉书·景帝纪》："五年春正月，作阳陵邑。夏，募民徒阳陵，赐钱二十万。"

平面图可知，一个刑徒所带刑具非 A 即 B，没有人同时夹带两种刑具。在文献史料中，刑具尤其是脚镣和头枷也散见于《史记》和《汉书》，脚镣作釱，头枷作钳，均铁制。[①]可见，刑具 A 和刑具 B 分别就是釱和钳。下述文献与出土刑具的相互印证，更增加了这一结论的可靠性。

> 状如跟衣，著左足下，重六斤。
>
> 《史记·平准书》索隐所引

跟衣应该是指马蹄形脚垫，重 6 斤，相当于 1300 克左右。刑具 A 的重量为 820～1100 克，如果排除铁锈等因素，它的本来重量与《汉晋律序》的数值十分接近。

关于钳，《太平御览》卷六四四所引《晋律》有如下记载：

> 晋律曰：钳重二斤，翘长一尺五寸。
>
> 《太平御览》卷六四四所引

刑具 B 所见角状物应该是翘，钳套在刑徒头颈，角状物垂在肩上。如乌尾一翘形，因此而得名。刑具 B 的翘长 30 厘米左右，与晋尺一尺五寸（34 厘米）相一致。只是在重量方面，刑具 B 的 1150～1600 克与《晋律》的二斤（445 克）相差很大。这与魏武帝时期铁不足，脚镣—釱由铁制改为木制不无关系。

> 于是乃定甲子科，犯釱左右趾者，易以木械，是时乏铁，故易以木焉。
>
> 《晋书·刑法志》

在这里，虽然只提到了脚镣—釱的铁改木，但如果果真是铁不足的话，同样作为铁制刑具的钳也不应该例外。何况大到可以套在颈部，外加 30 厘米铁棒的刑具也不应该只有 500 克重。《晋律》所谓二斤的钳，

---

① 《史记·平准书》集解所引韦昭注："釱以铁为之，著左趾以代釱。"《汉书·陈万年传》师古注："钳在颈，釱在足，皆以铁为之。钳音其炎反，釱音第。"同《楚元王传》师古注："钳以铁束颈。"

应该是木制的。

那么，夹带这两种刑具的是何种刑罚呢？可以肯定，带钳的刑罚是所谓五年刑的髡钳（髡钳城旦），钛是《晋书·刑法志》记载的甲子科中的"钛左右趾"。那么，钛左右趾刑和髡钳城旦刑又有何关系呢？在讨论这个问题之前，结合洛阳郊外出土的砖文，对两个刑徒墓存在的问题点做些梳理。

三、问题的提出

上面，对阳陵附近西汉刑徒墓和洛阳郊外东汉刑徒墓这两处刑徒墓的概要、出土砖及刑具等做了分析和探讨。结果虽然使很多问题明了化了，但在对两地刑徒墓进行综合考察时，便出现了新的疑点。特别是有关劳役刑的名称和内容，我就有如下几个疑点。

疑点一　洛阳刑徒墓出土的砖文有髡钳城旦、完城旦、鬼薪和司寇四种刑罚名，几乎包括了当时劳役刑种类的全部。但各种刑罚都有其自身固有的刑役内容，那么砖文中刻记的由将作大匠管辖的在洛阳附近从事土木工事的刑徒的刑役，与各刑罚本身所规定的刑役有何关系呢？

疑点二　阳陵附近的刑徒墓也具有同样的问题。从年代和场所来看，这些刑徒墓中埋葬的人应该是从事阳陵的建设者。虽然"徒作阳陵者"把这些刑人称做"徒"，但"徒"不只是营造陵墓，还被役使于道路工事、制铁等各种劳役。[①]从阳陵刑徒墓中出土的刑具可知，刑徒中有服髡钳城旦刑者。如果服髡钳刑者也被统称为"徒"的话，那么各种劳役，如在从事与制铁相关的劳役刑徒中也应该有髡钳刑存在。刑罚名本

[①] "鄐君开通褒斜道刻石"及《汉书·成帝纪》："（阳朔三年）夏六月，颖川铁官徒申屠圣等百八十人，杀长吏，盗库兵，自称将军，经历九郡"。

来所具有的劳役内容和实际的劳动之间的关系耐人寻味。

疑点三　关于刑役内容，滨口重国氏已做过考证，他认为在西汉时刑名和实际的刑役已经分离，各种刑罚名的徒被临时性地役使于各种各样的劳动[①]。新发现的这两个刑徒墓不正是他上述观点的实证吗？如果这样，试问这种分离是在何时又是在何种契机下发生的呢？分离后仍然使用以前的刑罚名究竟有什么意义？

疑点四　据阳陵附近刑徒墓出土刑具可以判明的刑罚，除了前面提到的髡钳城旦刑外，还有釱左右趾刑，那么这个釱趾刑是何时变成正刑的？洛阳郊外出土刑徒砖上刻记的刑罚，应该是包罗了当时施行的刑罚的全部，但却连一个釱左右趾的刑名也没有发现，这很不可思议。尽管刑徒砖的时代釱左右趾刑实际存在。

疑点五　劳役刑中，三岁刑的隶臣妾刑至少在西汉武帝时还存在，但此后便从史书中消失了。其原因何在？是不是为探明两处刑徒墓提供了某种线索？

以上几个疑点，集中了劳役刑的种类和刑役内容等各个方面的问题。本书首先想就釱左右趾刑罚的有关问题进行讨论，其他问题在有关讨论中可以得到答案。

---

① 前引滨口重国：《汉代强制劳动刑及其它》，《秦汉隋唐史的研究》上卷。

第二章　釱左右趾刑

敢私铸铁器煮盐者，釱左趾，没入其器物。

《史记·平准书》

　　作为武帝时期的盐铁专卖制度，这是经常被引用的资料，也是文献中有关釱左趾刑罚名的最早记录。关于釱左右趾刑（简称釱趾刑），滨口重国在《汉代釱趾刑与曹魏刑名》一文中有过考证。① 但在他执笔的年代，只能根据上条《平准书》的资料来证明武帝时存在过釱趾刑。上章所述阳陵附近刑徒墓中出土有釱趾刑的刑具，如果这些墓葬是景帝初期的话，则釱趾刑的上限就有可能是景帝初期。那么，釱趾刑究竟是在何时作为正刑的一部分加进来的？确切地说，应该是在文帝十三年围绕废除肉刑所进行的刑法改革之后。不只是釱趾刑这种刑罚名在文帝十三年以前无法证实，如后面将要详加讨论的那样，与釱趾刑密切关联的钳刑（髡钳城旦刑）在改革以前也不是正刑；另外刑法改革后系统化了的劳役刑中也没有出现釱趾刑的名称。② 这些事实都说明，釱趾刑的制定追溯不到文帝十三年以前。那么，釱趾刑的成立究竟在何时？遗憾的是

---

①　参考第一章。
②　《汉书·刑法志》："臣谨议请定律曰：诸当完者，完为城旦舂；当黥者，髡钳为城旦舂；当劓者，笞三百；当斩左止者，笞五百；当斩右止，及杀人先自告，及吏坐受赇枉法，守县官财物而即盗之，已论命复有笞罪者，皆弃市。罪人狱已决，完为城旦舂，满三岁为鬼薪白粲。鬼薪白粲一岁，为隶臣妾。隶臣妾一岁，免为庶人。隶臣妾满二岁，为司寇。司寇一岁，及作如司寇二岁，皆免为庶人。其亡逃及有罪耐以上，不用此令。前令之刑城旦舂岁而非禁锢者：如完为城旦舂岁数以免。臣昧死请。制曰可。"以上是刑法改革案的全文，但没有釱趾刑名。

还缺乏进一步讨论的资料。不过,如果允许推测的话,我想通过下述史实把该刑的设立定在景帝初年。

景帝的寿陵——阳陵的工事,开始于五年(前152年)正月,完成于六年后的中四年(前148年)秋。如果阳陵附近的刑徒墓是被役使来从事阳陵建设的刑徒的墓葬这一结论不变的话,通过出土刑具判明的刑罚—钛趾刑至少在中四年以前已经存在。也就是说,钛趾刑成立的年代可以限定在文帝刑法改革以后景帝中四年以前的十数年之间。我们来看看下面两条记载这一期间发生的暗示钛趾刑成立的史料。一条是三国魏太和年间的上疏文:

> 太和中,繇上疏曰:……若今蔽狱之时,讯问三槐、九棘、群吏、万民,使如孝景之令,其当弃市,欲斩右趾者许之。其黥、劓、左趾、宫刑者,自如孝文,易以髡、笞。能有奸者,率年二十至四五十,虽斩其足,犹任生育。

《三国志·魏书·钟繇传》

这是钟繇恢复肉刑的建议。问题是"使如孝景之令,其当弃市,欲斩右趾者许之"一句。从字面意思来看,这句话可以理解为作为死刑替代刑的肉刑之一的斩右趾刑在景帝时恢复了。认为散见于《后汉书》等文献中所谓的"右趾"刑罚名,不是肉刑的"刖右趾"、"斩右趾",而是"钛右趾"的滨口氏[1],也把钟繇上疏文中的这句话解释为在景帝时曾恢复过斩右趾刑,后来又废除了。[2] 我认为不是。在《三国志·魏书·钟繇传》中,在钟繇的上疏文后面还记载有司徒王朗的反对意见。

> 前世仁者,不忍肉刑之惨酷,是以废而不用。不用已来,历年数百。今复行之,恐所减之文,未彰于万民之目,而肉刑之问,已宣于寇仇之耳,非所以来远人也。

---

[1] 前引滨口重国:《汉代的钛趾刑和曹魏的刑名》。
[2] 同上书,第668—670页。

王朗的主张是以文帝十三年废除肉刑后再未恢复为前提的,这是当时的普遍认识。《汉书·刑法志》中有关恢复肉刑议论的记载[①],也是以文帝废除的肉刑再没有被恢复过为前提的。钟繇认为景帝时恢复过斩右趾刑本身应该是一种误解。那么产生这种误解的原因是什么呢？

第一,钟繇认为景帝时制定的代替死刑（弃市）的替代刑是以前施行过的肉刑——斩趾刑。如果仅限于替代刑的话,景帝时确实制定过。但那不是斩趾刑,而是在景帝中四年被认可的宫刑。[②] 宫刑也是一种肉刑,这是让钟繇产生误解的原因之一。[③] 那么,为何又会把宫刑误解为斩趾刑呢？如果做如下假设,似乎比较容易说通些。那就是景帝初期,即从即位到中四年,制定的不是斩趾刑而是钛趾刑。其实在景帝初年发生了两起事件,一个是替代刑宫刑的制定,还有一个就是钛趾刑的出现,这使钟繇产生了混乱。换句话说,宫刑虽然不是正刑,但也算是肉刑的一种,而斩趾和钛趾在名称上又比较接近。以上两点便是产生景帝时恢复过斩趾刑这一误解的主要原因。我认为,《三国志·魏书·钟繇传》中记载的这段误解正好可以作为暗示钛趾刑成立时期的史料。

还有一个线索,那就是景帝在即位初期进行的一系列刑法改革。即位年（前156年）,把文帝时制定的笞刑的次数由笞500和笞300分别减为笞300和笞200[④];中元二年（前148年）改磔刑为弃市[⑤];另外如上所述,中元四年制定了有关宫刑的法律。可见,景帝在即位后十几年间进行了接连不断的刑法改革[⑥]。钛趾刑和笞刑关系密切,从西汉后期到东

---

① 关于肉刑复活的观点见重泽俊郎《汉魏肉刑论》,《东洋文化与社会》2,1952年。
② 《汉书·景帝纪》:"（中四年）秋,赦徒作阳陵者,死罪欲腐者,许之。"
③ 若江贤三:《文帝废除肉刑的改革——关于髡刑及完刑》,《东洋学术研究》17—6,1978年。
④ 《汉书·刑法志》:"景帝元年,下诏曰,加笞与重罪无异,幸而不死,不可为人。其定律,笞五百曰三百,笞三百曰二百。"
⑤ 《汉书·景帝纪》:"（中二年）改磔曰弃市,勿复磔。"
⑥ 关于笞刑,本书将在后面进行考证。

汉一代，笞刑一直作为鈇趾刑的附加刑存在。后面将对相关问题进行详论。如果说鈇趾刑的成立是在景帝时期，而且是在中元四年以前的话，那就应该是景帝初年刑法改革的一环，与即位年笞刑改革相前后的可能性极高。因此我认为，鈇趾刑的确立是在景帝即位后的早些时候——景帝元年左右。

确立后的鈇趾刑，在此后的西汉时期一直保持着正刑位置。这可以通过《汉书·刑法志》中的有关记载得到证实。

> 考自昭、宣、元、成、哀、平六世之间，断狱殊死，率岁千余口而一人，耐罪上至右止，三倍有余。
>
> 《汉书·刑法志》

西汉的鈇趾刑到东汉以后也未发生任何变化。东汉时期连续发布的赎罪诏书可以证实这一点。例如：

> 十二月甲寅，诏曰：天下亡命殊死以下，听得赎论：死罪入缣二十匹，右趾至髡钳城旦舂十匹，完城旦舂至司寇作三匹，其未发觉，诏书到先自告者，半入赎。
>
> 《后汉书·明帝纪》

同样的诏书分别在明帝永平十五年二月辛丑、同十八年三月丁亥、章帝建初七年九月辛卯、章和元年九月壬子和安帝延光三年九月乙巳颁发过①。这些诏书体例相同，而且赎罪用的刑罚均按死罪、右趾至髡钳城旦舂和完城旦舂至司寇②三个部分划分。结合《后汉书》各《本纪》中载录的赎罪规定和魏武帝时制定的甲子科鈇趾刑的刑具改革，似乎可以肯

---

① 见《后汉书》各《本纪》。
② 引用过的例子《后汉书·明帝纪》中元二年十二月甲寅诏书中的"完城旦至司寇作"在其它诏书中，没有"作"字，作"完城旦至司寇"。(有限于明帝十五年二月辛丑，同十八年三月丁亥诏作"司寇作"的版本，但至百衲本［绍兴本］中没有"作"字。) 另外还有"系囚鬼薪白粲以上，减罪一等，输司寇作"(《后汉书·章帝纪》)的表现。女子为司寇刑时通常以"作如司寇"命名。"司寇"、"司寇作"应该一样。

定,钬趾刑在东汉以后仍然继续存在。不过,这样的话有一点讲不通。

一方面,从前面列举的《汉书·刑法志》"耐罪上至右止"和《后汉书·明帝纪》中赎罪规定"右趾至髡钳城旦舂"来看,钬趾刑重于髡钳城旦刑,为耐刑(劳役刑)中的最重刑。另一方面,史料中又多见死刑减刑一等变成髡钳城旦刑的记载。

兴减死罪一等,髡钳为城旦。

《汉书·贾捐之传》

(龚遂)以数谏争得减死,髡为城旦。

《汉书·龚遂传》

上遂抵宣罪,减死一等,髡钳。

《汉书·鲍宣传》

今去髡钳一等,转而入于大辟。

《汉书·刑法志》

有诏减死一等,与家属髡钳徙朔方。

《后汉书·蔡邕传》

以上几条的年代均属于西汉后半期到东汉时期。没有钬趾刑的景帝以前暂且不论,在以上有关劳役刑诏书的年代,死刑减罪一等的为何不是钬趾刑呢?这与第一章后面提出的疑点之一洛阳郊外刑徒砖上为何不见钬趾刑的刑名有共同之处。

在解决这个问题之前,还有必要再考察一下前面引用过的《晋书·刑法志》中的有关记载。

改汉旧律不行于魏者,皆除之。更依古义,制为五刑。其死刑有三,髡刑有四,完刑作刑各三,赎刑十一,罚金六,杂抵罪七,凡三十七名,以为律首。

《晋书·刑法志》

这是关于魏明帝新律的记载。虽然还不清楚曹魏的这个新律对原有汉律的改变程度,但就劳役刑来说,刑罚的种类和内容是基本上承袭了汉代刑罚。这从以后的讨论中还可以得到证实。这里首先要注意的是作为多种刑罚总称的"完刑"、"髡刑"等的存在。作为总称,"髡刑"和"完刑"的详细内容,滨口重国已进行了考证。① 但在这里有必要对他的结论做一些补充。多种刑罚归纳为一,并按类别划分的作法,使人想到前面提到的《后汉书·明帝纪》的赎罪规定。有关内容再次引用如下:

> 诏曰:天下亡命殊死以下,听得赎论:死罪入缣二十匹,右趾至髡钳城旦舂十匹,完城旦舂至司寇作三匹,其未发觉,诏书到先自告者,半入赎。
>
> 《后汉书·明帝纪》

该诏书把刑罚按死刑、鈇右趾到髡钳城旦、完城旦到司寇三组划分。其中,完城旦到司寇一组有完城旦、鬼薪、司寇三种刑罚,与《晋书·刑法志》中所谓的"完刑三"相符合。② 可见《后汉书·明帝纪》中所见的鈇右趾到髡钳城旦这个刑罚群应该就是所谓的"髡刑四"。那么"髡刑"具体指哪四种刑罚呢?

滨口重国认为是从髡钳城旦、髡钳城旦+笞一百、髡钳城旦+笞二百、鈇左趾+笞二百、鈇右趾+笞二百五种髡刑中去掉一种而成。③

那么根据什么可以使五变成四呢? 对此很难有一个合理的解释。况且还有包括鈇趾刑在内的髡钳刑与笞刑的关系。

我们再来看看《后汉书·明帝纪》的赎刑规定。其中,死刑以下被总称为"髡刑"的"右趾至髡钳城旦"后面,并没有接着列举笞刑。另外,下面的诏书明确规定了死罪的一等减刑,但却不施行笞刑。

---

① 前引滨口重国:《汉代鈇趾刑与曹魏刑名》。
② 同《晋书·刑法志》中的"作刑三",如滨口氏所指出的那样(同上论文),是一岁、半岁及三个月等三种戍罚作刑。
③ 前引滨口论文第679—680页。

郡国中都官系囚，减死一等，勿笞，诣边县。

《后汉书·章帝纪》元和元年八月癸酉

另外，明帝永平八年冬十月、同十六年九月丁卯、章帝建初七年九月辛卯、安帝元初二年十月和桓帝建和元年四月丙午颁布过相同规定的诏书，并被采录在《后汉书》各《本纪》中。不过，也有用"髡笞"来表示髡钳刑的例子。

南郡太守马融、江下太守田明，初除，过谒不疑，冀讽州郡以它事陷之，皆髡笞徙朔方。

《后汉书·梁统传》

为何笞刑如此不稳定？这大概是因为笞刑不是正刑，而是髡钳刑的附加刑的缘故。有关情况在下一章《汉书·刑法志》的分析中将进行详论。所谓的"髡刑四"，应该包括这个具有附加刑属性但不属于正刑体系的笞刑。

其实，出土文字资料和考古出土遗物为解决这一问题提供了线索。前者就是指居延汉简等文字资料，新旧居延简中存有如下简牍。

望□苑髡钳釱左右止大奴冯宣年廿七八岁中壮发长五六寸青黑色毋须衣皂袍白布绔履白革舄持剑亡

40·1

甘露三年三月甲申朔癸巳甲渠鄣候汉强敢言之府下诏书曰徒髡钳釱左

EPT56.280A

右止城旦舂以下及复作品书到言所□

EPT56.281

髡钳釱左右止（趾），既不是釱左趾，也不是釱右趾，而是釱左右趾。这是文献史料中所不见，简牍资料中可以确认的新刑名。

所谓釱左右趾的刑罚，就是两脚加著脚镣的刑罚，有必要和单脚加镣的钛左趾与钛右趾区分开来。从出土的刑具来看，有两种脚镣存在。为此我们再来看一看阳陵出土的刑具，特别是脚镣部分。

如本书前面所介绍的那样，出土的脚镣有圆形 A1 和马蹄形 A2 两种。这种形制上的差异，难道只是制造过程中形成的而没有其它深层次的含义吗？我想不是。马蹄形的 A2 很明显是单脚镣，这种刑具套在两只脚上是很困难的。但圆形物的 A1 怎么样呢？我认为它应该是双脚用的脚镣。也就是说，A1 组合很容易使人想到双脚镣。

根据居延汉简记录的髡钳钛左右趾的刑罚名称及出土刑具中的两种脚镣，我认为"髡刑四"的具体内容应该为如下四种：

髡钳城旦舂钛左右趾

髡钳城旦舂钛右趾

髡钳城旦舂钛左趾

髡钳城旦舂

这完全是在正刑范围内的归纳统合，不但区分了正刑和附加刑（笞刑），也解决了滨口说的五去其一的难题。①

综上所述，西汉景帝初年设置的钛趾刑，经过两汉最终融入了被称为"髡刑"的刑罚群。在本章结束之际，对考察过程中产生的钛趾刑与髡钳刑的关系问题，即死罪减刑一等为何不是钛趾刑而是髡钳刑，以及洛阳刑徒砖为何不见钛趾刑名等问题解答如下。

已经重复了多次，钛右趾、钛左趾及髡钳城旦等刑罚统称"髡刑"。②"髡刑"一名，有时也被称做"髡钳刑"或"髡钳城旦"。换句话说，"髡钳（城旦）"这一刑罚名有广狭二义，狭义指单独的劳役刑名，广

---

① 《后汉书》本纪等所见到的减刑诏中均为"右趾以下"。那么，钛刑为何首先为"右趾"，以及如果左右趾刑存在的话为何没有明确记载等？虽然不是很清楚，但从全部做"右趾"而非"钛右趾"或"髡钳钛右趾"来看，"右趾"应该是"髡钳钛左右趾"的简称。

② 滨口已经指出这一点。见《汉代的钛趾刑与曹魏的刑名》，第 679 页。

义为钛右趾刑、钛左趾刑、髡钳城旦刑的总称。死罪减刑后所服"髡钳刑"及洛阳刑徒砖所刻"髡钳"均应为广义髡钳。这样就解决了"髡钳城旦"和"钛左右趾刑"的相关问题。但是髡钳刑一名又是从何时开始使用的？"髡刑"名称是东汉习惯用法在三国魏以后的制度化术语吗？有关问题现阶段还不能明确解答，容待后考。

以上，围绕钛趾刑及其与髡钳城旦刑的关系进行了讨论。那么它与完城旦、鬼薪、司寇等并列刑罚的关系又是如何呢？洛阳刑徒砖刻的刑罚名中既有总称的"髡钳"，也有单名的"鬼薪"，看来不能只局限于钛趾刑这一种刑罚，而是有必要对劳役刑乃至汉代的整个刑罚进行考察了。

第三章 汉代劳役刑
——刑期与刑役

一、劳役刑的变异

据《汉旧仪》和《汉书·刑法志》记载,汉代的劳役刑有髡钳城旦、完城旦、鬼薪、隶臣、司寇及戍罚作六种。后来,在景帝初年又增加了钛左右趾刑。各种刑罚的刑役内容在上编中已做了阐述,为了行文方便,在此稍做重复。

城旦刑 在边境筑城和警备。根据刑具(首枷)的有无可以分为髡钳城旦和完城旦两种。钛左趾、钛右趾刑是髡钳城旦刑的一种,只是夹带刑具的方式不同。关于刑期,髡钳城旦五年,完城旦四年。

鬼薪、白粲刑 采集宗庙祭祀用薪、蒸的劳役,刑期三年。

隶臣(妾)刑 官府的杂役等,刑期三年。

司寇刑 从事监督刑徒,追捕罪犯的劳役,刑期二年。

戍罚作刑 守备边境或其它杂役,刑期一年到三个月。

这些刑罚如前所述,本来应该具有固定的刑役内容。睡虎地秦简《秦律一八种·司空律》就有如下规定。

> 毋令居赀赎责(债)将城旦舂。城旦司寇不足以将,令隶臣妾将。居赀赎责(债)当与城旦舂作者,及城旦傅坚

城旦舂当将司者,廿人,城旦司寇一人将。司寇不□,免城旦劳三岁以上者,以为城旦司寇。司空

二一三

"城旦司寇"是指监督城旦舂的司寇刑刑徒。可见,司寇确实具有监督刑徒的内容,对它进行临时代理时有极为严格的条件,这说明刑役内容有其各自固有的特征。秦简中还可以看到劳役刑数刑并罚的例子。[①] 如果不是以刑役内容不同为前提的话,并罚不也就失去意义了吗?另外,前面所举《后汉书·蔡邕传》"与家属髡钳徙朔方"、"减死一等徙敦煌"(《汉书·李寻传》)、"皆髡笞徙朔方"(《后汉书·梁统传》)等例都表明髡钳刑是在边境服役的劳役刑。髡钳刑不是单纯以徙迁为目的的刑罚,而是以在边境劳动为重点的刑罚。这可以从《后汉书·郭躬传》郭躬针对"章和元年,赦天下系囚在四月丙子以前,减死一等,勿笞,诣金城"这一减刑奏文中的"圣恩所以减死罪使戍边者……"得到证明。

虽然劳役刑具有如上的劳役内容,但我认为从西汉到东汉,随着时代的推移,各种刑罚的实际内容与其本身固有的刑役逐渐发生了分离。刑徒分别被配置在中央的将作大匠及地方的郡县,同时又根据需要随处移送。服有髡钳城旦、完城旦、鬼薪及司寇等刑罚的各种劳役刑徒,通常被统称为徒,其劳役内容都是以土木建筑劳动为主。至于洛阳郊外出土的刑徒砖,为何应该在边境筑城的刑徒被埋在首都?为何会有从全国各地移送来的刑徒?以及为何砖上刻有的刑罚名集中了当时所有的劳役刑名等?原因就是实际的劳役内容与其原有的刑役之间发生了分离。各种劳役刑徒虽被使役于各种劳役(主要以土木工事为主),但却在需要劳动力的首都得到了集中。那么,刑罚的名称和内容在何时开始分

---

① 参考拙著第一编第二章。

离？这种分离又在何时趋于稳定？以及造成这种分离的原因为何？在回答这些问题之前，首先想谈一下已经徒有虚名的刑罚名所具有的实际意义。

已反复指出，洛阳郊外刑徒砖刻写的刑名有髡钳（城旦）、完城旦、鬼薪和司寇四种。其中被称作髡钳的刑罚名是多种刑罚的总称，内含釱右趾和釱左趾的问题也已被证明。但这样一来，四种刑罚中完城旦、鬼薪和司寇等三种是单一刑罚名，只有髡钳是总称，砖刻刑名失去了一致性。这种不统一该如何解释呢？

我认为这种不统一、不一致其实已经包含在虚名化的刑罚名的实际意义中了。从结论来讲，在刑徒砖的时代，也就是说在东汉中期，髡钳和完城旦等刑名不是用以表示刑役内容而是用以表明刑期的。[①]

这里把髡钳刑的具体内容定为髡钳城旦釱左右趾、髡钳城旦釱右趾、髡钳城旦釱左趾及髡钳城旦四种，是根据其刑具夹带的形态来区分的，其刑役年限均为五年。而总称为完刑的完城旦、鬼薪和司寇是分别以四年、三年和二年为刑期的刑罚。也就是说，砖文上所见的髡钳到司寇这四种刑名，乍一看没有统一性，但如果以刑期为标准来看，则从五岁刑到二岁刑按等级整齐排列，表现了很强的一致性。髡钳城旦和完城旦分别表示五岁刑和四岁刑。在这里名称已经失去其本来的意义，仅变成单纯表示年数的符号。如果把它和用失去实际意义的过时官职来表示位阶、品阶而并不出现数字的现象[②]相联系，应该更易于理解。东汉时期的洛阳刑徒砖上刻写的刑役名与原有的刑役内容没有关系，而是作为只表示刑期的数字的替代物蜕化而来的名称。

---

① 滋贺秀三氏已经概括地指出过，刑名是反映刑期的符号。见《刑罚的历史》中《刑罚的理论与现实》，岩波书店1972年。

② 宫崎市定：《日本的官位令和唐代的官品令》，《东方学》18，1958年。后收录于《亚洲史论考》中卷，朝日新闻社1976年。

表示劳役刑内容的名称向表示刑期的名称的转变,就是原来刑役与其实际意义的分离。这里需要探讨的是造成这一系列变化的原因及其时间表。作为线索,我想从三岁刑的隶臣妾开始着手。在本编第一章(三)问题的提出一节中已经指出,隶臣妾这种刑罚在武帝中期从史料中消失了。更确切地说,《汉书·高惠高后文功臣表》中有如下记载:

> 元狩五年,坐为太常,纵丞相侵神道,为隶臣。

丞相,飞将军李广的堂弟李蔡,元狩五年(前118年)三月甲午自杀,[①]这一点暂且不论。值得一提的是,隶臣妾这种刑罚名在此后的史料中销声匿迹了。洛阳出土的刑徒砖上当然也不会出现。这并不仅仅是说隶臣妾在武帝以后的史料中没有记载,而是在武帝元狩年间以后不再使用。也就是说,隶臣妾这种刑名在失去原有的刑役内容的同时,作为隶臣妾的刑期——三年,也由于具有同样刑期的鬼薪刑的存在,连表示刑期意义的必要性也失去了。隶臣妾的消失,表明劳役刑名的变化在武帝中期已经差不多完成了。行文至此,倒要问一下所有这些究竟是怎样发生的?

睡虎地秦简的时代,也就是秦统一以前名实相符的劳役刑,在秦统一以后立刻就发生了刑役内容上的变化。其原因就是秦始皇时的大型土木工事,尤其是骊山陵、阿房宫营造的开始。

> 隐宫徒刑者七十余万人,乃分作阿房宫,或作丽山。
>
> 《史记·秦始皇本纪》

很难说工事中驱使劳动的刑徒真的有七十万人,但可以肯定的是,当时动用的刑徒数量相当大。被称做"徒刑者"、"徒"的劳役刑徒,具体来说应该是指服城旦刑、鬼薪刑的刑徒。这些刑徒是由全国各地移送到咸阳、临潼的记载,在《史记》中随处可见。

[①] 《汉书·武帝纪》:"(元狩)五年春三月甲午,丞相李蔡有罪,自杀。"

> 高祖以亭长为县送徒郦山,徒多道亡。
>
> 《史记·高祖本纪》

这是作为高祖刘邦起义契机的一句话。这里的县是指刘邦的出生地沛县,从沛县往临潼押送刑徒。

另外,汉初的武将黥布(英布)之所以被叫做黥布,只是因为他受过黥刑。当时黥刑附加有劳役刑,正确地说英布被处的是黥城旦刑。他同样也被役使于骊山陵的营造。

> 及壮,坐法黥……布已论输丽山。丽山之徒数十万人,布皆与其徒长豪杰交通,乃率其曹偶,亡之江中为群盗。
>
> 《史记·黥布列传》

全国各地的各种刑徒集中于一地从事土木工事的做法,从西汉阳陵附近刑徒墓及东汉洛阳刑徒墓都可以得到证明。而相关情况早在秦始皇时代就已经存在了,不过当时只是大规模工事采取的一种临时措施。随着都城建设、陵墓营造等土木建筑工事在汉代的频繁进行,刑徒的移送和役使最终从临时变成了常规,刑名与刑役内容开始分离。但当时刑罚名和刑役内容至少在原则上还是一致的,因为相同刑期的劳役刑鬼薪刑和隶臣妾刑仍然并存。到了汉武帝时期,随着隶臣妾刑名的消失,名与实彻底分离,刑罚名称也就完全成了表示刑期的简单符号。

在此,还必须提及一个与其相关的问题,即我在第一编《秦统一后的刑罚制度》第一章(二)中考察《汉旧仪》时指出过的"为何在《汉旧仪》里没有关于隶臣妾的记载"。这可以从上面的论述中找到答案。换句话说,《汉旧仪》的记载是以隶臣妾消失后的汉劳役刑为基础的。

从秦到汉武帝时期,劳役刑的变化并不是自然的循序渐进式的。作为变化的导火线,它不但决定了变化的方向,也加大了变化的幅度。这个导火线就是文帝十三年进行的废止肉刑政策。

下面,就以文帝十三年的刑罚制度改革为考察对象进行考察。

二、文帝刑制改革之一
——髡钳城旦舂刑

公元前206年十月，秦王子婴向大败秦军后来到坝上的刘邦的投降，标志着秦帝国的灭亡。此年也就是高祖元年。高祖刘邦攻下咸阳城以后，在第二年十一月废止秦法，与关中父老约法三章。但"杀人者死，伤人及盗抵罪"的法三章只是战时体制下的一种临时措施，而且有可能也只限于在关中地区施行，很难以此作为汉帝国刑法制度的第一步。其实，法三章的内容作为墨家之法在《吕氏春秋》中被引用过，是集团内部的一种约束。

汉代最初的法律应该是由萧何制定的九章律。在被秦继承的李悝《法经》六篇的基础上增加三篇而成的九章律，其内容我们今天已不可而知，但如"橐摭秦法，取其宜于时者，作律九章"所记，是依据秦的制度制定的。汉帝国是在继承秦制的基础上开始的。

九章律是否真正实施过，是否真正起过作用，有必要另行讨论。但由于以否定法制国家秦为开端的汉帝国的立场与原封不动的继承了秦法的汉法自相矛盾，所以对秦律的修改和废止早在二代皇帝惠帝时就已经开始了。首先是针对刑的礼，具体地说就是由叔孙通开始的以宗庙仪礼为主的汉代独自的仪礼制度的统一。这可以说是统一后的汉王朝向制定独立体系迈出的第一步。

有关秦律的废止是在其后的高后和文帝时进行的。高后元年废除三族罪和妖言令；文帝元年废除收帑相坐律；二年废除诽谤妖言令；五年废除盗铸钱令；十二年除关废传（除关无用传）。文帝十三年以废除肉刑为主的刑法改革，其实也是这种秦律废止的延续。当然，有关考察要从分析《汉书·刑法志》入手。但在此之前，有一个问题必须澄清，那就是此前未能涉及的髡钳城旦舂刑的问题。关于该刑罚，虽然在对"完"及城旦舂刑的考察中与黥城旦舂、完城旦舂等进行过比较分析，但对该刑本身还没有做过专门讨论。在这里，对髡钳城旦舂的存在有重新考证的必要。

髡钳城旦舂刑向来被认为是对秦制的沿用。比如，仁井田陞就有如下论述：

> 秦的刑罚体系到汉文帝时期为止基本上被沿袭的看法应该不成问题。在高祖死后惠帝即位的史料中，城旦舂刑、鬼薪白粲刑及髡刑、完刑同时并存。另外，高祖死后，吕后把戚夫人关起来，髡钳并使其着赭衣而舂。……文帝十三年改革旧律，旧律中的劳役刑种类，则可以通过对《汉书·刑法志》有关记载的概括总结而知，《惠帝纪》和《外戚传》中的髡钳城旦舂和鬼薪白粲自然也包括在其中。

> 　　　　　　　补订《中国法制史研究》刑法　七六页

仁井田所谓的《汉书·惠帝纪》中的记载，本书也曾引用过。

> 上造以上及内外公孙、耳孙有罪当刑及当为城旦舂者，皆耐为鬼薪、白粲。民年七十以上若不满十岁有罪当刑者，皆完之。

仁井田就是根据这条史料来判断髡钳城旦舂刑的存在的，但这里并没有关于髡钳刑的明确记载，他恐怕只是从记载中的"城旦舂"、"皆完"及孟康注"不加肉刑髡鬏也"来进行推测的。

在《史记》、《汉书》等文献中，髡钳城旦舂作为刑罚来施行的最早的例子是《汉书·高惠高后文功臣表》汾阴侯周昌条：

> 孝文前五年，侯意嗣。十三年，坐行赇，髡为城旦。

> 　　　　　　　　　　　《汉书·高惠高后文功臣表》

这是文帝十三年改革后的事情。虽然在刑法改革以前没有施行髡钳城旦刑的例子，但可以确定的有关"髡钳"的记载却有两三处。一处是《史记·张耳陈余列传》和《汉书·高帝纪》中有关高祖九年赵相贯高等暗杀高帝未遂的事件。在该事件中，为了给被逮捕的事件当事人赵王辩护，贯高等十余人有过髡钳自首行为。

贯高与客孟舒等十余人，皆自髡钳，为王家奴，从来。

《史记·张耳陈余列传》

另一处是被高祖通缉的季布逃匿到濮阳周氏处后，按照周氏的计划髡钳成奴隶的故事。

季布许之。乃髡钳季布，衣褐衣，置广柳车中，并与其家僮数十人，之鲁朱家所卖之。

《史记·季布列传》

这些髡钳的例子与"王家奴"、"其家僮"等一样，只不过是当做奴隶对待。可见，仁井田所引《汉书·外戚传》吕太后的行为，是把戚夫人当做王家的奴隶来处置的，从刑罚的角度来说充其量也只能是私刑。

另外，籾山明根据《汉书·贾谊传》中贾谊的上奏文："王侯三公'黥劓髡刖笞骂弃市之法'然则堂不亡陛乎？被戮辱者不泰迫乎？廉耻不行，大臣无乃握重权、大官而有徒隶亡耻之心乎？夫望夷之事，二世见当以重法者，投鼠而不忌器之习也。"认为，在文帝改革以前（贾谊的上奏被推测在前174年左右）髡刑有包括在国家刑罚中的可能性。[①] 但贾谊是"不应该采取黥、劓、髡、刖、骂以及弃市等侮辱性的措施"的意思。这里的髡很可能就是指对犯人实行管理时剃去头发。贾谊是否把髡钳刑当做法律规定的法定刑名来使用还有疑问。我认为这些例子中的髡钳最多也是作为正刑的前奏存在，而不能成为髡钳城旦舂刑作为劳役刑名在刑罚体系中占有一席之地的依据[②]。

---

① 籾山明：《秦汉刑罚史研究的现状》，第145页，《中国史学》第五卷，1995年。
② 这时，笞刑也不是法定刑。笞原来的确是在平常情况下执行的，但笞刑被纳入刑罚体系，与髡钳刑一样，也是文帝刑法改革以后的事。

那么,在睡虎地秦简中又如何呢?关于"髡",秦简中仅仅只有两例:

擅杀、刑、髡其后子,谳谳之。……

四四二

公室告【何】殹(也)?非公室告可(何)殹(也)?贼杀伤,盗它人为公室;子盗父母,父母擅杀,刑,髡子及奴妾,不为公室告。

四七三

这两个例子中,"髡"不是作为国家刑罚,而是含有父对子实施家法制裁的意思。像四七三简那样,与被控告(公室告)的杀人和盗窃相比,父对子的制裁不作为控告的对象。另外,在秦简中,与黥、黥城旦、完、完城旦等刑罚的频繁出现相比,髡、髡钳城旦只有此二例。因此可以说,在秦代髡钳城旦舂这一劳役刑也不存在。可见,在汉代文帝刑法改革以前,法律规定的刑罚中并没有髡钳城旦舂刑。文帝改革时,把以前适用于奴隶或者说对刑徒管理时采用的髡钳援用于劳役刑后,才有了髡钳城旦舂这一新的刑名。

此时,完城旦的意思也发生了变化。改革以前"完"是相对于"黥"而言的,但废除黥刑设置髡钳刑以后,"完"的意思便相对于"髡钳"而言了。孟康注"完不加肉刑髡鬍也"应理解为"秦不加肉刑,汉不加髡鬍"。

如上所述,如果髡钳城旦舂刑是在文帝十三年刑法改革时初设的,那么有关文帝刑法改革的意义就有重新探讨的必要。因为已成为铁案的改革条文开头"诸当完者完为城旦舂"的"诸完"当为"诸髡"的臣瓒注,以及因此认为文帝肉刑废止是以对刑罚减刑一等为基础,汉代的刑罚制度是在秦代刑罚制度基础上减刑一等的解释,并没有击中要害。

下面就对《汉书·刑法志》的条文本身进行考察。

三、文帝刑制改革之二
——刑罚的序列化

文帝十三年(前167年),齐太仓令淳于公犯罪被科处肉刑时,女儿缇萦随父赴长安面见文帝,为父求情。

> 今坐法当刑。妾伤夫死者不可复生,刑者不可复属,虽后欲改过自新,其道亡繇也。妾愿没入为官婢,以赎父刑罪。

面对缇萦的求情,文帝立即给御史下达了起草废除肉刑文书的命令。

> 今人有过,教未施而刑已加焉。或欲改行为善,而道亡繇至,朕甚怜之。夫刑至断支体,刻肌肤,终身不息,何其刑之痛而不德也。岂称为民父母之意哉?其除肉刑,有以易之;及令罪人各以轻重,不亡逃,有年而免。具为令。

《汉书·刑法志》

被一个少女的勇敢行为感动而果断实施德政,显然是为了炫耀皇帝的仁德,不免有些牵强附会。如前所述,肉刑废止是文帝时期从秦制脱胎换骨,集中进行法令改革的一个环节。少女的求情,从某种程度上说,只不过是体现了这一改革精神。

不管怎么说,丞相张苍和御史大夫冯敬等人按照文帝命令起草的文书,得到文帝的认可。《汉书·刑法志》记载的文帝刑罚制度改革的诏书就是那份文书的具体内容。

1. 臣谨议请定律曰:诸当完者,完为城旦舂;当黥者,髡钳为城旦舂;当劓者,笞三百;当斩左止者,笞五百;当斩右止,及杀人先自告,及吏坐受赇枉法,守县官财物而即盗之,已论命复有笞罪者，皆弃市。

　　2. 罪人狱已决，完为城旦舂，满三岁为鬼薪白粲。鬼薪白粲一岁，为隶臣妾。隶臣妾一岁，免为庶人。隶臣妾满二岁，为司寇。司寇一岁，及作如司寇二岁，皆免为庶人。其亡逃及有罪耐以上，不用此令。

　　3. 前令之刑城旦舂岁而非禁锢者，如完为城旦舂岁数以免。臣昧死请。（制曰：可！）

为了叙述方便，这里把原文划分为1、2、3三个段落。下面，按段落逐一进行阐述。首先，我们先来关注一下近年来有关这个改革条文的一些论著。如滋贺秀三的《关于西汉文帝的刑制改革——汉书刑法志脱文置疑》（《东方学》79，1990）和籾山明的《秦汉刑罚史研究的现状》（《中国史学》5，1995），都对上面的1、2段进行了详尽论述，而且都涉及到了我的一些观点。下面，在回答两位提出的问题的同时，做进一步阐述。

关于《刑法志》的第1段落

"诸当完者，完为城旦舂"。因为髡钳城旦舂在文帝刑罚改革以前不是法定刑，所以把条文中的"完"换成"髡"的做法是不可取的。我认为，从字面上来理解"诸当完者，完为城旦舂"没有任何问题，即在秦制中相当于完城旦的在改革后仍为完城旦。原因是完城旦舂属于耐刑而非肉刑。[①]

废止和置换的对象是黥、劓和斩趾等肉刑，它们分别按黥→髡钳为城旦舂，劓→笞三百，斩左趾→笞五百，斩右趾→弃市的原则做了置换。

---

　　① 这里"当完者"的内容是不是所有的完刑，即包含完城旦以及完鬼薪、完隶臣、完司寇等所谓耐刑全部呢？可以这样考虑。不过，对完是完城旦还是耐刑，我还没有找到确凿的证据。这里，暂以完刑即其内容为完城旦对待。若江氏主张按"诸当完者"字面来解释（见《文帝废除肉刑的改革》前引），不过他由此得出了与完城旦不同的"完刑"结论，论点的展开与我有所不同。

其中，秦律中已经规定了的死刑弃市刑，以及笞刑、髡钳刑成了汉代的法定刑。

这里还需要指出一个此前并没有引起注意的问题，即肉刑中的劓和斩左趾刑改为笞三百和笞五百的问题。具体地说，就是在这种情况下笞刑者在行刑之后就被释放了吗？另外，笞三百和笞五百这两个级别的笞刑是死刑和髡钳城旦刑之间的刑罚序列吗？换句话说，也就是如何解释笞刑的问题。在阐明观点之前，拟列举《汉书》、《后汉书》中有关笞刑的史料：

且除肉刑者，本欲以全民也，今去髡钳一等，转而入于大辟。

《汉书·刑法志》

兴减死刑一等，髡钳为城旦。

《汉书·贾捐之传》

唯遂与中尉王阳以数谏争得减死，髡为城旦。

《汉书·龚遂传》

上遂抵宣罪，减死一等，髡钳。

《汉书·鲍宣传》

于是石显微伺知之，白奏咸漏泄省中语，下狱掠治，减死，髡为城旦。

《汉书·陈万年传》

郡国中都官系囚，减死一等，勿笞，诣边县。

《后汉书·章帝纪》

有诏减死一等，与家属髡钳徙朔方。

《后汉书·蔡邕传》

以上都是死罪减刑一等为髡钳城旦舂的例子。如果死刑下设两个等级笞刑的话，死罪减刑后应该变为笞刑，而这里怎么都会是髡钳城旦刑呢？"减死一等髡为城旦"无法理解。

关于这个问题,滨口重国认为最初髡钳城旦刑作为附加刑附加于两个级别的笞刑,景帝以后随着笞刑的减轻,本来是附加刑的髡钳城旦刑倒变成笞刑的主刑了。[1]

对滨口这种随着时间的推移笞刑主客位置转化的观点,我不能苟同。在 1 段落中,笞刑是作为劓和斩左趾(止)刑的替身出现的。这里,我们有必要再看一看秦代刑罚中劓刑和斩趾刑的属性。第一编已经考证过,劓刑和斩趾刑不是单独执行,而是常常附加于黥刑。替代劓、斩左趾等附加刑的笞刑,也应该是附加于正刑的刑罚。也就是说,劓+黥城旦刑随着黥刑被髡钳刑的替代,变成了笞+髡钳城旦刑。这样一来,所有的问题便迎刃而解了。由于笞刑在文帝刑罚改革时是附加刑,从正刑的序列来说,"减死一等"自然是髡钳城旦刑。可见,《汉书》、《后汉书》的记载并没有问题。

综上所述,1 段中记载的肉刑及其废止后置换刑罚的关系可用下表 2.1 来表示。

表 2.1 肉刑及其废止后置换刑罚关系表

改革前	完刑	黥刑	劓 (+黥刑)	斩左趾 (+黥刑)	斩右趾 (+黥刑)
改革后	完城旦舂	髡钳城旦舂	笞三〇〇 (+髡钳城旦舂)	笞五〇〇 (+髡钳城旦舂)	弃市

被一个少女感动而推行的肉刑废止,正如班固在《汉书·刑法志》后附的按语所述,未必就是皇帝恩惠下的刑罚减轻。

> 外有轻刑之名,内实杀人。斩右止者又当死,斩左止者笞五百,当劓者笞三百,率多死。

另外,从秦制中相当于完城旦刑的刑罚在改革后并没有变化这一事

---

[1] 前引滨口重国:《关于汉代的笞刑》,第 664 页。

实也可以明显看出，减轻刑罚并不是改革的主要目的。那么，刑罚制度改革的目的又是甚么呢？其实，目的就是为了构建以劳役刑为主轴的刑罚新体系。

秦的刑罚以死刑为主，肉刑、劳役刑和财产刑等各自独立，相互之间是一种横的并列关系。文帝十三年，随着肉刑的废除，各种刑罚围绕着劳役刑进行重新组合，相互之间变成了一种纵的从属关系。换句话说，就是实现了由横向系列向纵向系列的转变。即便劳役刑本身，也形成了一种新的序列。

汉代与秦代劳役刑的名称都是城旦、鬼薪和司寇，没有发生任何变化。不过如前所述，它们在劳役内容上却有所不同，且各具特色。刑罚的轻重不同是造成劳役内容不同的主要原因，而不同劳役刑相互附加的可能性却是造成劳役内容不同的原因之一。文帝十三年的肉刑废止使刑罚与劳役刑一体化，并形成了从髡钳城旦、完城旦、鬼薪、隶臣到戍罚作这五个层次自上而下依次排列的新序列，这就是《汉旧仪》中记载的从髡钳城旦舂到戍罚作的劳役刑。《汉旧仪》虽然称为秦制，但实际上是对文帝十三年以后汉代劳役刑的解释。

所谓"以劳役刑为主轴"，主要是指随着改革而出现的笞刑，如前所述完全只是针对劳役刑的附加刑，而财产刑（赀刑）也在改革后完全被劳役刑吸纳统合。有关赀刑的情况，拟在第四章（一）《从赀刑到罚金刑》中详细论述。

那么系统化了的劳役刑，其罪行的轻重等级又是依据甚么来划定的呢？

与其说是劳役内容，倒不如说是按五年到一年（未满）依次划分的刑期。进而言之，就是刑期的概念在文帝刑法改革时才被导入，其前属于"无期"。因为刑期是在这个时候第一次被采用，所以劳役刑的轻重标准也就从劳役内容变成了就役年限，刑役名最终也被符号化了。

四、文帝刑制改革之三
——刑期的设定

众所周知,有关秦律中所见劳役刑是"有期"还是"无期"的问题,在秦律研究者之间有分歧。① 这里不能对诸说逐一进行介绍和分析。至于有期无期,睡虎地秦简中根本没有相关规定,最早见于记载的是《汉旧仪》汉代劳役刑规定部分和《汉书·刑法志》。尽管秦简中没有关于刑期的规定,但主张有期刑的学者仍然引用以下简文作为他们的依据:②

葆子狱未断而诬告人,其罪当刑为隶臣,勿刑,行其耐,有(又)毄(系)城旦六岁。

四七九

葆子狱未断而诬〔告人,其罪〕当刑鬼薪,勿刑,行其耐,有(又)毄(系)城旦六岁。

四八一

当耐为隶臣,以司寇诬人,可(何)论?当耐为隶臣,有(又)毄(系)城旦六岁。

四八八

由于都有"城旦六岁"的记载,所以论者均认为城旦是六岁刑。其实,这种说法很难成立。对此,籾山明已有专门论述,③ 我也完全同意他

---

① 详见若江贤三:《秦律中的赎刑制度(上)——试论对秦律体系的把握》,《爱媛大学法文学部论集》,文学科编 18,1985 年。

② 如黄展岳:《云梦秦律简论》,《考古学报》1980 年第 4 期;刘海年:《秦刑罚考析》,《睡虎地秦简研究》,中华书局 1982 年。

③ 籾山明:《秦的隶属身分及其起源——关于隶臣妾问题》,《史林》65—6,1982 年。

的观点。但由于仍有人把这三条简文作为刑期的力证，[①]这里有必要再做一说明。

首先要指出的是，在这三条简文中，耐隶臣和耐鬼薪是主刑，城旦刑是附加刑。由于诬告罪适用于诬告反坐，四七九、四八一和四八八简本应分别处以刑隶臣、鬼薪和耐隶臣（这里耐隶臣刑比司寇刑重，详见籾山论文 29 页）。但因四七九和四八一简属减刑，四八八简的司寇又比较特殊，所以在主刑耐鬼薪和耐隶臣的基础上附加了城旦刑，六岁作为附加刑的限定也很正常。可见，六岁和城旦刑的本来刑期没有任何关系。另外，从"城旦六岁"的说法来看，城旦刑也不应该是一个六岁刑。对附加刑预先设定刑期的作法从秦简的下条资料也可以得到证实。

隶臣妾毄（系）城旦舂，去亡，已奔，未论而自出，当治（笞）五十，备毄（系）日

五〇二

上面，对秦简中容易使人联想到刑期的资料进行了讨论。当然，秦简也证明不了秦的劳役刑是"无期"刑。但是，如果改革秦刑罚体系的文帝刑法纵向系列的前提成立，那么五年到一年未满五个等差的序列毫无疑问是在文帝十三年才出现。

以此为基础可以做这样的假设，即只有建立了从髡钳城旦五岁刑到戍罚作一岁刑的劳役刑体系，有关"时间"的概念才被首次引入。因为在刑罚各具刑役内容并以此体现其轻重的阶段，刑罚轻重所具有的时间等差究竟有多大意义，值得怀疑。从这个角度来说，《汉书》中围绕文帝刑法改革的两则纪事，是刑期概念在文帝十三年首次引入的有力史料

[①] 前引若江贤三：《秦律中的赎刑制度（上）——试论对秦律体系的把握》。若江氏以上文为前提，在《秦汉时期的劳役刑——关于隶臣妾的刑期》（《东洋史论》一，1980 年）中推定隶臣妾的刑期为四年。我在拙著《秦汉的劳役刑》中引用他的观点时，误录为"隶臣妾的刑期为三年"［拙著 142 页注(73)］。在此深表歉意并予以改正。

证据。一则是《汉书·刑法志》中援引的文帝诏书:

> 其除肉刑,有以易之;及令罪人各以轻重,不亡逃,有年而免。具为令。(孟康曰:其不亡逃者,满其年数,得免为庶人。)

另一则是晁错给文帝的奏文:

> 今陛下配天象地,覆露万民,绝秦之迹,除其乱法;躬亲本事,废去淫末;除苛解娆,宽大爱人;肉刑不用,罪人亡帑;非谤不治,铸钱者除;通关去塞,不尊诸侯;宾礼长老,爱恤少孤;罪人有期,后宫出嫁。(晋灼曰:《刑法志》云:罪人各以轻重不亡逃,有年而免。满其年,免为庶人也。)

《汉书·晁错传》

需要注意的是,《刑法志》"不亡逃有年而免"和与其意义相同的《晁错传》"罪人有期"。由于晁错所举的收帑律令的废除(文帝元年)、非谤妖言令的废除(同二年)、铸钱令及关的废除(除关无用传)等都限于文帝时首次施行的政策,与其并列的"罪人有期"也应始于文帝时期,此前当为"罪人无期"。也就是说,在文帝废止肉刑以前,劳役刑是无期的。

由此可知,刑期这一概念是在文帝十三年肉刑废止及劳役刑系统化过程中的产物。刑期的出现是劳役刑刑役内容虚化和刑名向表示刑期的符号转化的主要原因。不过,这里还有一点需要澄清,那就是围绕着刑期的设定,会出现文帝刑制改革诏令2、3段与刑期设定之间具有某种关系的解释。

在第2、3段中有"罪人狱已决"的字样,这说明2、3段落是对判决后囚徒特别是城旦舂和隶臣妾的释放规定。

完城旦舂 → 鬼薪白粲 → 隶臣妾 → 庶人
(三年)　　　(一年)　　　(一年)

　　→ 司寇　　→ 庶人
　　(二年)　　(一年)

隶臣妾
　　　　　→　作如司寇　→　庶人
　　　　　　（二年）　　　（二年）

2、3段的有关记述并不完整。同时，对完城旦舂进行释放需要五年的规定，与《汉旧仪》完城旦舂刑期四年、鬼薪白粲刑期三年、司寇及作如司寇刑期二年的记载也有所出入。另外，鬼薪白粲、司寇等刑罚，虽然作为释放完城旦舂刑过程中的"过渡刑"出现，但其自身的释放规定在2、3段中却找不到。

如何解释才能使《刑法志》的这段记载完全没有矛盾呢？滋贺秀三先生在《关于汉文帝的刑制改革——汉书刑法志脱文置疑》一文中认为第2段中有脱文。下面的【】内部分是他假设的脱文。

　　罪人狱已决，完为城旦舂，满三岁为鬼薪白粲。鬼薪白粲一岁，【免为庶人，鬼薪白粲满二岁】，为隶臣妾。隶臣妾一岁，免为庶人。隶臣妾满二岁，为司寇。司寇一岁，及【司寇】作如司寇二岁，皆免为庶人。其亡逃及有罪耐以上，不用此令。

"补充脱文本身只是简单的推测，并没有用确凿证据做过论证"（滋贺先生论文第5页）。正如论者自己所说，由于没有进行可行性论证，假设本身也就不会有任何实质性的意义。

我也认为以"罪人狱已决"为开端的第2段的记述不完整，因为把这一段作为刑期设定的证据时有些解释不通。但我的看法与滋贺不同。之所以还要提滋贺的"修正说"，原因是该段落有刑期设定的内容。籾山在概述秦汉刑罚史研究状况时对滋贺说做过介绍。他认为，"《刑法志》第2段是对各种劳役刑设定刑期的记载，这已成为定论"（籾山论文，第164页）。

籾山明之所以认为是"定论"，有两个依据。一个是随着文帝的刑制改革刑期被首次导入的史实，即诏文第2段有关刑期设定的条文。

劳役刑导入刑期，即如《汉旧仪》所载，髡钳城旦（五年）、完城旦（四年）、鬼薪白粲（三年）、隶臣妾（三年）和司寇（二年）等体系的确立，是文帝肉刑废止这一刑罚制度改革的产物。对此，在本章的考察中我也是极力主张的。但是，我不同意关于刑期规定条文的解释已成定论的说法。过去，在对待文帝刑制改革的问题时，我曾把这个第 2 段解释为对既决囚徒进行阶段性处理（当时我用的是"处理规定"这个术语，但如滋贺订正的那样，"过渡规定"应该更贴切些）的有关规定；① 把"罪人狱已决"解释为"已经接受判决正在服役"。与滋贺的"此后接受判决者"、"既决狱是从接受判决时起计算"的解释一样，我之所以做以上解释，也是因为没有完全读懂原文。但我不认为第 2 段是关于刑期的规定。

结果却受到了批评："富谷把这段文字解释为既决刑的'处理规定'，那么决定刑期的原有规定在什么地方呢？文献上无从而知。他这样做，显然对刑期规定始于文帝改革的观点会有所不利。"（滋贺论文，4 页）；"富谷论文虽然用过渡规定的解释回避了这个矛盾（与《汉旧仪》产生的刑期差异），但却导致了有关刑期规定的记载从《刑法志》中消失的结果"（籾山论文，145 页）。我承认，我的论述的确未能起到巩固刑期设定始于文帝期观点的作用，但对想从第 2 段的文章中读出刑期规定的做法，仍不能苟同。尽管滋贺、籾山两氏的批评极具逻辑性，在这里我仍想把第 2 段解释为补充处理的过渡规定。

对于把《刑法志》第 2 段看作是刑期设定规定的做法，我的第一个疑问是，它本身虽是很朴实的记录，但为何对新的刑期规定的记载采取了很琐碎而且缺乏逻辑性的表现方法？对于这一点，滋贺的修正补订也没有改变多少。关于刑期的规定，《汉旧仪》中是用"作○岁"这种单刀直入法来表述的，而《刑法志》却是"完为城旦舂，满三岁为鬼薪白粲，

---

① 前引拙著《秦汉的劳役刑》。

鬼薪白粲一岁，为隶臣妾"。恐怕只有我注意到了两者在表述上的这种不同。当时阅读这段文字的司法官，如果是第一次接触，对各种劳役刑究竟有几年刑期也不是很容易理解吧。这段文字果真是有关刑役年限的具体规定吗？

如果把完城旦舂刑徒在满三年后还要继续服鬼薪白粲和隶臣妾等刑的记载当作其后刑罚判决的一种规定来看待，释放之前所服鬼薪刑就是籾山所说的过渡刑。是不是过渡性措施暂且不论，但让我不解的是新的劳役刑体系中为何会有过渡刑存在。因为一旦把"为鬼薪白粲"理解为刑役内容以鬼薪白粲为主，文帝以后的汉代所有劳役刑都会变成有"过渡刑"的刑罚。这样一来，四岁刑完城旦就成了由三年完城旦和一年过渡刑鬼薪（滋贺修正说为二年）构成的复杂而又不可思议的刑罚了。这对持有刑役失去具体内涵向符号化转变很可能完成于文帝十三年观点的我来说，难以接受。

但我认为《刑法志》中的记载是针对改革前已决劳役刑的一种过渡性措施。对改革前的刑徒，比如，对服完城旦刑的刑徒来说，在分别服完鬼薪、隶臣等刑之后才被释放。虽然这可能会造成改革后完城旦刑在刑期上的不一致，但对于本来就是无期的刑徒，也只能如此。总之，作为针对依据旧法判处的既决刑的一种过渡性措施比较合理。

第二个疑问是，为何没有全部列举新生的汉代劳役刑及其刑期？不但没有鬼薪、司寇和戍罚作等刑罚，而且也没有代之肉刑出现的五年刑髡钳城旦。从某种程度来说，滋贺的修正意见对解答这个疑问有一定的启发，即通过追加不见记述的鬼薪和司寇，对《刑法志》的文章重新进行统合整理。

第3段"前令之刑城旦舂，岁而非禁锢，如完为城旦舂，岁数以免"的记述，是关于髡钳城旦舂刑期的规定。所谓"前令之刑城旦"，是指改革前汉律中作为法定正刑的刑城旦，即黥城旦。对此，我没有异议。但对"今后犯有相当于旧法黥城旦罪行的,将依新法处以髡钳城旦舂"（滋贺,5页）的说法,却不敢苟同。按照刑城旦→黥城旦→髡钳城旦这个思路来解读髡钳城旦相当困难。我认为它是针对旧法肉刑的处理规定（由于肉刑不可替代,用过渡措施不适合,所以这里用"处理"这个词语）,具体内容就是"在被处以肉刑且已经服役一年的刑徒中,没有附加禁锢刑的一般庶民可按完城旦舂予以释放"。① 由于该条是针对肉刑既决刑的特殊规定,与前文针对完城旦舂刑的过渡性措施有所区别。按照籾山"对服役刑徒恩惠"的说法,这是对已经处以肉刑无法恢复本来面貌的刑徒的一种特殊办法。

第三个疑问就是对滋贺说有一点还不能苟同。在第2段有这样的结语:"其亡逃及有罪耐以上,不用此令。"这句话该如何理解呢？所谓"此令",毫无问题是指从"罪人狱已决"到"皆免为庶人"的释放规定。"逃亡因不予释放"可以理解,但"耐罪以上,不用此令"是甚么意思呢？旧法的耐罪（耐刑）是指完城旦和完鬼薪等肉刑以下的完刑,耐刑以上是指刑城旦和刑鬼薪等刑罚,新法中代之以髡钳城旦舂。髡钳刑设有五年刑期,把"有罪耐以上,不用此令"解释为"旧法中的刑罪（肉刑）和新法中的髡钳刑不适应于以上规定"似乎解决不了什么问题。我看应该理解为"以上的过渡规定是针对耐罪刑囚徒的,耐罪以上的肉刑徒另有规定"。这样,正好可以下接第3段的"前令的刑城旦"。

以上,对《刑法志》2、3段能不能理解为刑期设定具体内容的问题做了一些探讨。滋贺和籾山坚持认为2、3段就是刑期设定的具体内容,当然有他们的理由。在丞相张苍奏书1、2、3段前面,载有文帝诏令"其除肉刑,有以易之,及令罪人各以轻重,不亡逃有年而免,具为令"。他

---

① 这里也许可以提出"令"是否也包括汉"律"的问题。关于汉法中"令"与"律"的区别,本应该另外进行认真探讨,不过在本文中,用"令"来表述"律"应该可以。《刑法志》1段"臣谨议请定律"的"律",是指以下具体的改革规定,即2段中的"此令"。

们一致认为文帝诏令中的"除肉刑"对应于 1 段,"有年而免"即"一定的年数即行释放"含有设定刑期的意思,对应于 2、3 段。

如前所述,我对"有年而免"含有设定刑期的意思并没有异议。因为劳役刑设置刑期始于文帝刑制改革的史料依据也来自于"有年而免"。但从前面的考证来看,把 2、3 段看作是这个新规定的具体内容也相当勉强。其实,把 2、3 段看做是对 1 段进行补充的过渡性措施,不但易于解释,前后也不矛盾。由于是针对旧法的一种过渡性措施,所以规定始于完刑,没有涉及髡钳城旦刑;又由于刑罚基于旧法,因此采用了过渡刑;与《汉旧仪》之间出现刑期上的差异,也可以看作是对依据旧法量刑的劳役刑的过渡性措施。

最后,还有一个关于刑期设定具体内容从《刑法志》中消失的问题。对此,遗憾之余又不能不承认。文帝的刑制改革诏令,涉及肉刑废止和刑期设定两个方面。在《汉书·刑法志》收录的臣下奏疏中,之所以只有肉刑废止部分而略去刑期部分,是因为对儒家出身的班固来说,能吸引他眼球的只是文帝的肉刑废止。这就是我的答案。当然,这样一来,无疑会弱化对滋贺假说进行批评的可能性。

五、文帝刑制改革之四
——总结与补正

由对两个刑徒墓地的分析进而引入的本编,至此对文帝的刑制改革进行了考察。下面,拟就相关内容做些补充和总结。在秦统一之初即睡虎地秦简的年代,劳役刑的名称和刑役内容是一致的。但随着时间的推移,实际的刑役和原有的规定出现了分离。秦始皇时代,在大兴阿房宫和骊山陵等大规模土木工事需要投入大量劳役刑徒时,通过临时动员,把配属于各地的各种刑徒集于一地,从事同样内容的劳动,这是刑役名和内容发生分离之先兆。汉王朝建立以后，由于首都建设、陵墓营造等土木工事接连不断，临时趋于经常，从而为劳役刑名称与内容分离奠定了基础。当然，最终起推动或者说加速器作用的还是文帝十三年伴随肉刑废止而推行的刑法改革。

文帝刑法改革的目的是为了脱离秦制。具体说，就是统合秦以来的各种刑罚，从而形成一个以劳役刑为中轴的纵向刑法体系。在新体系中，劳役刑需要用时间来划分等次，于是就出现了刑期的概念。因为以前的劳役刑没有刑期，刑期的出现，使劳役负担由劳役内容变为劳役时间，进而使刑役名称和内容的分离由临时性向永久性迈进了一大步。劳役负担由内容向时间的这种转变，说到底就是劳役刑由"质"向"量"的转化。到武帝中期，刑役和刑期基本上趋于固定。三岁刑隶臣妾刑在此时的消失，正好说明了这一点。

后来，经东汉一世，劳役刑的轻重虽然已经由刑期的长短来进行区分，但虚名化了的刑役名仍在继续使用，不过那不是用来表示劳役内容而是服役年数（刑期的符号）。如实反映这一过程的是阳陵附近西汉刑徒墓和洛阳郊外东汉刑徒墓。

关于肉刑向有期劳役刑的变化，滋贺秀三做过如下说明：

……随着时间的推移和官僚制国家的出现，刑罚开始具有体现国家意志、管理日常生活、维护社会秩序（即行政辅助手段）的功能。随之出现了对轻重不等且无致命内涵的刑种和罪刑意识重新认识的必要。因此产生了有期强制劳动刑，其渊源毫无疑问就是以前的肉刑。……肉刑是终身服役的贱役。随着它的缓和，终结了终身废人化刻印导致的身体毁害。同时，服役向一定时间浓缩，也是产生有期强制劳动刑的原因。这一变化是在战国及其前后时期展开的。（《刑罚的理论和现实》，岩波书店）

滋贺采取了肉刑→有期劳役刑的图式，而本书则是肉刑→"无期"

劳役刑→有期劳役刑这样的图式。这里有必要对"无期"的含义做些补充说明。

在对睡虎地秦简的考察中，最初提出劳役刑无期说的是高恒。[①]后来，由高的论述引发了有期与无期之争。本书有关劳役刑没有刑期的观点源于高恒说。但从根本上来说，我并不赞同高恒的观点。高的劳役刑没有刑期即无期的观点，是按无期刑役→终身劳役→官奴婢来展开的。我不赞成这个做法。即使如此，本书仍然采用了"无期"这个词语。原因是高恒的"无期刑"及"终身刑"说已为大多数中日学者所接受。应该说，"无期刑"这个词容易让人产生歧义，容易被理解为"终身劳役"，即当今日本所谓的"无期惩役"。高恒把它同官奴婢放在一起来考虑，实际上也有这个意思。准确地说，文帝刑法改革以前的刑徒并非"无期惩役"。没有刑期是事实，但不是无期，而是没有规定刑期。前面之所以给"无期"加上引号，就是这个意思。可见，"无期刑"并不恰当，这里或可改成"不定期刑"。

既然不是终身劳役，那么刑徒靠甚么结束刑役呢？根据皇帝的赦令。由于皇帝赦令的颁布是不定期的，所以劳役刑也就只能是不定期的。

对文帝肉刑改革以前劳役刑是不定期刑而非无期刑，以及劳役刑与赦令的关系等问题，本书前言中提及的栗劲、霍存福在《试论秦的徒刑是无期刑——兼论汉初有期徒刑的改革》（《中国政法大学学报》84—3）一文中已有论述。我完全同意他们的观点，只是再做一些补充。

具有赦免刑人内容的赦令，究竟是在什么样的情况下颁布的呢？《汉旧仪》中有这样的规定：

> 践祚、改元、立皇后、太子，赦天下。每赦，自殊死以下，（及）谋反大逆不道，诸不当得赦者，皆赦除之。

[①] 高恒：《秦律中"隶臣妾"问题的探讨》，《文物》1977年第7期。

可见，在皇帝登基、册封皇后或太子以及改元等大典时进行特别恩赦。另外，在举行一些国家级仪式时也有赦令颁布。沈家本在《历代刑法考》中以《赦考》为题，对汉代的赦进行了详细分类和讨论。据其考察的结果，除了前面列举的四种情况以外，还有大丧、帝冠、郊、祀明帝、临雍、封禅、立庙、巡猎、徙宫、定都、从军、克捷、年丰、祥瑞、灾异、劝农、饮酎、遇礼等，几乎是在尽可能地利用所有的机会颁布赦令。①沈氏的考察主要是以汉代为主。由于秦代史料不足，未能定论。沈氏认为，可以确定的秦统一后的赦令只有一例，之所以少，一方面是由于秦只有短短十五年，另一方面如后面将要论及的那样，也受到其高压政策的影响。不过，从《史记》记载来看，秦统一后至少颁布过两次赦令，其中一次是二世元年十月戊寅发布的。②这毫无疑问是皇帝践祚时的赦令。另外，在睡虎地秦简《封诊式》对嫌疑犯的经历进行相关调查的请求文书中，涉及有关赦令的问答：

……可定名事里，所坐论云可（何），可（何）罪赦，或覆问毋（无）有……

可见，秦和汉一样，也是利用各种各样的机会颁布赦令。换句话说，有关赦令颁布的原则在秦时业已存在。

从刑期的角度来说，在刑期确立以前，劳役刑确实也没有刑期。但刑徒并不是服役到死，有赦令颁布刑役也就告结束。那么，赦令的颁布周期是多长呢？原则上是不定期的。不过，从汉代的情况来看，差不多是不到十年就颁布一次，按理秦也应该如此。最初设定刑期最长之所以只有五年，与现在日本惩役刑的刑期相比很短，是因为在汉文帝时期及

---

① 沈家本：《历代刑法考·赦考·从军》："按秦无赦，此不得已而大赦。秦并天下至于亡，凡十五年，惟此一赦耳。"《历代刑法考（刑事卷）》，商务印书馆2017年，第679页。
② 《史记·六国年表》："二世元年，十月戊寅，大赦罪人。"

其以前,"刑期"实际上最多也就是五六年。确切地说,当时每隔五六年就要颁布一次赦令。刑期很可能就是依次而制定的。总之,不论是在设定了刑期的文帝以后,还是在不定期的以前,实际上服役的期限并没有多大差别。那么,有没有刑期有甚么区别呢?

决定服役期满的赦令,是通过皇帝颁发的有关诏书来付诸实施的。赦令由皇帝颁发,是皇帝的所谓的"专决事项"。换句话说,赦在所谓"刑徒国家"的秦代,是构成皇帝权力的重要组成部分。如果说国家制定的刑罚是鞭子,那么皇帝发布的赦令就好似甜蜜的糖果。皇帝的权力正是通过对"赦"这张王牌的掌握来发挥其有效职能的。

始皇推终始五德之传,以为周得火德,秦代周德,从所不胜。……刚毅戾深,事皆决于法,刻削毋仁恩和义,然后合五德之数。于是急法,久者不赦。

《史记·秦始皇本纪》

这是关于始皇二十六年(前221年)即秦统一时施政方针的记载。"于是急法,久者不赦",可以说正是基于严法主义而采取高压政策的秦代刑罚与赦相互补充的如实反映。

文帝十三年废除肉刑、设定刑期,其结果是通过赦来实现皇帝权力的职能被削弱。把刑罚体系放在劳役刑之下,并形成一个纵向组合,也是刑期设定的必然结果。同时,对不定期的时间进行预先设定,也可以说是文帝整顿统治秩序、充实制度的重要一环。但从赦令来看,刑期的设定削弱了制度本身的实际效果。这是因为,除皇帝发出赦令之外,预先设定"刑期"从某种意义上来说也成了一种"赦"。而这种"赦"的存在,使原有赦令的效果弱化。为了夸示皇帝的权力,又不得不增加其次数,这恰恰反过来更加减弱了其本身的实际效用。高祖即位到文帝十三年大发展的四十年与成帝一代衰退的二十六年,虽然在时间跨度上相差很大,但赦令颁布的次数一样多。这一史实,正是上述现象的具体反映。

表 2.2　赦令发布比较表

高祖至文帝十三年			成帝期		
公历	年号	赦令	公历	年号	赦令
B.C.206	高祖　1		B.C.32	建始　1	○
	2	◎		2	○
	3			3	○
	4			4	
	5	◎	B.C.28	河平　1	○
	6	○		2	
	7			3	
	8			4	
	9		B.C.24	阳朔　1	○
	10	○		2	○
	11	◎		3	
	12	○		4	○
B.C.194	惠帝　1		B.C.20	鸿嘉　1	○
	2			2	
	3			3	○
	4	○		4	
	5		B.C.16	永始　1	○
	6			2	○
	7	○		3	
B.C.187	吕后　1			4	○
	2		B.C.12	元延　1	○
	3			2	
	4			3	
	5			4	
	6	○	B.C.8	绥和　1	○
	7			2	○
	8	○			

续表

高祖至文帝十三年			成帝期		
公历	年号	赦令	公历	年号	赦令
B.C.179	文帝 1	◎			
	2				
	3				
	4				
	5				
	6				
	7	◎			
	8				
	9				
	10				
	11				
	12				
	13				
		（计15次）			（计15次）

注：◎表示颁发两次。

同时，皇权削弱与赦令频发之间的这种恶性循环，导致犯罪增多，社会秩序混乱。

今日贼良民之甚者，莫大于数赦。赦赎数，则恶人昌而善人伤矣。奚以明之哉？曰：孝悌之家，修身慎行，不犯上禁，从生至死，无铢两罪。数有赦赎，未尝蒙恩，常反为祸。

这是王符在《潜夫论》述赦篇中对此的警告。

六、赦令

前面，从"一"到"四（总结与补正）"分四个部分，对文帝的刑罚制度改革进行了论述。在总结中提出秦代刑罚为不定期刑,同时对秦汉时期赦令及其变化情况进行了探讨。

由于主要局限于对文帝刑制改革的分析,没有对赦制度本身进行考察。在本章结尾,拟另设一节,对赦令施行的相关情况做些补充说明。当然,有关赦令补充史料简牍的发现,也是原因之一。

前引《汉旧仪》中的相关记载,这里再作引用如下:

> 践祚、改元、立皇后、太子,赦天下。每赦,自殊死以下,(及)谋反大逆不道,诸不当得赦者,皆赦除之。令下丞相御史,复奏可。分遣丞相御史,乘传驾行郡国,解囚徒,布诏书。郡国各分遣吏,传厩车马,行属县,解囚徒。

与此相对应的资料,也见于1973年居延甲渠候官遗址(A8)出土的简牍资料。

1. ●甲渠言府下赦令诏书●谨案毋应书

EPF22·162

2. 建武五年八月甲辰朔　甲渠鄣候　敢言之府下赦令

EPF22·163

3. 诏书曰其赦天下自殊死以下诸不当得赦者皆赦除之上赦者人数罪别之

EPF22·164

4. 会月廿八日　●谨案毋应书敢言之

EPF22·165

5. 大司空罪别之州牧各下所部如诏书书到言

EPF22·67

6. 八月戊辰张掖居延城司马武以近秩次行都尉文书事以居延仓长印封丞邯下官县承书从事下当用者上赦者人数罪别之如诏书书到言册出月廿八

掾阳守属恭书佐况

EPF22·68

毫无疑问，EPF22·162～165四枚简属于同一简册。为了方便起见，给各简加上了号码，即1到4，到5、6。虽然原来是不是按1到4的顺序排列有必要探讨，但从现在的情况来看，2、3、4这三枚简的顺序至少不会有问题。"建武五年八月甲辰朔，甲渠鄣候敢言之，府下赦令诏书曰，其赦天下自殊死以下，诸不当得赦者皆赦除之，上赦者人数罪别之，会月廿八日"是2到4号简的内容。这里，"赦令诏书"是"关于赦的命令"，而非"令"的规定。这从下面的居延旧简217·3可以得到证明。

永光二年二月甲辰赦令赐男子爵一级□乙丑□□赐爵三级

217·3

这与《汉书·元帝纪》永光二年二月颁布的诏书有关，其中是这样记述的：

（永光）二年春二月，诏曰：……其大赦天下，赐民爵一级。

也就是说，如果这是赦令，就是有关赦的诏书，即《赦令诏书》。

诏书的内容，即"其赦天下自殊死以下诸不当得赦者皆赦除之"的部分，应该是皇帝诏书中的用语。同样的句子也见于已经引用过的《汉旧仪》中"每赦"之下："自殊死以下……皆赦除之。"可见，这是赦令颁布时常用的套话。"诸不当得赦者"没有什么具体含义，"死刑以下平常不可赦免的服役犯"也是套话。

据《汉旧仪》，诏书在丞相、御史复奏后下发，并由丞相、御史巡行各郡国进行公布，再由各郡国向属县传达。当时，属县有根据赦令的要求向上级官署报告当赦者人数及罪名的义务。3号简后半部"上赦者人数罪别之/会月廿八日"的条文，不是皇帝诏书中的言辞，而是地方官署如郡或者都尉府对下属县、候官的命令。5、6是都尉府下行文书的写本，其中的相关用语可以确定。

4 的最后，"●谨案毋应书敢言之"是候官（甲渠候官）对都尉府报告命令的回复（应书）。具体地说，是对"没有当赦者"情况的回复。

2、3、4 是候官对都尉府下达命令的报告，1 的"●甲渠言府下赦令诏书●谨案毋应书"则是所谓的标题简。是否连同 1 号简一起上交都尉府，我认为还有必要进行讨论。这里首先想要指出的是，2、3、4 三枚简是甲渠候官向居延都尉府送交的文书的写本，或者副本。

确定其为上行文书写本的依据有二。其一，这些简均出土于甲渠候官（A8 破城子）被推测为文书库的 F22，也就是出土于发信地。其二，通过观察 EPF22·163 简的照片发现，"甲辰朔　甲渠候"有两处空隙，而实际送交的册书中应该有日期和甲渠候的署名。

可见，2、3、4 三简是甲渠候官保管的有关写本。这样一来，对作为标题简的 1 的属性就可以有两种看法：要么是附于已送交的原文书；要么就是该简不属于送交文书，只是候官内出于整理需要添附的整理用标题简。这些简的出土于甲渠候官的文书库（F22），同时 1 的写法相当随便，很容易让人想到是私下整理用的简。

1 作为标题简，在由 1～4 组成的册书顺序中是不是肯定放在最前面，值得怀疑。应该先是 2、3、4，然后再是 1，1 在收卷时字面朝外，编缀上与其它三简正好表里相反。

相对于上行文书的 2、3 和 4，5、6 是居延都尉府向甲渠候官下发的下行文书。内容如前所述，是在赦令发布时对该当者进行报告的命令。不过值得注意的是，1～6 的字迹相同。这种现象使人想到一种可能性，即 5、6 是下行文书的写本，是与 1～4 的上行文书一起被复写保管的。

一系列的赦令诏书下达至甲渠候官。边境都尉府下的候官相当于郡国的县，赦令诏书下至县、候官级完全是按照《汉旧仪》规定的"郡国各分遣吏，传厩车马，行属县，解囚徒"执行的，而且很清楚，是以文书的形式进行贯彻的。

在对建武五年八月甲辰赦令诏书简进行分析的基础上，拟对赦令执行的过程进行概括总结。

首先，赦令是在征询丞相及御史大夫意见复奏后进行颁布的。称作《赦令诏书》的赦令，从中央到郡国，再从郡国由驿置传达至县，在边境，由都尉府传达至候官。在这种情况下，赦令诏书的常用语言是"其赦天下自殊死以下诸不当得赦者皆赦除之"，下达时附加有上级官署的执行命令。即"上赦者人数罪别之会月某日"，接到诏书的官府必须尽快提交报告书（应书）。应书中的"罪别"不是所犯罪名的清单，而是成为赦免对象的刑罚的名籍（有关罪与罚，请参考补编部分）。

各官署，都对其所受理的赦令诏书以及提交的相关应书进行复写保管。在睡虎地秦简中，有委托相关县府对嫌疑犯的经历、是否接受过赦免等进行调查的请求文书（五九三、六三〇简，见本书相关部分）。接受这种委托并进行核对，体现了复写的必要性。

赦有刑罚全部免除和减刑两种。[①] 前面所举居延新简建武五年八月赦令有可能是全免的赦令。在这种情况下，其身份是由刑徒变为庶人，名籍也由刑徒籍变为庶人，即《庶人名籍》。

☐以赦令免为庶人名籍

EPT5·105

赦免是从赦令诏书到达之日起执行。《后汉书·明帝纪》载永平元年诏：

其未发觉，诏书到先自告者，半入赎。

上面的引文，从内容来看是诏书下达之日为止投案自首者皆有效的

[①] 作为减刑的赦如下：
赦天下系囚在四月丙子以前减死一等。《汉书·郭躬传》

诏令,由此也可以证明赦令的执行是从接受诏书之日起。

被赦免者是通过名册上报,名册中没有的不在赦免之列,而不予赦免的主要是逃亡者(亡命)。也就是说,赦令只适用于服役囚徒。①

章帝章和元年四月丙子,对中都官的死刑囚颁布有减刑一等的恩赦。

> 夏四月丙子,令郡国、中都官,系囚减死一等,诣金城戍。
>
> 《后汉书·章帝纪》

对该减刑恩赦,郭躬上了如下奏章:

> 今死罪亡命无虑万人,又自赦以来,捕得甚众,而诏令不及,皆当重论。
>
> 伏惟天恩莫不荡宥,死罪已下并蒙更生,而亡命捕得独不沾泽。臣以为赦前犯死罪而系在赦后者,可皆勿笞诣金城。
>
> 《后汉书·郭躬传》

这个赦令没有考虑逃亡者,符合当时的赦令原则。在系囚减刑或赦免的诏书中,一般不包括对逃亡者和未发觉罪人的赦免。如果要对赦后被捕者进行预先赦免,诏书中会对有关内容进行追加。

上面,对赦令颁布的经过、程序及其相关事宜进行了补证。关于赦,上节结尾提到的沈家本,在《赦考》中已根据文献史料进行了极为详尽的考证,再行考证只能是简单的累加。最后,就用下文对赦令做个小结。

赦令除了《汉旧仪》提到的践祚、改元、立皇后、立太子等政治事件时颁布外,也有针对特定人、特定区域的。且不说后者,具有周期性倾向,因而给人以规定了的法规印象的前者,也完全由皇帝专决。如简牍

---

① 在这种情况下,逃亡者是指明确有犯罪事实者,且多数情况下可以判明犯罪者姓名的。对犯罪事实没有发觉者的处置与逃亡者不同。在《后汉书·明帝纪》永平一五年诏文"诏,亡命殊死以下赎,死罪缣四十匹……犯罪未发觉,诏书到自告者,半入赎"中,把"亡命者"和"犯罪未发觉者"区别对待。居延、敦煌等地出土简牍中的通缉令简,反映了亡命者姓名被判明的情况。

资料所示,赦令以皇帝诏书的形式颁布,没有什么比"如律令云云"这一表现形式更能说明皇帝"发挥指挥权"的了。在任何情况下,恩赦都是皇权的随意发挥,这势必损害司法权和法的权威。

在赦令颁布时,对以前所犯罪行不再追究。毫无疑问,这是赦的基本原则。在这个原则下,赦从一开始就被赋予了意义。秦汉的赦当然也有其它的相关原则,前面提到的逃亡者,就是在此基础上展开的。

但是,皇权也可以违反这一原则。哀帝时,握有实权的傅太后对给她上谏言的傅喜宣布了禁止出仕朝廷的惩罚。其诏如下:

罪恶虽在赦前,不宜奉朝请,其遣就国。

《汉书·傅喜传》

准确地说,这虽然不是无视赦令而对赦前行为进行刑罚追究,但却反映了超越赦令的皇帝专决的特点。

不只限于赦令,用金钱赎罪,即赎刑也是对刑罚体系及法的稳定造成损害的皇帝权力的产物,相关问题我们将在下章的汉代财产刑中进行论述。

第四章 汉代的财产刑

一、从赀刑到罚金刑

对汉代刑罚制度的考察，到上一章的文帝刑制改革为止，主要是围绕劳役刑进行的。如上所述，汉代的刑罚体系是以劳役刑为主轴进行构筑的，因而有所偏重。但在秦代，除了肉刑和劳役刑之外，还有赀刑和赎刑等所谓的财产刑存在。这种财产刑在刑罚制度改革之后又会发生什么样的变化呢？本章拟就有关问题进行探讨。

具有剥夺金钱等财产内容的刑罚即财产刑，在秦律中称做"赀刑"，从赀二甲到赀一盾，可分为四个等级。适用于赀刑的犯罪很多，但主要是盗窃罪。如前所述，根据赃值，盗窃罪从最重的黥城旦到最轻的赀一盾共有十个等级的刑罚。

在秦律基础上制定的早期汉律中，这种赀刑也被继续沿用。赀甲和赀盾的刑名虽然不见于汉代的史料，但在江陵张家山汉墓出土的《奏谳书》中却有反映。高祖七年（前200年）的案件里引用了如下汉律：

> 律：盗臧（赃）直（值）六百六十六钱，黥为城旦。

这条盗律的规定，与秦律盗窃罪的量刑规定完全一致。由此可知，汉代的盗窃律在其成立之初，也是由包括四种赀刑在内的十个等级构成。但是在文帝刑制改革之后，赀刑的情况是怎样的呢？应该说，在文帝十三年以后的刑罚中，作为财产刑的赀刑已无从考证。就结论而言，我认为存在于秦而被汉继承的赀刑，从文帝废除肉刑后的刑罚制度中消失了。这归结于财产刑的性质。

前编《赀刑——财产刑》中已有的论述在这里稍做重复。

赀刑中的赀甲、赀盾很容易给人以交纳武器的印象。实际上不是那样，而是交钱。交不起钱时可以用劳役代偿，一天的劳动单价，不接受官府给的伙食时八钱，接受时六钱。

> 有罪以赀赎及有责（债）于公，以其令日问之，其弗能入及赏（偿），以令日居之。日居八钱；公食者，日居六钱。居官府公食者，男子参

二〇〇

> 女子驷（四）。公士以下居赎刑罪、死罪者，居于城旦舂，毋赤其衣，勿枸椟櫏杕。鬼薪白粲，群下吏毋耐者，人奴妾居赎赀

二〇一

> 责（债）于城旦，皆赤其衣，枸椟櫏杕，将司之；其或亡之有罪。葆子以上居赎刑以上到赎死，居于官府，皆勿将司。所弗问。

二〇二

也就是说，赀甲和赀盾虽然是财产刑，除了一点之外，实际上和劳役刑并无区别。

这一点就是作为正刑的劳役刑属于不定期刑，而代替赀刑的居赀刑是定期的劳役刑，达到相当于应交纳钱数的劳动天数就被释放。罚金金额决定了刑役期限。换句话说，就是秦的劳役刑中有定期和不定期两种刑罚，作为正刑的劳役刑不定期，而作为赀刑代替刑的劳役刑属于定期刑。文帝十三年进行的刑罚制度改革，给以前不定期的劳役刑赋予了确切的刑役年限，劳役轻重的标准由劳役内容变成了劳役时间，劳役刑成了清一色的定期刑，居赀这种财产刑替代的劳役刑也因此被吸收消化掉了。因为，无论作为正刑的劳役刑还是作为替代刑的劳役刑，其共同

特点都是以服役期限即时间为标准。

赎刑虽然被新产生的定期劳役刑所吸收，但在司寇刑中仍有其残留成分，那就是后来被归纳到"作刑"范畴之内的戍罚作和复作刑。前编在对戍罚作刑进行考察时，我之所以把有关劳役刑如何登场的问题搁置起来，就是想在这里再做考察。

关于戍罚作（女子为复作）刑，滨口重国和仁井田陞认为在秦业已存在。[①]果真如此吗？如果说戍罚作刑是分别有一年、半年、三个月刑期的刑罚，那么不用说是以刑期为标准的刑罚，这显然与不定期的秦代劳役刑不符。而事实上，在睡虎地秦简中也没有戍罚作和复作这两种刑名。把它们理解为刑期设定以后的新刑罚，也就是在文帝刑制改革时首次纳入刑罚体系中的刑罚，似乎更为合理。作刑被配置在作为耐刑的刑期为二年的司寇刑之下原来赎刑的位置上，也就是说被劳役代替并有一年以下劳役天数的赎刑，在新的作为正刑的劳役刑序列中，以刑期为标准形成系统，产生了刑期为一年、半年和三个月的戍罚作刑。这就是我的观点。

可见，文帝的刑制改革致使赎刑消失，汉代的刑罚体系中没有作为正刑的财产刑。

不过，汉代史料有关"罚金刑"的资料，却使我们根本无法忽视罚金刑的存在。

在《史记》、《汉书》等关于西汉的文献史料中，以"罚金"为名称的刑罚用例并不是很多，仅限于下面的六例。

1. 汉律：三人以上，无故群饮酒，罚金四两。

《汉书·文帝纪》文颖注

2. 乙令：跸先至而犯者，罚金四两。

《汉书·张释之传》如淳注

---

① 滨口重国：《汉代强制劳动刑及其它》（前引）；仁井田陞：《中国刑罚体系的变迁》（前引）。

3. 宫卫令：诸出入殿门公车司马门下，不如令，罚金四两

《汉书·张释之传》如淳注

4. 秋七月，……廷尉信谨与丞相议曰……其故官属所将监治送财物，夺爵为士伍，免之。无爵，罚金二斤。

《汉书·景帝纪》

5. 律，诸当占租者家长身各以其物占，占不以实，家长不身自书，皆罚金二斤。

《汉书·昭帝纪》如淳注

6. 令甲：诸侯在国，名田他县，罚金二两。

《汉书·哀帝纪》如淳注

其中，1、5是律的规定，而2、3、6为令的规定。至于汉律和汉令是不是有很严格区别，值得存疑。通过这些资料来讨论罚金刑是由令还是由被称作基本法的律规定的问题，显然也是徒劳。

以上六例是以汉代何时为对象的呢？注释家所引汉律、汉令的制定年代多有所不明。不过第2例是对文帝三年（前171年）廷尉张释之判处中渭桥上惊吓皇帝车驾事件，即"释之治问，此人，犯跸，当罚金"条的注释，年代应该在文帝刑制改革以前。

从出土的文字资料可以证明罚金刑存在于汉初。张家山汉简《奏谳书》中有如下记载：

河东守谳：士吏贤主大夫羊换，羊换盗书觳（系）隧亡，狱史令贤求，弗得。觳（系）母俭亭中，受豚酒臧（赃）九十，出俭，疑罪。

●廷报：贤当罚金四两。

张家山汉墓出土的汉简的年代，被推定为高祖和吕后年代。[①] 从《奏谳书》的这个案件和第2例的张释之记事来看，在文帝十三年刑制改革

---

① 李学勤：《奏谳书解说》，《文物》1993年第8期。

以前，也就是说在汉帝国成立之初，罚金这种处罚或制裁的存在是不可否认的。

那么，罚金和继承于秦的赀刑是何种关系呢？能不能说西汉有罚金刑，但汉代的刑罚体系中没有作为正刑的财产刑呢？

我认为首先应该注意的是，秦律中并没有"罚金"刑名，可以确认的只有"罚"一词。如"审当赏罚"（《为吏之道》，六八六）、"均繇赏罚"（同，六八二）等赏罚语汇。《语书》中还有如下记载：

> 恶吏不明法律令，不智（知）事，不廉絜（洁），毋（无）以佐上……争书，因葸（佯）瞑目扼腕以视（示）力，訏訽疾言以视（示）治，誣讕丑言麃斫以视（示）险，阬閬强肮（伉）以视（示）强，而上犹智之殴（也），故如此者不可不为罚……

六三至六六

另外，在秦律十八种《厩苑律》中也使用了"罚"这个词。

> 以四月、七月、十月、正月朌田牛。卒岁，以正月大课之，最，赐田啬夫壶酉（酒）束脯，为皂〈皂〉者除一更，赐牛长日三旬；殿者，

八〇

> 谇田啬夫，罚冗皂者二月。（下略）

八一

这里所见到的"罚"，与对犯罪进行科处的罚稍有区别，是行政处分或惩戒的意思。在秦律中，表达刑罚的用语是"罪"和"刑"，各种刑罚是用"死罪"、"刑罪"、"赀罪"等来表现的。"罚"一词没有对违法行为进行科处刑罚的深层意思。或者说，秦律中所见的"罚"，至少与表达刑罚意思的"刑"与"罪"是有区别的。秦律中之所以没有"罚金"的刑罚名称，与其说残存简牍资料中无法确认，不如说相关刑罚不存在于死刑、肉刑、赀刑和赎刑的刑罚体系之中。

如果秦律中没有罚金刑，那么沿袭秦律的汉代刑罚体系中的正刑也

就不包括罚金刑。《汉书》等西汉史料中出现的罚金，就应该是汉代以后产生的新制度。1～6例中，2、3、6属于《甲令》、《乙令》、《宫卫令》等具体令名或者令种类。不是单纯用"律"、"令"表现的相关名称，充分说明汉代对基本法规中没有的东西进行过追加。也就是说，汉代追加了新法规。

秦律中并不存在的罚金究竟是在何种条件下产生的呢？下面拟对睡虎地秦律的厩苑律八〇、八一再做一次考察。其中的"罚"与"赐"相对出现，使人联想到汉代皇帝对功臣进行的"赐金"、"赐黄金"等恩赐。从高祖刘邦还是汉王时就对功臣赐与黄金起，"赐金"在整个汉代一直都存在。相关事例，真可谓不胜枚举。赵翼在《廿二史札记·汉多黄金》中列举的诸多赐与黄金的例子，也只不过是其中的一部分。从"罚"与"赐"的对应关系来看，罚金的对象之所以是"金"，主要还是对应了汉初以来盛行的"赐金"，也就是说，"罚金"是汉初以来频繁"赐金"这一皇帝恩典的副产品。

这可以从1～6例中罚金刑的该当行为得到证实。遭到处罚的行为一般是指对皇帝或者皇帝周围有某种负面影响的行为，如妨碍皇帝所乘车马的行进(2)、入宫殿门时的非礼(3)、被皇帝任命的具有一定身份者的不正(4、5、6)。而1例的背景则是接受了皇帝赐与的酒脯却无故群饮，行为有违圣意。这些行为，不像对皇帝叛逆而要诛伐的行为或者恶意的敌对行为那么严重，结果只是失去恩宠，或者是把已经接受的皇帝恩赐如实返还。我认为，成为罚金对象的是违背皇恩的行为。对这种行为进行的处分是"赐"的相反，也就是"罚金"。

罚金针对官吏的时候比较多，原因是由皇帝任命的官吏，其最应受处罚的行为就是对通过任命这一形式体现出的皇恩的背叛。官吏职务这种报恩性质，势必会使对官吏进行罚金的案件越来越多。

不过，如果只是针对有身份者即所谓身份犯的处罚和惩罚，那么就会朝着对其身份所拥有的权益和报酬剥夺的方向发展。例如进行免官和罚俸。但是，由于罚金的对象是针对接受皇帝恩赐的人，所以如1、2所示，它也适用于一般老百姓，与后世专门针对官吏进行处罚的着眼点有所不同。

作为相对于"赐金"的"罚金"，汉初的罚金刑蕴含了违背皇帝恩典的意思。从这个角度来看，罚金刑作为财产刑，在沿袭了秦法的汉代刑罚体系中应该占有一席之地；对杀人、盗窃等违法行为进行处罚的死刑、劳役刑和赀刑，同与赐金相对的违背皇帝恩惠的罚金可以置于同一体系框架之内。罚金刑不是对秦代赀刑的继承，它产生于汉代，是汉代刑罚体系中的边缘刑。

接下来，有必要对汉代罚金刑发生发展的有关情况做些探讨。

前面，我着重强调了二点，一是罚金刑不是继承于秦的刑罚，二是罚金在汉代没有被列入作为正刑的律的体系。但以"罚金"为名且作为财产刑的刑罚，在春秋战国时代的诸侯国中并不是没有。江陵张家山出土的《奏谳书》中就有如下条文。

●异时鲁法：盗一钱到廿，罚金一两；过廿到百，罚金二两；过百到二百，为白徒；过二百到千，完为倡。有（又）曰：诸以县官事訑其上者，以白徒罪论之。有白徒罪二者，驾（加）其罪一等。白徒者，当今隶臣妾；倡，当城旦。今佐丁盗粟一斗，直（值）三钱，柳下季为鲁君治之，论完丁为倡，奏鲁君。君曰：盗一钱到廿钱，罚金一两，今佐丁盗一斗粟，直（值）三钱，完为倡，不已重乎（乎）？（下略）

二〇

这是在考察隶臣妾时举过的例子，不用说是了解秦以外春秋战国时期诸侯国鲁国刑罚的珍贵资料。

鲁国对盗窃罪量刑所反映的刑罚等级是：

一钱	→	二〇钱	罚金一两
二一钱	→	一〇〇钱	罚金二两
一〇一钱	→	二〇〇钱	白徒
二〇一钱	→	一〇〇〇钱	完倡

比较鲁国赃值和刑罚的对应关系与秦盗窃罪的量刑标准可以发现，秦律在赃值的等级划分方面很详细，而且价值差也比较明显；从白徒与隶臣、完倡与完城旦的对应来看，秦的刑罚种类更多；另外，对六六〇钱盗窃的处罚，鲁是完城旦，而秦是肉刑的黥城旦等等，很有意思。

同时，需要注意的是，"罚金"是鲁国正刑刑罚体系中的一员，而且正好处在相当于秦律中赀刑的位置。白徒、完倡等刑罚虽然没有被汉代当做正刑继承采用，这种以"罚金"命名的刑罚也没有被纳入汉代的刑罚体系中，但罚金这种财产刑作为正刑在诸侯国存在过却是事实。汉王朝在完成国家统一时，虽然把东方诸侯国的刑罚视为旁系，但《奏谳书》也反映了其被重视的一面。从表面上来看，汉代的罚金与赐金相对而生，但早已存在于其它诸侯国的罚金刑，作为底流，无疑起过催生剂的作用。

以上，围绕汉代的赀刑和罚金刑进行了考察，试总结如下。

秦代赀二甲到赀一盾的四等赀刑，在汉代沿袭秦的刑罚体系时，得到了继承。但在文帝十三年刑罚制度改革给劳役刑设定了刑期后，赀刑就被新的汉代劳役刑所吸收消化。因为以前赀刑虽然是财产刑，但实际上是当作定期的劳役刑来施行的。因文帝刑罚改革而消失的赀刑的残余，以成罚作刑的形式存在，也就是被称做作刑的具有一年到三个月刑期的刑罚。

另外，在汉代史料中还存在有罚金刑。乍一看，好像同样是财产刑的罚金刑，其实不是秦代财产刑、赀刑的继承物，完全属于另外一个系统。它相对于汉初以来兴起的皇帝恩赐臣下的"赐金"，是对违背皇恩的行为进行惩戒的刑罚，与以秦代刑罚体系为基础的汉代正刑有区别。

虽然在表面上罚金是与汉初的赐金相对出现的，但作为底流，战国时期鲁国的刑罚中也存在这种罚金的刑罚。应该说，汉代的罚金是两种罚金刑融合的产物，鲁国的罚金刑对汉代罚金的产生起了催生剂的作用。

前面我之所以断言"在汉代的刑罚体系中没有作为正刑的财产刑的存在"，就是基于上述理由。汉代的罚金不属于秦的刑罚体系，是汉初其它系列的产物，与对一般犯罪进行处罚的刑罚不同，是以皇帝的恩惠为背景的惩戒。

随着时间的推移，最初属于另类的罚金刑，终于作为汉代正刑的一员纳入了刑罚体系。特别是在武帝以后利用刑罚重建财政时，作为财源受到重视的罚金刑取得了作为刑罚体系正式成员的资格。《晋书·刑法志》对三国魏的刑罚体系有如下记载："死刑三，髡刑四，完刑三，作刑三，赎刑十一，罚金六。"可见，罚金刑的正刑地位已经确立了。

二、赎刑及其变化

在秦的刑罚中，除了赀刑，还有一种称做赎刑的财产刑，它不是对正刑进行替代的换刑或代替刑，而是以"赎黥"、"赎耐"命名的法定正刑。关于这一点在第一编已有所论及。到了汉代，赎刑又有何变化呢？本节拟就这个问题做些探讨。

如前所述，汉王朝在成立之时，原封不动地沿袭了秦的刑罚，如劳役刑、赀刑等。当然，赎刑也不例外。张家山汉简《奏谳书》中可以找到相关证据。

......北地守谳：奴宜亡，越塞，道戍卒官大夫有署出，弗得，疑罪。●廷报：有当赎耐。

关于"赎耐"是法定财产刑的问题，前面已有专门论述。但由于"赎

"耐"的"耐"是多种劳役刑的总称，很难确定具体为哪一种，也不清楚其量刑标准。上简中，官大夫对奴的逃跑负有不可推卸的责任，然其捕获行为可以将功赎罪。

可见，《奏谳书》的时代，即文帝改革刑制以前，汉继承了秦律中作为正刑的赎刑。但是，程树德在《九朝律考·汉律考》中指出："汉初，承秦苛法之余，未有赎罪之制"；另外日本对赎刑做过重要论考的八重津洋平在《汉代赎刑考》中也指出："赎刑本来是用来昭示天子仁惠的东西，是宽刑思想的产物，所以有理由认为在社会缺乏安定性的秦代及汉初不存在赎刑制度。"① 从上述分析来看，两位的观点都有修正的必要。当然，他们所谓代替刑意义上的赎刑在秦统一后的史料中确实找不到。

由于文帝十三年刑罚制度改革后，秦以来的财产刑被新的定期劳役刑吸收消化，作为财产刑一种的赎刑当然也不会例外。

为何秦的赎刑与赀刑一样可以用劳役支付，而且一天的劳动单价一致呢？原因是它们本来都是所谓的定期劳役刑，而劳役刑的定期化最终导致了赀刑和赎刑这两种财产刑的消失。

赀刑，如前所述，源于其它系统的罚金刑，生于汉代刑罚体系之外，最终又融入到体系之中。但赎刑却与赀刑有所不同。

> 孝文皇帝时，贵廉洁，贱贪污，贾人、赘婿及吏坐赃者皆禁锢不得为吏，赏善罚恶，不阿亲戚，罪白者伏其诛，疑者以与民，亡赎罪之法，故令行禁止，海内大化……。武帝始临天下，尊贤用士，辟地广境数千里，自见功大威行，遂从耆欲，用度不足，乃行壹切之变，使犯法者赎罪，入谷者补吏，是以天下奢侈，官乱民贫……俗之坏败，乃至于是！察其所以然者，皆以犯法得赎罪，求士不得真贤，相守崇财利，诛不行之所致也。
>
> 《汉书·贡禹传》

---

① 八重津洋平：《汉代赎刑考》，《法与政治》十卷四号，1959年。

这是《汉书·贡禹传》中贡禹给元帝的奏疏,其中描述了武帝以来治安荒废的情形,主张废除赎刑。

> 今欲兴至治,致太平,宜除赎罪之法。
>
> 《汉书·贡禹传》

贡禹认为文帝时没有赎刑。这是不是基于历史史实的说法,虽然还值得存疑,但武帝时因财政困难而增加了赎刑却是事实。《汉书》中有关赎刑的记载主要集中于武帝以后。

另外值得注意的是,贡禹所说的"赎刑",不是秦法中作为正刑的那个赎刑,而是"赎罪",明显具有本该受处正刑但可以通过金钱等物进行免除或减轻的意思。八重津洋平在他的论述中指出,赎罪交纳的不只限于钱,还有缣、谷物、竹和马等各种物品。其实,汉代赎刑与秦代赎刑最大的不同是,不能用劳役来替代。当然,在抵赎的正刑中理应包括劳役刑,但用劳役来赎劳役刑又会有什么意义呢?

在居延汉简中,发现有为了赎罪必须交纳的钱数和谷物数对照表性质的册书《罪人得入钱赎品》残部。

大司农臣延奏罪人得入钱赎品

EPT56·35

赎完城旦舂六百石　　　直钱四万

EPT56·36

髡钳城旦舂九百石　　　直钱六万

EPT56·37

这是记录在赎完城旦舂和髡钳城旦舂刑时应该交纳的谷物或者钱数的账簿。

这里有一个问题,即汉代文帝刑制改革以后的这种赎刑,在抵赎各种刑罚时需要交纳物品的种类和数量,是不是用律或者令的形式规定的?另外,是不是一种被认可了的长期政策?八重津洋平认为,在汉代有被律规定了的"法定赎刑"存在，果真如此吗？

普遍认为，武帝时期死刑减免一等需要交纳五十万钱的赎金，依据是给李陵辩护的司马迁在被处以死刑时，由于交不起赎金，只好选择宫刑的著名案件。因此，我们认为，赎刑制度的实施在当时很普遍。

在汉代，有"犯了该当死刑的罪人，如果交纳五十万铜钱到国库，就可以免其死罪一等"的法律规定。（贝冢茂树《史记》著作集第七卷所收，31页）

在武帝天汉四年（前79年），的确颁布过交纳五十万钱可减死一等的诏书。

秋九月，令死罪入赎钱五十万减死一等。

《汉书·武帝纪》

李陵由居延遮虏障出击匈奴是在天汉二年九月，投降之事在年末，最迟在三年初上报到了长安。因此而引发的司马迁的遭难，恐怕也应在天汉三年。即使以诬告罪被判处死刑的司马迁使用赎刑与天汉四年的诏书有关，并使司马迁因而免得一死，也不能得出汉律从一开始就有这样规定的结论。这应该是根据律规定的法处置的结果。如果汉律或者汉令果真有这样的规定，那么对天汉四年诏书的颁布就很难解释。何况在两年后的太始二年（前95年）九月还颁布过同样内容的诏书。

秋，旱。九月，募死罪人入赎钱五十万减死一等。

《汉书·武帝纪》

死刑减刑的诏书，在武帝以前的惠帝元年（前194年）十二月也颁布过，其内容是交纳三十级（个）爵位的金钱（依应劭，一级为两千钱）可免死刑，赎刑金的数额有所不同。武帝时期，在处理淮南、衡山王的谋反案件时，也曾有官吏以外的事件关系者如果交纳金二斤八两可免死罪的提案。可见，不只是金额，应该交纳财货的种类也不定。

根据赎刑诏在武帝时仅隔二三年就要重复颁布、死刑的赎金额不定、以及交纳财货的种类多样等来看，赎刑并不是成文法的规定，而是由皇帝临时下诏执行的具有时限性的措施。

以上是对死刑的有关考察。但并不限于死刑，针对其它刑罚的赎刑也不是成文法规规定的经常法。我们再看看下面的例子。

宣帝神爵元年（前61年）西羌叛乱时，在京兆尹张敞和左冯翊萧望之之间展开了一场有关边防的辩论，其论点不是别的而是赎刑。

张敞：陇西以北，安定以西，吏民并给转输，田事颇废，素无余积，虽羌虏以破，来春民食必乏。穷辟之处，买亡所得，县官谷度不足以振之。愿令诸有罪，非盗受财杀人及犯法不得赦者，皆得以差入谷此八郡赎罪。务益致谷以预备百姓之急。

萧望之：今欲令民量粟以赎罪，如此则富者得生，贫者独死，是贫富异刑而法不壹也。人情贫穷，父兄囚执，闻出财得以生活，为人子弟者将不顾死亡之患，败乱之行，以赴财利，求救亲戚。

张敞：汉但令罪人出财减罪以诛之，其名贤于烦扰良民横兴赋敛也。又诸盗及杀人犯不道者，百姓所疾苦也，皆不得赎；首匿、见知纵、所不当得为之属，议者或颇言其法可蠲除，今因此令赎，其便明甚，何化之所乱？《甫刑》之罚，小过赦，薄罪赎，有金选之品，所从来久矣。

萧望之：闻天汉四年，常使死罪人入五十万钱减死罪一等，豪强吏民请夺假贷，至为盗贼以赎罪。其后奸邪横暴，群盗并起，至攻城邑，杀郡守，充满山谷，吏不能禁，明诏遣绣衣使者以兴兵击之，诛者过半，然后衰止。愚以为此使死罪赎之败也。

《汉书·萧望之传》

辩论的结果是张敞的建议未被采纳。这使得我们讨论的问题不解自明。也就是说，并没有关于死刑以外刑罚赎刑规定的律存在，即使也是临时性的。另外，前述与司马迁有关的天汉四年赎死刑，根据萧望之的言论可知，也是有时限的。

关于张敞和萧望之的辩论，有一点还需要补充说明。前面列举过的居延新简 EPT56·35—37 的《入钱赎品》有"大司农臣延"这样一个人。根据《汉书·百官公卿表》，延是在宣帝五凤元年（前 57 年）出任大司农的。张敞和萧望之的辩论发生在宣帝神爵元年（前 61 年），虽然辩论结果是萧望之反对赎刑的观点占了上风，但在余韵犹存的四年之后，却出现为赎买各种刑罚交纳金钱和谷物的登记簿册，这又该如何解释呢？史料并没有对其中缘由作任何交代。不过，可以肯定的是，赎刑直接与皇帝的专决有关，而非律的规定。换句话说，就是法规中没有这样的规定，它的实施是一种超法规行为。大司农延的《罪人得入钱赎品》是皇帝颁布的有关赎刑诏书——单独颁布的没有著令文书的一次性命令——的具体执行案，而且是原封不动地收录了"大司农奏"和上奏文书诏书的残部。从出土于边境居延这一点来看，作为皇帝颁布诏书的一部分也容易理解。如果仅是上奏文，应该在都城内移送，而不该出现在居延甲渠候官。

总之，汉文帝刑制改革以后的赎刑，与秦具有法定财产刑性质的刑罚有质的区别。在秦以来的赎刑被劳役刑吸收消化之后出现的赎，作为皇帝超法规的执行命令，走向了律和令的另外一个极端。

有关赎刑的变迁，是指经过文帝的刑制改革，委以超越法规之上的皇帝专决，即皇帝恩赐之一的刑罚回避措施，可以用金钱以外的各种物品进行赎罪。为何会发生这样的变化呢？

在第一编有关刑罚用语分析的考察中已经指出，在秦代，对"罪"（crime）的概念及对罪施行的"罚"（punishment）的概念之间没有严格的区分，而且也没有应该区分的意识。当时对赎刑的概念也是如此。概念上的模糊最终导致了赎刑在汉代的变化。

以上，在对赎刑的考察中，我既提到了"赎刑"，也提到了"赎罪"。在前引资料中，对"赎刑"、"赎罪"的使用也没有多大区别。众所周知，

"赎刑"一词最早见于《尚书·舜典》：

> 流宥五刑，鞭作官刑，扑作教刑，金作赎刑。

"金作赎刑"确是"赎刑"，但其注"误而入刑，出金以赎罪"却倾向于赎罪。不只是六朝时代伪孔传的作者混用了赎刑和赎罪，秦律以来就有这样的传统。《尚书》的作者恐怕也不是用抵赎刑罚这样严密的概念来使用"金作赎刑"这一术语的。

抵偿罪过的赎罪与支付金钱抵赎或代替"正刑"的赎刑本来是两组不同的概念。但在对罪和罚没有严格区分的古代中国刑法中，赎刑和赎罪术语的使用在语意上的区分也就相对比较淡薄。同样，秦律中的赎耐和赎黥既不是抵赎正刑的代替刑，也不是抵偿罪过的刑法用语，只是由于某种原因不能量定为耐和黥，而判处为相当于耐与黥的金钱数额，属于财产刑的范畴。

到了汉代，赎死刑五十万钱确实可以归入以金钱来代替死刑的"赎刑"一类，但不是本来就有刑罚代替的固有概念，况且刑和罪的界限也不十分清楚。抵赎物如果仅限于可以单位化的刑罚，对单位的量化则很容易。可是，犯罪是一种行为，不可能一律化。抵赎交纳的物品也不限于金钱，而是多样化的，如缣、谷物、竹和马匹等物品，而且价格也因物而异。可见要赎的东西不只是单位化了的刑罚，而且还涉及犯罪行为给行为对象造成的后果。因此，纳入物理所当然超越物品的范畴，进而涉及行为本身。也就是说，罪的负面行为通过功绩的正面行为来代偿。武帝时，随着匈奴战争的激化，以在对匈奴战争中建立功勋来抵罪的事例也随处可见。

> 有司案验，不如王言，劾齐诬罔，大不敬，请系治。齐恐，上书愿与广川勇士奋击匈奴，上许之。
>
> 《汉书·景十三王传》
>
> 臣愿选从赵国勇敢士，从军击匈奴……以赎丹罪，上不许。
>
> 《汉书·江充传》

不只是从军。宣帝时，京兆尹张敞为了取缔长安的盗贼，首先从审讯头领开始，并以供出部下为免除其罪行的条件。

敞皆召见责问，因贳其罪，把其宿负，令致诸偷以自赎。

《汉书·张敞传》

以上情况的发展趋势是抵赎对象由刑罚变成了犯罪行为，而且犯罪的负面行为可以通过对执政者有益的行为来抵消。

结果是，赎刑（赎罪）的决定超越法规进而成为皇帝的专管。赎刑应该交纳的物品，如金钱和谷物，如果其数量已经规定——如居延汉简《罪人得入钱赎品》——那么皇帝就只需发号施令。多样化的、对功绩行为本身是否具有抵赎价值的决定权也由皇帝掌控。这使人想到了前面举过的《景十三王传》和《江充传》中的例子，同样是请愿赎罪，一个被准许，一个却被否决，从另一方面也反映了赎刑、赎罪的认可与否是由皇帝的意愿来决定的。抵赎所需物品的量化，在皇帝的专决下变得没有意义。

以上，探讨了汉代赎刑的有关情况。通过文帝十三年刑制改革后的赎刑，同秦以来赎刑相比发生了质的变化，成了皇帝专管下的类似赦令的一种东西。[①]

赀刑和赎刑这两种在秦代互为补充的法定财产刑，经过汉文帝十三年的改革，被劳役刑所构建的新体系所吸收。这时，作为正刑的财产刑在汉代的刑罚中消失。

随后，与赀刑属于不同系统的罚金刑出现了。它同与汉初以来盛行的赐金这种皇帝恩赐相反，具有对负债处罚或罚金的性质。最初区别于死刑、劳役刑等正刑，处于汉代刑罚体系的边缘位置，后来由边缘向中

[①] 戍罚作刑中有消失了的赀刑的痕迹，但遗憾的是，在文帝以后刑罚体系中却找不到赎刑的痕迹。

心转移,最终变成正刑,与作刑并列。

赎刑从正刑中消失以后,脱离刑罚体系的框架,转入超越法规的皇帝专管的权限之下,类似于皇帝的赦令。虽然由秦至汉,劳役刑的定期化是导致财产刑消失的主要原因,但我认为,最根本的还是来自罪罚不分的中国古代刑罚观念本身的影响。①

行文至此,本编对汉王朝如何接受秦的刑罚制度,以及文帝的刑制改革使汉代刑罚制度在改革以后又如何变化等等进行了考证。对秦汉刑罚制度的总结,在后面将另设一节。这里,作为小结,拟用从秦至汉文帝至东汉的刑罚制度的变化表来结束本编《汉代刑罚制度考证》。

表2.3 秦至汉刑罚制度变化

	秦	文帝十三年刑法改革	景帝—后汉	
死刑	三族刑	族刑	死刑	死刑
	腰斩	腰斩		
	弃市	弃市		
	磔			
肉刑	黥城旦+斩右趾	弃市	髡钳城旦钛左右趾 髡钳城旦钛右趾 髡钳城旦钛左趾 髡钳城旦（五年刑）	髡刑（笞刑作为附加刑保留）
	黥城旦+斩左趾	髡钳城旦（+笞五百）		
	黥城旦+劓	髡钳城旦（+笞三百）		
	黥城旦 黥鬼薪 黥隶臣	髡钳城旦（五年刑）		

---

① 我在对罚金刑的考察中指出,随着时间的推移,当初作为另类的罚金刑,逐渐被作为汉代的正刑纳入了刑罚体系,并认为其证据是《晋书·刑法志》记载的三国魏刑罚体系中的"罚金六"。事实上,其中也记载有"赎刑十一"。一般认为,这十一种赎刑,可以看作是以赎死刑开始,四种髡刑,三种完刑,三种作刑前冠以"赎",即"赎○刑"为名称的刑罚,即居延汉简"入钱赎品"中列举的赎刑。问题是,在当时即三国魏以"赎完城旦"为名称的刑罚,是与秦"赎耐"同样的法定财产刑的复活,还是宣帝时期即汉简时代的"入钱赎品"赎刑的延续呢?对此,暂时没有答案,还有待后考。

续表

	秦	文帝十三年刑法改革	景帝—后汉	
耐刑	完城旦	完城旦（四年刑）	完城旦（四年刑）	完刑
	鬼薪	鬼薪（三年刑）	鬼薪（三年刑）	
	隶臣	隶臣（三年刑）		
	司寇	司寇（二年刑）	司寇（二年刑）	
财产刑	赀刑	戍罚作（一年至三个月）	戍罚作： （一年刑） （半年刑） （三个月）	作刑
	赎刑	刑罚体系外	罚金刑	

第三编

连坐制的诸问题

刑罚不仅仅只限于犯罪者,还波及周边,即存在所谓的连坐制度。这在春秋战国时期似乎就已现端倪。《孟子》记载:"昔者,文王之治岐也,耕者九一,仕者世禄,关市讥而不征,泽梁无禁,罪人不孥(赵注:'罪人不孥',恶,恶止其身,不及妻子也)。"[①]且不要说文王时代,至少在《孟子》的成书年代,连坐的观念已经存在。现在虽然还不能对其起源问题进行详细考证,但在作为探讨对象的秦代,有关连坐制的实施绝对是不容置疑的。

所谓连坐制,是指刑罚向犯罪者以外第三者的株连,主要可以划分为三类。一是邻保组织中的连坐,有名的商鞅变法中的什伍制即属其类;二是秦法中以恶法中之恶法与夷三族刑为代表的血缘关系连坐;三是官僚组织内对上司及其同僚的责任连带。其中,关于什伍连坐的论述,以前多侧重于商鞅变法与乡村组织。血缘关系连坐则多被当作家族制度研究的一个环节来对待,从法制史方面进行的研究极少。尽管西田太一郎及仁井田陞等做过一些研究,[②]但这些研究只是一种简单的概括,并未论及其具体内容和实施情况。牧野巽在对宇都宫清吉和守屋美都雄两人的反论中,把汉代的血缘关系连坐作为家庭形态的一部分进行了较为详尽的探讨。[③]但他主要目的是为了论证族刑范畴和家族范畴的关系,认为不能用族刑范畴来推定家族范畴。由于太急于得出结论,对连

---

① 《孟子·梁惠王下》。
② 西田太一郎:《中国刑法史研究》第八章《关于缘坐制》(岩波书店1974年);仁井田陞:《中国法制史研究》刑法第八章《东亚诸民族的同害刑(tario)与实刑主义的诸相》(东京大学出版会1959年)。
③ 牧野巽:《中国家族研究》(上)《五、汉代的家族形态》(收于《牧野巽著作集》第一卷,御茶之水书房1979年)。

坐制及其应有的原则交待得不是很清楚。同时，由于对连坐缺乏深层次的讨论，反而使问题变得更加模糊不清。

1975年，在湖北省云梦县发现了一批秦即将统一时期的竹简，即睡虎地秦简。1000多枚秦简充分反映了秦的制度，其中就包括连坐制。这批简的出土，使许多因史料不足至今未能弄清楚的问题一下子变得豁然开朗。在拟以秦汉时期为中心，对连坐制的内容及其变迁进行探讨的本编中，第一章想利用睡虎地秦简，从种类、内容、范围、执行及免除等方面，来探明秦连坐制的实际情况。第二章则对承袭秦制的汉代制度中连坐制的相关变化进行考察。在第一、二章的考察中，不涉及前面提到的官吏责任连带制。同时，还需要事先说明的是，由于史料等方面的制约，在对什伍连坐和血缘关系连坐讨论时，比较偏重于后者。作为连坐意义上的术语，在《汉书》等史料中还可见相坐、从坐及族等。而唐律中，只有官吏责任连带称连坐，血缘关系连坐则是被称为缘坐。[①] 在本书中，如篇首所说，连坐是广义上的，血缘关系的连坐则想借用唐律中的缘坐，这完全是一种权宜之计。

几个确认

在进入正文之前，想确认一下连坐制的定义。这里所说的连坐，是指适用于犯罪者周围即家族、邻保组织中的成员，并对他们处以刑罚的一种法规定。在这种情况下，不管被适用者对主犯的行为即犯罪行为有无直接或间接、精神或物质的参与，只要符合邻保组织或家族成员的条件，都会适用于连坐。如果以某种形式进行了参与，可能会作为其它条件变成广义上的共犯。即使这样，连坐刑的被适用者也并非"无罪者"。

[①] 参考律令研究会编：《译注日本律令》五《唐律疏议译注篇一》，第71页，东京堂出版1979年。

在有关连坐刑的史料中,确有个别地方将被适用者明确称作"无罪者"。对这种武断的做法,我持有疑义。在古代的犯罪概念中,可以断定为"罪"的只是违法行为。邻保组织、血缘者之间出现犯罪者,是所有成员的"罪",因此他们也是刑罚对象。

在《汉书·刑法志》中有这样一段文字,"父母妻子同产,相坐及收,所以累其心,使重犯法也"。这是文帝元年,在实行收律相坐法改革时,臣下奏疏中的相关建议。在这里,缘坐具有一般预防的目的。正如本书补编中将要阐明的那样,这是古代中国刑罚的基本观念,但也不能忽视血缘与地缘共罪这一观点。

关于中国古代罪意识的问题,不是目前能解决的问题,有必要另行讨论。不过,在这里想进行确认的是连坐制的被适用者与应当受处的罪行之间"无关系"。也就是说,广义上共犯罪的受处者与连坐受刑者是有严格区别的。在以后的论述中涉及该部分时,会用"确认"一词表示。

第一章　秦的连坐制
——睡虎地秦简中可见的连坐诸规定

一、什伍的连坐

秦用商鞅连相坐之法，造参夷之诛；增加肉刑、大辟，有凿颠、抽胁、镬亨之刑。

《汉书·刑法志》

商鞅以重刑峭法为秦国基，故二世而夺。刑既严峻矣，又作为相坐之法，造诽谤，增肉刑，百姓齑粟。

《盐铁论·非鞅》

以上两条文献中的"相坐之法"，从字面上来看，似乎是包括缘坐在内的广义连坐制，但如果结合商鞅来考虑的话，只能是邻保组织内的连坐。具体记载见《史记·商君列传》中的商鞅变法部分，兹引其中一条如下：

令民为什伍，而相牧司连坐，不告奸者腰斩，告奸者与斩敌首同赏，匿奸者与降敌同罚。

对于这个以五家或者十家为单位、内部相互监视、并负有告发责任的规定，一般都作如果单位内出现犯罪者而没有告发，则单位内的全部成员将被问罪的意思来理解。[①]

[①] 附于该部分的《史记索隐》注曰："牧司谓相纠发也，一家有罪而九家连举发，若不纠举，则十家连坐，恐变令不行，故设重禁。"

文献史料中能找到的关于什伍连坐的内容,只有《商君列传》中这一条,其具体实施情况无从而知。条文中有"不告奸者腰斩"一句,如果其中的"奸"不是专指特别重大的犯罪,①而只是一般意义上的"恶事"、"犯罪",那就意味着不论主犯所犯罪行的轻重,什伍成员都要处以死刑。也许商鞅实行的政策本身并无具体内容,只是在后来论及刑罚时,史家们便把秦的严刑主义的根源归咎于商鞅,因此不无夸张之嫌。

那么,新发现的睡虎地秦简中又是如何记录连坐的呢?一般认为,属于《法律答问》的四六六、四六七号简是相关内容的记载。

A. 伍人相告,且以辟罪,不审,以所辟罪罪之。

B. 有(又)曰,不能定罪人,而告它人,为告不审。

C. 今甲曰伍人乙贼杀人……甲言不审。当以告不审论,且以所辟,以所辟论当殹(也)。

四六六、四六七

这两条简文,根据内容可划分为A、B、C三个部分。其中,开头的A、B部分记述的是一般原则。这个原则就是秦律,A、B是律文的一部分。也就是说,该简首先引用了与控告有关的两条秦律,接着罗列具体案例,最后根据法律规定和案情来下结论。"伍人"指什伍的成员。"伍人相告且以辟罪不审以所辟罪罪之"的律文,是说明什伍连坐的极好简册。那么,案件C根据律文A和律文B分别进行论处时,在量刑上有何区别呢?在阐明这个问题之前,首先有必要对B中的"告不审"做些探讨。

秦的法治机构是建立在严刑主义基础上的严密法网,这一点已毋需赘言,它的背后还存在着一个相互监视告发的体系。依靠告诉进行裁判,告辞就成了论断的有力依据。因而,对不当告诉的罪罚规定也

---

① 例如可以从汇编商鞅观点的《商君书》中举如下一例:"夫先王之禁刺杀,断人之足,黥人之面,非求伤民也,以禁奸止过也。"(赏刑)这里所见的"奸"并非指十分严重的犯罪,而是恶事的意思。

极为周详。秦简中所见告诉不当罪可分为两大类：一类是没有犯罪事实，故意将他人陷入有罪境地的告诉，即诬告罪。① 另一类是简四六六、四六七中所见的"告不审罪"，告诉者不是故意的，属于告诉内容不实罪。另外，对盗窃罪，知道盗窃事实，但对盗品价值及数量有水分的告诉则是"告盗加赃"罪。② 对诬告罪的惩罚，籾山明已经考证清楚了。③ 简单地说，就是唐律中所谓的反坐原则，即诬告者所处刑罚与被诬告者当受刑罚一致。④ 那么，告不审罪又当该受何种刑罚呢？且看下面的秦简：

告人盗百一十，问盗百，告者可（何）论？当赀二甲。盗百，即端盗驾（加）十钱，问告者可（何）论？当赀一盾。赀一盾应律，虽然廷行事以不审论，赀二甲。

四〇八、四〇九

简文后半部分的"端盗驾十钱"，就是前述的告盗加赃。对此，秦律规定处罚赀一盾。也就是说按规定，十钱的水分要被处赀一盾。但如果以不审罪论处，则当罚赀二甲。这与前半部分的叙述相吻合。告盗百一十钱，犯告不审罪，当处赀二甲。那么，实盗百一十钱时将如何论处？另外，赀二甲的刑罚在盗窃罪中又处何种位置？等等，都有探讨的必要。

士五（伍）甲盗，以得时直（值）臧（赃），臧（赃）直（值）百一十，吏弗直（值），狱鞫乃直（值）臧（赃），臧（赃）直（值）过

---

① 甲告乙盗牛若贼伤人，今乙不盗牛，不伤人，问甲可（何）论？端为，为诬人；不端，为告不审。 四一三
② 甲盗羊，乙智（知），即端告曰甲盗牛，问乙为诬人，且为告不审？当为告盗驾（加）臧（赃）。 四一五
甲盗羊，乙智（知）盗羊，而不智（知）其羊数，即告吏曰盗三羊，问乙可（何）论？为告盗驾（加）臧（赃）。 四一六
③ 籾山明：《秦的隶属身份及其起源——关于隶臣妾问题》(《史林》65—6，1982年）。
④ 堀毅也：《秦汉贼律考》（《庆应义塾创立125年纪念论集》，1983年）也指出与唐律的反逆相关联。

六百六十，黥甲为城旦，问甲及吏可（何）论？甲当耐为隶臣，吏为失刑罪……

四〇五、四〇六

诬人盗直（值）廿，未断，有（又）有它盗，直（值）百，乃后觉，当并臧（赃）以论，且行真罪。有（又）以诬人论，当赀二甲一盾。

四一九

司寇盗百一十钱，先自告，可（何）论？当耐为隶臣，或曰赀二甲。

三七八

在以上三例中，首先从四〇五、四〇六简可知，当盗窃相当于百一十钱的物品时，将被处以耐隶臣刑。三七八简与之对应，也有盗窃百一十钱要被判处相当于耐隶臣刑的前提。但在负有监督罪人职责的刑徒司寇犯盗窃罪时，则有把自首不作为情状酌量的判定标准和把自首作为情状酌量的判定标准减刑为赀二甲两种情况。在四一九简中，之所以导致"赀二甲一盾"两种刑罚，是因为没有采用把诬告和盗窃两罪赃值并加以犯百二十钱盗窃来论断的"并赃以论"法，而是采取分别论处的办法，二十钱的诬告罪当赀一盾，百钱的盗窃罪当赀二甲。从四〇五、四〇六、四一九及三七八简可知，存在赃值百一十钱——耐隶臣，赃值百钱——赀二甲的对应关系。秦简中数的概念，是以十一的倍数为进位的，百一十是临界数。四一九简耐隶臣和赀二甲的减刑关系表明，盗窃罪中耐隶臣的次等刑是赀二甲。① 也就是说，在四一九简中，考虑自首这一因素时，减刑一等。

下面，再回到四〇八、四〇九简上，对告不审罪进行探讨。在四〇

---

① 本文所述结合其它秦简的记事，可以推算出秦律赃物价值与刑罚的关系，参考本书第一编第二章的表格。

八、四〇九简中可以明确的是，告诉盗窃百一十钱如犯告不审罪要处赀二甲的刑罚。本来，盗窃相当于百一十钱的物品要被处以耐隶臣刑。可见，对告不审罪的刑罚适用原则是判处低于被告者当受刑一等的刑罚。[①]

以上的繁琐叙述，只是为了明确本章篇头引用的四六六、四六七简中所见律文 B 的内容。那么，如何看待律文 A，A 和 B 在量刑上又有何区别呢？

律文 A "伍人相告且以辟罪不审以所辟罪罪之" 中的 "辟" 字，《睡虎地秦墓竹简》（1978，文物出版社）的注释及译文（下略为《注释》）中做 "罪" 解释，"以辟罪" 译作 "用罪名告发"。但释 "辟" 为 "罪"，全文的意思会变得不太自然，"以所辟罪罪之" 中的 "辟" 做动词似乎更恰切。关于四六六、四六七两简，本书第一编对睡虎地秦简所见刑罚用语进行解释时曾引用过，对 "以辟罪" 也阐明过我的观点。这里再重复一下。文中的 "罪" 是刑罚的意思，"辟" 与 "避" 通，应做 "回避" 解。从秦刻石之一《琅琊台刻石》中的 "除疑定法，咸知所辟" 及《汉书·董仲舒传》中的 "尚不避死，安能避罪" 来看，四六六简应做 "避免刑罚" 来解释。这样一来，律文 A 和律文 B 并记的理由，以及全文的意思就不再费解了。在此，需要一并指出的是，简文中的 "罪" 和 "刑" 的用法相同，罪与罚的区分不很明显。

什伍的成员之所以要对伙伴的犯罪进行告发，是为了避免自己蒙受罪罚。这里的罪，是对邻保组织内犯罪不揭发及组织内部出现犯罪者的 "罪"；罚则是指与被告诉者受一样的刑罚。如果告发内容不实，一般案件适用于律文 B 的 "告不审罪"，应受低于被告者当受刑一等的刑罚。但什伍组织内的告不审，则不是减刑一等，而是适用于本来为什伍连坐刑设置的告发者因此想回避的刑罚，即 "所辟罪"。这就是四六六、

[①] 对此，古贺登在《汉长安城与阡陌、县乡亭里制度》（雄山阁 1980 年）中已经有所指出（参见第 303 页）。

四六七简文的相关内容。因此我认为，在什伍连坐中，成员和犯人要被处相同的刑罚。什伍连坐实际上是一种责任连带，有连带责任者与犯罪者承受同等刑罚。应该说，这是秦的法律中通用的原则。

　　秦之法，任人而所任不善者，各以其罪罪之。

《史记·范雎蔡泽列传》

　　上面这条叙述推荐者与被推荐者关系的史料，也是建立在相关原则之上的。

　　以上，对什伍连坐中刑罚适用的实际情况进行了考察。在结束本节之际，举两条关于什伍连坐适用免除的简文。

　　吏从事于官府，当坐伍人不当？不当。

五二五

　　大夫寡，当伍及人不当？不当。

五二六

　　根据五二五简可知，官吏不适用于什伍连坐。另外，五二六简中的大夫是指爵名，在这种情况下，不作为什伍成员的不只限于大夫爵位，还能使人联想到大夫以上的有爵者。虽然五二五与五二六简的内在联系还不大清楚，[①]但可以确定的一点是，官吏及大夫"以上"有爵者不适用于什伍连坐。

二、家族的连坐——缘坐制

A. 种类和内容

　　如前编对秦的考察所述，在秦和汉初存在有一种一族皆杀的夷三族

[①] 推测之一是，在秦时，大夫爵（不清楚是否与汉代的大夫同属一个级别）以上是官吏的爵，即所谓官爵。

刑罚。众所周知，秦李斯和赵高、汉彭越与韩信均被处以此刑。关于族刑，将放在第二章中讨论。除了族刑，秦广泛实施的缘坐还有称做"收"或"收帑(孥)"的刑罚。汉文帝元年十二月颁布了有关废止的诏书，[①] 其部分内容如下：

> 今犯法已论，而使毋罪之父母妻子同产坐之，及为收帑。
>
> 《史记·孝文本纪》

应劭注曰："帑，子也。秦法，一人有罪，并坐其家室。"颜师古曰："帑读与奴同。"另外，在后来的史书及其注释中，关于缘坐还有如下几种说法："汉律，罪人妻子没为奴婢"(《魏书·毛玠传》)，"汉律云：妻子没为奴婢"(《唐会要》卷三九)，"律，坐父兄，没入为奴"(《吕氏春秋·开春论》高诱注)。那么，"帑"究竟是应劭之如"子"，还是师古之通"奴"，亦或是与《孟子》中所见"罪人不帑"之"帑"呢？现阶段还不能对它的语义做出准确判断。不过，在文献中"收"或"收帑"行为确实有将罪人家族没入官府变成官奴婢的意思。这一点毋庸置疑。

在睡虎地秦简所见缘坐制的记事中，也散见"收"一词，但都是作为没收人和物品充公的意思使用的。

> 妻有罪以收，妻媵(媵)臣妾衣器当收，且畀夫？畀夫。
>
> 五四一
>
> 隶臣将城旦，亡之，完为城旦，收其外妻、子，子小未可别，令从母为收。
>
> 四六八

收人入官，就是变成官奴婢。可见，没收家族入官的缘坐法，在秦律中同样也是用"收"来表示的。

[①]《汉书·刑法志》中为文帝二年的记载，不过《孝文本纪》中的元年应该是正确的。参考西田太一郎前引书第184页。

其它用于表示缘坐的术语,在简文中可见的还有"包",主要是在把被处迁刑的犯罪者的家族与犯罪者一同流放异地时使用。

当罢(迁)。其妻先自告,当包。

四三二

罢(迁)子　爰书:某里士五(伍)甲告曰:谒鋈亲子同里士五(伍)丙足,罢(迁)蜀边县,令终身毋得去罢(迁)所,敢告。告法(废)丘主……罢(迁)丙如甲告,以律包。

六二六至六二八

在这里,"包"并不包含没官为官奴婢的"收"的意思。关于"包"与"收"在内容和执行方式上的不同之处,将在后面一节展开讨论。下面,拟举数枚关于"收"的秦简,并结合"确认"做些探讨。

夫盗千钱,妻所匿三百,可(何)以论妻?妻智(知)夫盗而匿之……

三八四

夫盗三百钱,告妻,妻与共饮食之,可(何)以论妻?非前谋殹(也),当为收;其前谋,同罪。夫盗二百钱,妻所匿百一十,可(何)以论妻?妻智(知)夫盗,以百一十为盗;弗智(知),为守臧(赃)。

三八五、三八六

《注释》将三八四到三八六简所见的"收"释做"收赃"。其它秦简中"收"是没收入官的意思,为何独有这里不同呢?另外,所谓"收赃"是指赃物隐匿罪,在三八五、三八六简文后半段使用的"守臧"一词,也是赃物隐匿(所有)罪的意思。这样一来,自然就会出现如何区分简文中的"收"和"守臧"的问题了。如果"收"的基本含义是没收为官奴婢这一点没有问题的话,则三八四到三八六这数枚简文就应该是关于缘坐规定的条文。这也正好证明了我在"确认"里提出的观点。

前面已经指出,连坐制的被适用者与该当犯刑没有关系。如果有关系,则另行处理。由简三八四可知,如果妻子知道丈夫盗窃,等于妻子也犯了盗窃罪,妻子隐匿三百钱也等于盗窃了三百钱。简三八五、三八六可分为两部分,前半部分是指盗窃由丈夫实际操作,但事前有共谋行为。后半部分是妻子知道丈夫的犯罪行为。在这两种情况下,妻子都适用于盗窃罪。秦律中的这种规定,即知觉犯罪等于遂行犯罪的动机主义原理,在其它地方也进行过讨论。[①]那么,不知道也无共谋行为者又该如何处罚呢?那就是所谓的"收",适用于缘坐刑,将被没收为官奴婢。三八四~三八六数简记述了以上规定。这正好是印证"确认"中缘坐适用于与犯罪没有关系家族这一观点的简文。

简三八五、三八六后半段的"夫盗二百钱,妻所匿百一十,……弗智为守臧"与三八四的"夫盗千钱,妻所匿三百,……不智为收"虽然情况完全相同,却有"收"和"守臧"的区别。问题是为什么会出现这种现象。如果从三八四和三八五、三八六这两个同类案件中来找不同点的话,也只有金额上的差别。也就是说,之所以出现"收"和"守臧"的区别,只能从金额上来考虑。虽有臆测的成分,但我认为还是可以这样解释,即隐匿金额占盗窃金额的比例超过一定限度(三八五、三八六是二分之一以上),原来的连坐就不再适用,而应以赃物隐匿罪处置。

以上,对秦律中缘坐制的种类以及相关解释做了考证。下面,拟就缘坐对象的家族范围进行探讨。

B. 缘坐的范围

关于缘坐范围,前引简文中有妻、子等亲属。下面再举几个相关内容的秦简:

律曰与盗同法,有(又)曰与同罪,此二物其同居、典、伍当坐之。

[①] 《谋反——秦汉刑罚思想的展开》(《东洋史研究》42—1,1983 年)。

云与同罪,云反其罪者,弗当坐。●人奴妾盗其主之父母,为盗主,且不为?同居者为盗主,不同居不为盗主?①

三九〇、三九一

甲诬乙通一钱黥城旦罪,问甲同居、典、老当论不当?不当。

五五三

盗及者(诸)它罪,同居所当坐。可(何)谓同居?●户为同居,坐隶,隶不坐户谓殹(也)。

三九二

被认为是对连坐进行解释的以上各简,有一个共同点,那就是都提到"同居"。因此可以推测,缘坐的对象一般是用"同居"这个术语来表达的。下面,对这三条简文做进一步的分析。

在三九〇、三九一、五五三简中,连坐的对象是同居、典、老和伍。伍,毫无疑问是什伍的成员,这里指什伍连坐。典、老分别是指里典、里老等里的官吏及相关人员,出现在这里说明有官吏连带责任的意思。用什伍、官吏职责和"同居"或者说通过"同居、典、伍"并记的方式来表述,说明简文是按三个不同范畴来概括连坐的。由于"伍"——什伍的成员——属什伍连坐,所以它不适用于并列的以同居为对象的缘坐。

三九二简从另外一个角度说明同居是缘坐的对象,该简是先摆出原则,然后围绕对原则的解释和适用展开问答,与前面提到的四六六、四六七简相同。这里的原则就是秦律,"盗及者(诸)它罪,同居所当坐"是秦律的一条。律文为何要表述成"盗及者(诸)它罪"呢?魏国李悝《法经》以及后来沿袭它的秦汉法典,都是以盗律开头,后面并列贼律、网

---

① 佐竹靖彦氏把该条后半的"人奴妾盗其主之父母,为盗主,且不为"读做"人奴妾盗,其主之父母为盗主,且不为"(《秦国的家族与商鞅的分异令》,《史林》63—1,1980年,13页)。

不过,这里的"盗主"是一个词组,对应的是"盗其主之父母"。因此,很难苟同佐竹说。

律(囚律？)①。"盗及者(诸)它罪"以盗为代表的由来即在于此。我认为，"盗及者(诸)它罪"是表示一般犯罪的修辞方法，三九二简引用的秦律的意思如果是"一般犯罪中，同居是连坐的对象"，则说明它是秦律中关于缘坐的基本规定。既然律文规定同居是缘坐的对象，那么就有必要对同居做些探讨。

秦简中除了"同居"以外，还有"室人"、"家人"、"户"等表示家族的术语。对此，古贺登、好并隆司、佐竹靖彦、太田幸男和松崎つね子等人，均已作为商鞅变法和家族制研究的一个环节做了解释②。遗憾的是，这些解释各执一词，莫衷一是。原因之一是秦简记载本身表述得不够清楚，造成解释上的差异。探讨缘坐制的范围、进而涉及到"同居"的本书，也避免不了对这一连串术语的解释。下面，拟就"室人"等术语阐述我的看法，并对缘坐的对象之所以是"同居"的原因进行讨论。

首先，从"室人"、"室"入手。佐竹对日常用语的"室"与法律用语的"室"进行了区分，认为日常用语的室是指房屋的意思。③但是，如古贺、太田和松崎诸位所述，④秦简中的室也是表示房屋(家屋)的意思。这可以从大家都引用的《封诊式》中的一条简文得到印证。

　　封守　乡某爰书：以某县丞某书，封有鞫者某里士五(伍)甲家室、妻、子、臣妾、衣器、畜产。●甲室、人：一宇二内，各有户，内室皆瓦盖，木大具，门桑十木。●妻曰某，亡，不会封。●子大女

---

① 《晋书·刑法志》："是时承用秦汉旧律，其文起自魏文侯师李悝。悝撰次诸国法，著《法经》。以为王者之政，莫急于《盗贼》，故其律始于盗贼。盗贼须劾捕，故著《网捕》二篇……"

② 古贺登《汉长安城与阡陌、县乡亭里制度》(前引)；好并隆司《商鞅〈分异之法〉与秦朝权力》(《历史学研究》494，1981年)；佐竹靖彦《秦国的家族与商鞅的分异令》(《史林》63—1，1980年)；太田幸男《商鞅变法的再检讨·补正》(《历史学研究》483，1980年)；松崎つね子《从睡虎地秦简看秦的家族与国家》(《中国古代史研究》5，雄山阁，1982年)。

③ 前引佐竹论文第15页。佐竹氏认为作为法律术语的"室"相当于族。

④ 前引古贺书第298页。松崎论文第281页以及太田论文17—18页。

子某，未有夫。●子小男子某，高六尺五寸。●臣某，妾小女子某。●牡犬一。

五八八至五九〇

从这一组简文可知，"室"是指具有"一宇二内"的房屋。确定了室的意思后，我们再来看看"室人"的意思。

"室人"和"同居"一样容易使人往家族的意思上联想。不过，这里有两个问题：一个是哪个包括奴婢，另一个是哪个是作为缘坐对象的法律用语。涉及缘坐的后者暂且不论。关于包不包括奴婢的问题，松崎つね子认为，室人是指家族，不包括奴婢，家族加奴婢叫"同居"①。她讨论的过程是先解释同居，然后以其为前提解释室人。在确定同居的意思时，她引用的是本书引用过的三九〇至三九二简。

……人奴妾盗其主之父母，为盗主，且不为？同居者为盗主，不同居不为盗主。

三九一

盗及者（诸）它罪，同居所当坐。可（何）谓同居？●户为同居，坐隶，隶不坐户谓殹（也）。

三九二

松崎解释同居包括奴婢的依据是，三九〇至三九二简都以"同居的奴婢"为前提。我对她的论证过程深感费解。如对三九二简中的"坐隶，隶不坐户"，她译作"同居的主人对同居的隶的犯罪连坐，但隶对同居的主人的犯罪不连坐"，并从中得出"同居包括奴婢"的结论。从一个"隶"字怎么能得出"隶属于同居范围"的意思呢？相关的三九〇、三九一简也一样，如果她所说的"同居的隶"是"同居所有的隶"，那么三九〇、三九一和三九二简的设问以"同居的隶"为前提是理所当然的。反过来，

---

① 前引松崎论文第三章。本文以后所引松崎氏的观点皆依此。

也能说同居可以不包括隶。松崎在同居包括奴婢的基础上，认为不包括奴婢的家族是室人。为此，她举了两个例子：

> 或自杀，其室人弗言吏，即葬狸（薶）之，问死者有妻、子当收，弗言而葬，当赀一甲。
>
> 四四七
>
> 小畜生入人室，室人以投（殳）梃伐杀之，所杀直（值）二百五十钱，可（何）论？当赀二甲。
>
> 四六一

四四七简中室人的具体内容，松崎解释为妻子。可以肯定，室人中包括妻子。但凭什么断定这枚简中的室人就是妻子呢？倒是把室人解释成"家人"反而更自然些。同时，从四六一简来看，并不能断定室人就是指不包括奴婢的家族。另外，从她所举《封诊式》的"出子"（六六四至六七〇）以及秦简中散见的所有"室人"来看，即使不做家族的限定解释，意思也完全能通。与松崎不同，我认为室人的意思是指包括奴婢在内的在一个家里居住的人。在前引关于查封爱书的五八八～五九〇简中，"甲室人"的标题下列举有查封品目。这里的"甲室人"是"甲的室和人"的意思。其中，"人"应该指罗列其后的妻、子和臣妾。由此可见，秦简中散见的"室人"是指包括家族、奴婢及其它人在内，是在同一个家中居住的人的意思。

对室人做如上解释之后，接下来讨论同居和奴婢的关系。不过，首先要弄清楚室人和同居哪个是作为缘坐对象的法律用语，这是因为有与我的缘坐对象是"同居"而非"室人"观点相左的意见存在。同时，还要考证同居的具体含义以及同居与奴婢的关系问题。

持缘坐对象是室人观点的有佐竹、古贺等人，[①] 他们对此都有专门论

---

① 引佐竹论文第 11—12 页，以及古贺书第 299 页。

述。导致出现这一结论的原因是下面这条问题比较大的简文：

> 可(何)谓室人？可(何)谓同居？同居，独户母之谓殹(也)。
> ●室人者，一室，尽当坐罪人之谓殹(也)。
>
> 五七一

如何理解"独户母"和"一室尽当坐罪人"是一个难题，各家持有不同的看法。不过，应该说"一室尽当坐罪人"的确是有关缘坐的记述，缘坐的范围是室人的说法最早也是因此而得出的。依据这条简文果真能确定缘坐的范围吗？

如果我的"室人包括奴婢"的说法正确，从五七一简来看缘坐的范围应当包括奴婢。关于奴婢与缘坐，前引三九二简可以提供一些线索。

> 盗及其(诸)它罪，同居所当坐。可(何)谓同居？●户为同居，坐隶，隶不坐户谓殹(也)。(前引)

如松崎指出的那样，在讨论缘坐适用问题时，要把主人和隶分别对待。隶的犯罪连坐主人，反过来则不成立。把三九二和五七一简对应起来看，在隶的犯罪连坐主人这一点上，"室人者，一室，尽当坐罪人之谓殹(也)"是事实。反之，在隶不连坐于主人的犯罪这一点上，五七一简的定义则不成立。也就是说，"一室尽当坐罪人之"并不是确定缘坐范围的必要条件。所谓奴婢，本来就没有被看作是一般意义上的人。家狗咬了人，要追究狗主人的责任，这在当今社会也是如此。反过来，狗的主人犯了罪，不可能追究狗的责任。原因是狗没有人的属性。三九二简中"坐隶，隶不坐户谓殹(也)"，正是这样一个例证。在搞清楚室人不是表示缘坐对象适用范围术语的基础上，我们再来看看同居。

已经重复过多次，我的观点是缘坐的对象为同居，有一点很清楚，那就是缘坐制是刑法上的措施。既然是刑罚，它的适用范围应具有法律规定的严密性，绝对不允许同一个屋檐下住着的家族这样一个暧昧的规定存在。那么，作为法律用语的同居，指的是什么样的范围呢？如果先下结论的话,我认为登记在同一户籍上的家族才是缘坐对象的"同居"。要是留意一下含有叙述缘坐一般规定的三九二简律文"盗及者(诸)它罪,同居所当坐。可(何)谓同居?●户为同居,坐隶,隶不坐户谓殹(也)"中的"户为同居",就不难发现"户"和"同居"在这里是一个意思。所谓"户",是指当作纳税对象对待的"户籍上的家"。下简可以证明秦也是如此。

可(何)谓匿户及敖童弗傅?匿户弗繇(徭)、使,弗令出户赋之谓殹(也)。

五三五

既然户是指户籍上的家,那么和户一样的同居也应该是户籍上登记的家族。

其实,佐竹靖彦也是从户籍的角度来考察"户"和"同居"的[①]。尽管他的缘坐对象"室"等于"族"之说与本书不同,但在这里要援引他用户籍解释同居的观点。对于前引五七一简中的"同居,独户母之谓也",佐竹认为,"独户母"的"母"通"贯","独户母"即"一个户贯"的意思[②]。

五七一简"独户母"中的"母"字,究竟应该解释为"母"还是"毋"呢?通过与《法律答问》中其它地方所见的"母"相比较可以发现,在这里,"母"的意思比"毋"的意思更接近。做"户贯"解释的佐竹,把"母"字释做"毋"字,认为"户毋"就是"户贯",并按照户贯即户籍的思路来展开他的讨论。正如他所言,"毋"确实通"贯"。这样解释"毋",对把户毋即"户贯"解释为户籍、户籍中记载的家族为"同居"的我来说,远不具有说服力,"更无魅力可言"。我想换个角度来考虑,即释"毋"、

[①] 前引佐竹论文第 12—14 页。
[②] 同上,第 13 页。

"贯"通"关"①。这样一来,"户毋"就成了"户关"。"户关"在居延、敦煌汉简中随处可见,是门闩的意思。例如,"户关二"(D1160A)、"户关戌各二"(D1582)、"户关戌不调利"(D1552)、"户关破坏治车轴"(EPF25·34)等等。可见,"独户毋"中的"户毋"可以释做"户关",即门闩。

另外,如果做"母"解,情况又该如何呢？同样可以释为门键的意思。前面提到的汉简中所见的"户戊",王国维认为即"户牡",因横木曰为直木,可释做"戊"(牡),"户母"通"户戊",就是门闩的意思②。

虽然对释做"毋"还是"母"存有分歧,但"户毋"和"户母"却都可以解释成门闩或门键。也就是说,"独户母(毋)"可以释做"独立的户母"。而拥有同一个门闩的居住房屋,就是"同居",又可称做"户"。户籍正是以同一房屋居住的家族为单位制作而成的。

综上所述,所谓缘坐对象的同居,可以解释为户籍上登记的家族③。最后,在本节即将结束之际,我还想就奴婢与户籍的关系再做些探讨,因为同居是否含有奴婢的问题还未解决。

在秦代,登记家族构成成员的户籍中是不是有奴婢,由于没有秦的户籍实物,回答起来难免有推测之嫌。居延汉简中虽然发现有汉代的各

---

① 《说文通训定声》中"毋"、"贯"、"关"同属干部十四。
② 《流沙坠简·屯戍丛残考释·戍役类》。另外,《说文通训定声》中"母"属第五部,戊、牡属第六部。
③ 我把秦汉时期"同居"这一法律术语与户籍结合起来进行了解释。不过,众所周知,唐律中,"同居"是"同财共居"的意思,是与户籍的异同没有关系的规定(《唐律疏议》卷六,名例四六条),同一户籍称为"同籍"。滋贺秀三氏也明确指出:"所谓同居,就是指在一起生活不分财产,所谓维持家族共产关系。是着眼于私法状态的概念,与公法上户籍的记载没有关系",(《译注日本律令》5,291页)。也就是说,本书中解释的"同居"的意思,不适用于唐律。实证性的讨论想留待以后再做,不过现在我认为由秦汉到唐"同居"的意思发生了变化,秦汉时期的"同居"最终变成了"同籍"。

见《汉书·惠帝纪》颜师古注曰:"同居,谓父母妻子之外若兄弟之子等见与同居业者,若今言同籍及同财也。"

种簿籍,但遗憾的是,这些名籍簿都是用以支给谷物等的名籍,并非户籍本身①。不过,对汉代户籍的研究很多,据傅举有最近发表的观点,汉代户籍簿中没有登记奴婢②。他认为,奴婢不是民也不是人,而是被当做物品的财产,因此,一般登记在财产簿而非户籍簿里。我同意傅的观点。在《汉书·武五子传》中有张敞针对昌邑王贺废位的奏文,其中有这样一段文字:

> 妻十六人,子二十二人,其十一人男,十一人女,昧死奏名籍及奴婢财物簿。

这里的"名籍"虽然只是贺的妻、子名簿,而非户籍,但需要注意的是,同时还有"奴婢财物簿"。有人认为,在吏民的户籍中一定记录有他们的资产,③但也有对此持有反对意见的。④我认为,以汉代户籍中不包括奴婢的观点为前提来推测作为汉代前身的秦代户籍,结果应该一样。也就是说,缘坐的对象就是指同一户籍的家族,不包括奴婢。不过,有关奴婢的犯罪,从管理责任的角度来说,所有者要受到惩罚。但这与作为家族一员适用的缘坐制有质的区别。

C. 缘坐的执行与免除

本节拟以缘坐适用免除为中心展开讨论。

在前面讨论过的什伍连坐中,什伍的成员对内部的犯罪进行告发,是为了回避连坐刑的适用。这是因为有通过告发可以免除连坐适用的前提存在。缘坐刑也完全适用于这一原则。

---

① 请参考池田温:《中国古代籍帐研究》(东京大学东洋文化研究所)第一章,1979年。
② 傅举有:《从奴婢不入户籍谈到汉代的人口数》(《中国史研究》1983年第4期)。
③ 陈槃:《由汉简中之军吏名籍谈起》(《大陆杂志》2—8,1951年)。
④ 平中苓次:《居延汉简与汉代的财产税》(《中国古代的田制与税法》,东洋史研究会,1967)。

夫有罪，妻先告，不收。妻媵（媵）臣妾、衣器当收不当？不当收。

五四〇

由上简可知，缘坐刑中没收为奴的"收"，可以通过告发得以免除。但是，另外一种缘坐刑"包"，却不适用于告发免除。

当迁。其妻先自告，当包。

（前引）

现在还不清楚"收"和"包"为什么会有区别。迁刑的目的是移居，当然应该是以整个家族为前提。另外，迁刑这种刑罚，即使以个人为对象，其背后也包括个人在内的集团。对集团的分割，是有违迁刑宗旨的。关于迁刑的性质等，今后还有必要进行探讨。

与告发有关联的，还有一点需要指出的是诬告罪不适用于缘坐。进而言之，就是犯诬告罪者承受所告罪刑，但不波及其同居者。前引五五三简就可以说明这一点：

甲诬乙通一钱黥城旦罪，问甲同居、典、老当论不当？不当。

五五三

"与同罪"缘坐的三九〇、三九一简，也应属同一范畴：

律曰与盗同法，有（又）曰与同罪，此二物其同居、典、伍当坐之。云与同罪，云反其罪者，弗当坐……

三九〇

这里所说的"反其罪"，是指诬告者要受处与被其告发者相同的刑罚，即所谓诬告反坐。在"与盗同法"及"与同罪"的情况下适用于缘坐，但诬告者却不适用与同罪。五五三简中有"同居、典、老"，不包括三九〇、三九一简中的"伍"。对什伍连坐来说，如第一节中业已探明的那样，是诬告和告不审等罪理应承受的连坐刑。诬告罪在用什伍连坐和缘坐处理时有所不同。可见，五五三简中没有列举"伍"是有原因的。

上面，对与告发者及告发内容有关系的缘坐的免除进行了阐述。

一般来说，缘坐刑的执行，是以罪行告发为基础进行裁定的。其程序是，先确定主犯的刑罚，然后依此追究其家属"同居"者的缘坐适用。其间，如果主犯死亡，遗族是否仍然继续适用缘坐刑，与主犯死亡的时间有关。根据秦简，有一点可以肯定，那就是犯人死亡后，即使被告发有犯罪行为而且罪名成立，也不再适用于缘坐。

　　甲杀人，不觉，今甲病死已葬，人乃后告甲，甲杀人审，问甲当论及收不当？告不听。

四三八

上简是关于缘坐免除的一个例证。不过，确切地说，不是免除而是无效。依告发进行裁定，是以被告者有生命为前提的，对死亡后的告发本身不予受理，对缘坐及主犯也不做论断。秦律的这个原则，不只限于一般犯罪，也适用于家庭内的犯罪。

　　家人之论，父时家罪殹（也），父死而諻（甫）告之，勿听。可（何）谓家罪？家罪者，父杀伤人及奴妾，父死而告之，勿治。

四七六

上简记述的是家族内犯罪及其相关诉讼。其中，涉及到"家人"、"家罪"等有关内容的问题很多，有必要做进一步的考证。这里只想指出的是，作为秦律刑事诉讼的原则，不论是一般犯罪还是家族内犯罪，对已经死亡犯人的告发都是无效的。

以上是当主犯在审判前死亡时不再适用于缘坐的情况。那么，审判中、判决后及行刑前的死亡又该如何呢？遗憾的是，睡虎地秦简中没有相关的记载。不过，在其后的汉代，却有若干条数据可以参考。有关讨论见第二章的相关部分。

关于缘坐刑的执行，还有一个问题需要讨论。那就是主犯所受刑罚与缘坐种类的相互关系。缘坐者如果适用于流刑的"包"、没官为官奴婢的"收"和以夷三族为代表的死刑等三种刑罚中的某一种，主犯受处的又将是何种刑罚呢？如前所述，"包"是与受处迁刑者一同流放的意思，不用说，主犯所受刑罚是迁刑。缘坐者在"收"的情况下，从秦简中所见事例如简三八四来看，主犯夫犯的是盗窃千钱罪，这是盗窃罪中最重的刑罚，其应受刑罚也是劳役刑中最高刑的黥城旦。① 可见，当主犯受处劳役刑时，缘坐者为"收"的假设可以成立。那么当主犯被处死刑时怎么样呢？关于秦的死刑种类，现在还不是十分清楚。根据秦简可以确定的常见死刑只有弃市和磔两种。② 但据《史记》等史料记载，还有腰斩刑。另外，商鞅被处的车裂和嫪毒一族所受的枭首在史料中也零星可见。其中，当众斩首弃市的死刑最轻。秦皇帝焚书坑儒，对谈论《诗》、《书》者采取的就是弃市刑。③ 根据秦简，犯有近亲相奸罪者当处弃市。④ 另外，秦简中还有如下案例：

　　士五（伍）甲毋（无）子，其弟子以为后，与同居，而擅杀之，当弃市。

　　　　　　　　　　　　　　　　　　　　　　　　四四一

父对子的专杀权问题将另行讨论。不过在秦代，专杀权并不是被无条件认同的。这一点可以从《封诊式》"告子"条得到证明：

　　告子　爰书：某里士五（伍）甲告曰：甲亲子同里士五（伍）丙不孝，谒杀，敢告……

　　　　　　　　　　　　　　　　　　　　　　　六三〇·六三一

因为四四一简没有六三〇、六三一简中的相应手续而杀害子女，所

---

① 请参考本书第一编第二章表。
② 关于弃市，后面将要涉及。关于磔，有如下简文："甲谋遣乙盗杀人，受分十钱，问乙高未盈六尺，甲可（何）论？当磔。"（四三七）
③ 《史记·秦始皇本纪》："臣请史官非秦记皆烧之。非博士官所职，天下敢有藏《诗》、《书》、百家语者，悉诣守、尉杂烧之。有敢偶语《诗》、《书》者弃市，以古非今者族。吏见知不举者与同罪。"
④ "同母异父相与奸，可（何）论？弃市。"（五四二）

以是"擅杀之"。这种情况应处刑罚也是弃市。因此我认为,在秦代对一般的杀人罪所处刑罚就是弃市,四四一简未经许可的父杀子行为,是作为一般杀人罪处理的。研究表明,汉代的杀人罪也被处以弃市。[①] 总之,在秦代,杀人罪与弃市的对应关系是成立的。这么说,主要是想通过下面的简文指出主犯和缘坐的对应关系。

> 甲杀人,不觉,今甲病死已葬,人乃后告甲,甲杀人审,问甲当论及收不当?告不听。
>
> 四三八

对甲家族的缘坐,简中适用于"收"。对犯有杀人罪的甲本身所处刑罚如果真是前述的弃市,那么从四三八简就可以得出这样的结论,即主犯为弃市时,缘坐者当处"收"刑。

死刑中,比弃市重的刑罚是腰斩。如第二章将要论述的那样,这一点在汉代很清楚,秦代也应如此。当主犯被处腰斩时,缘坐者当受刑罚是所谓的"夷三族"。《史记·李斯传》中对李斯受处夷三族刑的经过有如下记载:

> 二世二年七月,具斯五刑,论腰斩咸阳市……遂父子相哭,而夷三族。

另外,沿袭秦代刑法制度的汉初,对被处夷三族刑的韩信也有如下记载:

> 信方斩,曰:吾悔不用蒯通之计,乃为儿女子所诈,岂非天哉!遂夷信三族。
>
> 《史记·淮阴侯列传》

根据其他用例,这里的"斩"只能是腰斩的意思。

上面,对缘坐者所受刑罚与主犯被处刑罚的对应关系进行了探讨,

---

① 布目潮渢:《试论汉律体系化——围绕列侯的死刑》(《东方学报》京都,27,1957年)。

这种关系可以用下表3.1来表示。①

表3.1　缘坐者与主犯受刑关系

主犯刑	缘坐者刑
迁刑	"包"（与主犯一同流放）
劳役刑 弃市	"收"（以官奴婢没官）
腰斩（及以上死刑）	夷三族（死刑）

以上，以睡虎地秦简为中心对秦的连坐制进行了考察。这里暂且做个小结，然后进入对汉代连坐进行讨论的第二章。

1. 什伍的连坐，其构成成员与主犯同罪。

2. 缘坐的种类有死刑（夷三族刑）、没官（收）及迁（包）三种。与主犯受处刑罚的各种关系如前表所示。

3. 缘坐的适用范围，原则上是同居（同一户籍登记的家族构成成员）。

4. 奴婢犯罪时，将追究同居的责任。反过来奴婢却不与同居连坐，因为奴婢是被作为财产对待的。

5. 通过对犯罪的告发，可以免除缘坐的适用。但这不适用于"包"刑。

6. 诬告罪不适用于缘坐。

7. 主犯死亡后的告发无效，同时缘坐的适用也不成立。

---

① 在表一中，列举有迁刑、劳役刑和死刑。另外，秦律中还有称为"赀"的罚金刑。在这里之所以没有列举，是因为考虑到赀刑没有缘坐刑。"赀"是赎刑，支付罚金以后就会被完全免除。如从"弃妻不书，赀二甲，其弃妻亦当论不当？赀二甲"（五三九简）来看，发生不履行离婚手续的离婚，夫和妻均处赀二甲的罚金刑。这里，不履行手续，就等于法律上的婚姻关系继续存在。在这种情况下，夫被问罪时，妻应该适用于缘坐刑，但这里妻却适用于罚金刑，显然不是作为缘坐刑而是作为正刑论处的结果。也就是说，适用于罚金刑的夫不缘坐于妻。

第二章　汉的缘坐制
——其废止与变迁

一、关于"收"

（文帝元年）十二月，上曰：法者，治之正也，所以禁暴而率善人也。今犯法已论，而使毋罪之父母妻子同产坐之，及为收帑，朕甚不取。其议之。有司皆曰：民不能自治，故为法以禁之。相坐坐收，所以累其心，使重犯法，所从来远矣。如故便。上曰：朕闻法正则民悫，罪当则民从。且夫牧民而导之善者，吏也。其既不能导，又以不正之法罪之，是反害于民为暴者也。何以禁之？朕未见其便，其孰计之。有司皆曰：陛下加大惠，德甚盛，非臣等所及也。请奉诏书，除收帑诸相坐律令。

《史记·孝文本纪》

继承了秦制度的汉王朝，在第三代皇帝文帝的时候，开始着手进行了一系列刑罚制度改革。在废除诽谤妖言令、盗铸钱令及十三年废止肉刑的一系列改革中，最早实施的是即位年十二月的连坐法令废除。记载文帝和臣下围绕废除进行讨论的《史记·孝文本纪》，如前所举，涉及有"除收帑诸相坐律令"的内容。同样的记载也见于《汉书·刑法志》和《汉书·文帝纪》，只是在废止法令名称的记述上略有不同，如"收律相坐法"（《刑法志》）和"收帑相坐律令"（《文帝纪》）等。应劭认为，该法令是缘坐律，因此有"秦法，一人有罪并及其家室。今除此律"的注解。① 另外，还有一种解释认为，它含有"相坐"和"收帑"两个方面，包括两种不同的法令。如沈钦韩认为，根据罪行轻重，比主犯刑轻一等的是"坐"，同处弃市者为"收"。② 对"坐"的解释，我们暂且不论。我认为，沈氏把"收"与弃市相联系的观点，是从后面将要阐明的关于大逆不道罪的汉律得出的。可以说这是一种明显的误解。日本的牧野巽也持"相坐"、"收帑"两分法的观点，即对有罪者及其连坐者进行收帑，对无罪者进行相坐。③他的这种解释是根据《汉书·刑法志》中臣下"使有罪不收，无罪不相坐"而来的。可是，这句话并不见于《史记·孝文本纪》。从文句上来看，我认为"相坐"和"收帑"指的是一回事。文帝语的开头部分，《孝文本纪》作"使毋罪之父母妻子同产坐之，及为收帑"（《刑法志》为"使毋罪之父母同产坐之及收"）的记述，"坐"与"收"均涉及无罪。对"坐之及为收帑"，有司的回答是"相坐坐收"（《刑法志》是"相坐及收"）。这虽然与"收帑诸相坐律令"相关，但"坐之及为收帑"、"相坐帑收"及"相坐及收"，都是"缘坐，使其变为官奴婢没官"的意思。由此可见，"收帑诸相坐律令"可以解释为"有关收帑的缘坐诸规定"，也就是《刑法志》中的"收律相坐法"。如果把"收"和"相坐"作为两个不同的法规来对待，那么为何会出现把与"收"有关的称做律，而把与"相坐"有关的称做法的现象？同时，对《文帝本纪》和《刑法志》等在记述上出现不同的原因也有进一步解释的必要。从本章开头引用的文帝元年十二月的记述来看，作为制度，缘坐又称相坐或相坐法，而有关没官的规定则用收或者收律来表现。因此，《史记》和《汉书》文字上的不同，只不过是同一律

---

① 《汉书·文帝纪》，元年十二月应劭注。
② 坐者核其轻重，减本人一等二等也。收者无少长皆弃市也。（《汉书补注》引沈钦韩说）
③ 前引牧野巽：《汉代的家族形态》（《牧野巽著作集》第一卷），第191页。本文所引牧野氏之观点依此文。

令在表述上的不同罢了。牧野巽所依据的《刑法志》中那句"使有罪不收,毋罪不相坐",我认为应该解释为"不没收有罪者(其家属),不使无罪者缘坐"。文帝元年十二月废止的是关于没收官奴婢的缘坐法。

除了《文帝纪》、《刑法志》等明确记载外,还有《汉书·韦玄成传》中的"孝文皇帝除诽谤,去肉刑,躬节俭,不受献,罪人不帑,不私其利"和《后汉书·梁统传》中的"(文帝)除省肉刑、相坐之法"。可见,对文帝废除相坐法一事,在后世多有论及。不过,也有人认为这种相坐制度在有汉一世一直都存在。

> 文帝元年,始尽除收帑相坐律令,《后汉书·梁统传》亦言文帝除肉刑相坐之法。然考《安帝纪》永初四年,诏建初以来诸妖言他过坐徙边者,各归本郡,其没入官为奴婢者,免为庶人,是此法至安帝时犹行。意者但除黥面,而没为奴婢之制,则终汉世未尝废也。
>
> 程树德:《九朝律考·汉律考三》

> 可以推测,文帝以后的三族刑是以本人腰斩,父母妻子同产连坐弃市为原则的。……姐妹及兄弟的妻子等是如何处理的不大清楚,可能是作为官奴婢没收入官了吧!
>
> 西田太一郎:《中国刑法史研究》,185 页

> 当时,缘坐刑不只限于族刑,这一点可以从缘坐的结果,即收为奴隶或被流放等刑罚在数年后又被赦免的现象中察知。
>
> 《牧野巽著作集》(一),199 页

以上三位都一致认为收帑制在文帝以后仍继续存在。那么,到底是不是这样呢?下面拟引用《汉书》中的几个具体事例进行讨论。

1. 文帝十三年。肉刑被废除。其由头是被处肉刑的淳于公的女儿缇萦的上书。

> 妾愿没入为官婢,以赎父刑罪,使得自新。
>
> 《刑法志》

如果说在文帝十三年收帑制仍继续存在的话,缇萦自愿为奴以替父刑的悲壮场面就无法理解。只有以即使父亲被处肉刑,子女也未被没官为官奴婢为前提,其哀愿行为才有意义。

2. 武帝期。严延年以诽谤政治的不道罪被处弃市刑。而延年的其他兄弟五人作为官吏,因都有才能,位至大官,其中官至太子太傅的二弟彭祖在《儒林传》中还有传。(《酷吏传》)

并没有看到位至高官的延年兄弟因缘坐而变为官奴婢。另外,一从《儒林传》中严彭祖的履历来看,也丝毫没有被没官的经历。

3. 宣帝期。韩延寿以狡猾不道罪被处弃市刑。当时,延寿给身为郎吏的三个儿子留下了以自己为反面教材、不要为官的遗言。儿子们果然依照遗言弃官而去,不再为官。(《韩延寿传》)

如果三个儿子缘坐于父延年的话,则不可能有辞去官职的壮举。

4. 宣帝期。卷入昌邑王事件并被处以髡钳城旦刑的王吉告诫子孙不要作为吏,其子骏因此告病辞官回故乡了。(《王吉传》)

这和前面的第三例情况一样。

5. 成帝期。官至越骑校尉的匡衡的儿子匡昌,因酒醉杀人而投狱。部下和匡昌的弟弟打算中途劫夺却失败了。(《匡衡传》)

以强夺囚人论处的匡昌之弟本身就是被没官为官奴婢的行为。另外,从传记来看,不但没有缘坐于其父丞相匡衡,而且匡昌兄弟中的一人咸,后来还位至九卿。

6. 哀帝期。颍川郡出身的极具权势的廷尉钟元之弟威私吞了千金。钟元请求当时的太守何并对其罪减刑一等,罚处为髡黥城旦。何并的回复是"罪在弟身与君律,不在于太守"。(《何并传》)

袒护弟弟的钟元自身没有成为官奴婢的危机感,从何并的言语中也察觉不到这一点。

从西汉随便选出的这六个例子中,很难确定主犯家属变为官奴婢的缘坐刑。也许这六例所涉及的家族都不属于缘坐范围,即秦律所说的同居范围之外。可是,这未免有些勉强。应该说,文帝元年废止收帑制的诏令,在西汉一代都有效,并没有改动过。果真如此,这几条说明收帑制继续存在的史料又该如何解释呢?

> 建元元年五月,赦吴楚七国帑输在官者。

《汉书·武帝纪》

这里所赦免的对象是吴楚七国之乱的关系者及其家属。如"帑"一词明确表示的那样,他们毫无疑问是被没官成为官奴婢。对此,应劭也有注曰:"吴楚七国反时,其首事者妻子没入为官奴婢"。是否可以说景帝时又恢复了收帑制呢?我认为,吴楚七国之乱关系者的没官是个特例,它与一般的缘坐制有别。众所周知,景帝初年发生的吴楚七国之乱,是分裂汉王朝的内乱,它完全超越纯粹按照刑法处理的框架,具有所谓战争的性质。平定后的叛乱分子及其家属是战败的俘虏,把他们没官为奴是理所当然的。这与一般缘坐有本质上的区别。因此,建元元年五月实行的官奴婢赦免,不能作为一般意义上收帑制恢复的依据。

> 莽以私铸钱死,及非沮宝货投四裔,犯法者多。不可胜行,乃更轻其法:私铸作泉布者,与妻子没入为官奴婢;吏及比伍,知而不举告,与同罪。

《汉书·食货志》

王莽天凤年间,为减轻对私铸货币的刑罚,有妻子没官为奴的规定。这个规定是对此前有关法令的修改,但不能因此说修改前存在有收帑制。况且这个规定也只是针对私铸钱的处罚,能否把它作为一般意义上的收帑制看待,还很值得怀疑。另外,这种明确规定"与妻子没入为官奴婢"的做法,反过来不也正好说明其他刑罚以及以前的刑罚中并不存在收帑制吗?

> 乙亥,诏自建初以来,诸妖言它过坐徙边者,各归本郡;其没

入官为奴婢者,免为庶人。

《后汉书·安帝纪》

　　这是程树德、牧野巽两人作为收帑制继续存在的根据而引用的史料之一。另外,《后汉书集解》引用的惠栋说,也根据"汉律,罪人妻子没为奴婢,黥面",把诏书中的"其没入为奴婢者"当做收帑的缘坐者来对待。那么,是不是可以把该诏书中的官奴婢当做缘坐没官的奴婢来看待呢?有关官奴婢的产生需要单独探讨,但还不是我目前力所能及的。不过可以确定的是,官奴婢未必就是缘坐者。诚然,在前面提到的王莽时期私铸钱的刑罚规定中,有主犯及家族没官为官奴婢的案例。关于私铸钱的刑罚规定在东汉何时为止有效的问题暂且不论,主犯的家属变为官奴婢的现象却不是没有。但是,不能因此说文帝元年废止的制度还有继续存在的生命力。

　　御史曰:……一室之中,父兄之际,若身体相属,一节动而知于心。故今自关内侯以下,比地于伍,居家相察,出入相司,父不教子,兄不正弟,舍是谁责乎?……文学曰:……今以子诛父,以弟诛兄,亲戚相坐,什伍相连,若引根本之及华叶,伤小指之累四体也。如此,则以有罪及诛无罪,无罪者寡矣。……自首匿相坐之法立,骨肉之恩废,而刑罪多。闻父母之于子,虽有罪犹匿之,岂不欲服罪尔。子为父隐,父为子隐,未闻父子之相坐也。闻兄弟缓追以免贼,未闻兄弟之相坐也。闻恶恶止其人,疾始而诛首恶,未闻什伍之相坐。

《盐铁论·周秦篇》

　　这是《盐铁论》中作为家族及什伍连坐内容常被引用的记载。暂且不论什伍连坐,仅从家族连坐来说,文中谈到的缘坐并非真正意义上的缘坐。御史的意见及持反对意见的文学的主张,始终是围绕"子为父隐,父为子隐"所反映的犯罪者家属隐匿犯人这一现象的是非曲直来展开的。文中用"首匿相坐之法"来表述，但并不是指"首匿及相坐的法律"。这句话应该理解为家族因隐藏犯人而被问罪的"因首匿而相坐的法律"，与本文开始引用的"收律相坐法"一样，也是一种法律。就是说，即使是相坐之法，也与首匿罪相关联。在这种情况下，家族是按共犯处理的。共犯和缘坐有质的区别，这在篇头的"确认"已有论及。可见，《盐铁论·周秦篇》中的议论是围绕"首匿相坐"进行的，并不能作为证明"收律相坐"所表述的收孥制存在的史料。

以上，对文帝元年废止的收孥制，除了王莽时期限定的罪行外，后来再未恢复这一史实进行了论证[①]。缘坐刑除了没官为官奴婢的刑罚外，在秦代与缘坐者有关的还有死刑和迁刑等。汉代又是如何呢？对此，在下一节将继续讨论。

二、汉代的族刑

（A）夷三族刑和族刑

在秦代，有处缘坐者死刑即一族皆杀的刑罚存在。第一编对秦的死

[①] 堀敏一氏批评说："富谷认为文帝时废除的缘坐刑以后再没有出现。可是如果看一看'汉律''律'的存在，可以知道其这一观点值得质疑。"（《中国古代的身分制》，103页，汲古书院，1987年）

堀氏所说的"汉律"是指《吕氏春秋》高诱注及《三国志·毛玠传》引用过的规定"坐父兄没入为奴"缘坐制法规。堀氏认为相关律令存在，收孥制也存在。事实又该如何呢？汉律中确实有收孥相坐的规定，问题是，是不是在文帝期废除后又补进了律或令中，所举史料并不能证明。如果存在于律所以继续存在的理论成立，那么废除律的诏书的存在也应该同等重要。另外，虽然高诱注，《毛玠传》记载汉律中有相坐规定，但并没有说它继续存在，也不是以继续存在为前提展开话题的。用汉律的存在来证明相坐律令的继续存在缺乏有效性。

为了问讯拘留犯人的家属，用"系"一词表达，这在西汉时期有过。平帝元始四年，颁布过废除的诏书（《汉书·平帝纪》）。但那只是为了问讯而采取的家族召唤或拘留，与缘坐属于不同性质。

刑进行考察时，已经提到了这种被称作夷三族的刑罚。汉初，夷三族刑仍继续存在，彭越、韩信等就是被处此刑。高后元年，夷三族刑被废止。有关经过在《汉书·刑法志》中记载比较详细：

> 汉兴之初，虽有约法三章，网漏吞舟之鱼，然其大辟，尚有夷三族之令。……皆先黥、劓、斩左右止、笞杀之，枭其首，菹其骨肉于市。其诽谤詈诅者，又先断舌。故谓之具五刑。彭越、韩信之属皆受此诛，至高后元年，乃除三族罪、祅言令。

在该段文字之后，就是有关文帝元年废止收帑制的记载，接着《刑法志》又以新垣平事件为例，再次论及夷三族刑：

> 其后，新垣平谋为逆，复行三族之诛。由是言之，风俗移易，人性相近而习相远，信矣。

可见，高后元年废止的夷三族刑，在不久后的文帝元年又得到了恢复。但是，从本书后面要引用的事例可以看到，夷三族刑其实在整个汉代族刑中并没有实施几次。这里有一个问题，那就是秦代施行过的夷三族刑和汉代的族刑究竟是不是同一刑罚。对此，牧野巽曾做过考证[①]，同时，我在第一编中对秦的夷三族刑也有所论及。所谓秦夷三族刑，如前面《刑法志》相关部分明确记载的那样，就是把黥、劓、斩趾等几种肉刑作为附加刑施于三族的所谓"具五刑"刑罚。这种刑罚在高后元年已经废除，以后散见于汉的族刑，该当缘坐的家族即使同样被处以死刑，在实施方法上也不同于秦夷三族刑，是汉代特有的一种刑罚。虽然"夷三族"这一术语还见于以后的史书，如武帝时，巫蛊之乱的中心人物江充在事发后被满门抄斩。《汉书·江充传》记载说，"后武帝知充有诈，夷充三族"，确有"夷三族"一语，但是否就是秦时具五刑的夷三族刑还值得怀疑。也有观点认为，这仅仅是从处三族以死刑这个意义上来使用

---

① 前引牧野书第 197 页。

"夷三族"的。① 进而言之，前举《刑法志》中记述新垣平事件的"复行三族之诛"，是否真的就是恢复了秦的夷三族刑，似乎还有讨论的余地。总之，散见于汉代的族刑和秦的夷三族刑是不同的。那么，汉代的族刑到底是什么样的刑罚，又适用于何种情况呢？对此我们将在族刑的实态中进行讨论。

（B）族刑适用的实际情况

首先，援引如下史料：

> 治燕王狱时，御史大夫桑弘羊子迁亡，过父故吏侯史吴。后迁捕得，伏法，会赦，侯史吴自出系狱，廷尉王平与少府徐仁杂治反事，皆以为桑迁坐父谋反而侯史吴臧之，非匿反者，乃匿为随者也。即以赦令除吴罪。后侍御史治实，以桑迁通经术，知父谋反而不谏争，与反者身无异，侯史吴故三百石吏，首匿迁，不与庶人匿随从者等，吴不得赦，奏请覆治，劾廷尉、少府纵反者。

《汉书·杜周传》

这是有关燕王旦谋反事件的处理记录。桑弘羊与燕王共同策划谋反，结果失败，其子迁因此被适用于缘坐刑。文中，廷尉、少府的所谓"为随者"，如孟康注"言桑迁但随坐耳"，是缘坐者的意思。这里，首先要注意的是，作为缘坐者的处罚，应该与侍御史所说以"知父谋反而不谏争"罪进行的处罚不同。后者等于谋反，也就是所谓同谋犯罪。即使当时有缘坐和同谋犯罪，也是被同等对待的。如本书开头的"确认"所述，这在汉代的缘坐制中仍然有效。

《汉书·杜周传》中虽然没有记载桑弘羊之子桑迁的结局，但根据记述同一事件的《霍光传》可知，桑弘羊一族全遭诛灭：

---

① 有关江充，《汉书·武五子传》中也有记载，相关内容是"上遂擢千秋为丞相而族灭江充家"，没有使用"夷三族"一语。

光尽诛桀、安、弘羊、外人宗族。

诛灭宗族,说明既有以同谋犯罪论处者,也有以缘坐罪论处者。桑迁的情况,如果一开始就受到处罚,那么肯定是以缘坐刑适用而被处死刑,即所谓的"族刑"。这与侍御史再审后,以共犯罪适用而被处的死刑在具体的刑罚上有何区别呢?对此,后面将进行阐明。这里要注意的是被缘坐适用时主犯所犯的罪行。在桑案中,主犯父亲桑弘羊犯的是谋反罪。

我们再看看下面几个例子:

御史大夫公孙弘,议曰:解布衣为任侠行权,以睚眦杀人……当大逆无道,遂族郭解翁伯。

《史记·游侠列传》

后岁余,禹谋反,夷宗族。

《汉书·张汤传》

为巫蛊,族灭。

《史记·卫将军骠骑列传》

坐妻为巫蛊,族。

《史记·卫将军骠骑列传》

宣下吏诋罪,以为大逆,当族,自杀。

《史记·酷吏列传》

后坐巫蛊,族。

《汉书·霍去病传》

在上述几例适用于族刑的案件中,主犯所犯罪行分别是谋反、巫蛊和大逆无道等。其中,巫蛊就是祝诅罪。谋反和祝诅均是大逆无道罪。[1]

---

[1] 关于大逆无道(又称大逆不道),请参考大庭脩:《汉律中"不道"的概念》(《秦汉法制史研究》,创文社 1982 年)。

我们从包括前面的桑弘羊案等例可知,大逆无道罪适用于族刑。吴楚七国之乱的牺牲品晁错,也是被判为大逆无道罪的。对此,丞相和廷尉等有如下劾奏文:

> 错不称陛下德信,欲疏群臣百姓,又欲以城邑予吴,亡臣子礼,大逆无道。错当腰斩,父母妻子同产无少长皆弃市。臣请论如法。
>
> 《汉书·晁错传》

这里所谓的法,是指对大逆无道罪的主犯腰斩,父母妻子兄弟弃市的规定,也就是《汉书·景帝纪》如淳注"律,大逆不道,父母妻子同产皆弃市"之律。① 这就是说,大逆无道罪适用于族刑,具体做法是主犯腰斩,缘坐者弃市。至此,族刑适用于大逆无道罪的逆命题可以成立。

汉代的死刑可以划分为腰斩和弃市两大类。如字面意义所示,腰斩即从腰部斩断的刑罚,而弃市又称斩首,是一种公开执行的砍头刑罚。腰斩刑的执行只限于大逆无道罪,这一点已经布目潮渢氏研究证明。② 从族刑的角度来说,只有主犯被处腰斩刑时,家族才适用于缘坐而被处弃市刑。对此,《史记·张释之传》中下面这段记载有明确表述。

> 其后,有人盗高庙坐前玉环,捕得……释之案律盗宗庙服御物者为奏,奏当弃市。上大怒曰:人之无道,乃盗先帝庙器!吾属廷尉者,欲致之族,而君以法奏之,非吾所以共承宗庙意也。

主犯被量刑为弃市刑时,不涉及族刑。因此,族刑如晁错案例所示,仅限于主犯被处腰斩。如果腰斩刑只限于大逆无道罪这一点可以肯定的话,那么因此可以说,族刑的适用仅限于大逆无道罪。可见,两种死刑的区别,除了罪行轻重、行刑方法不同外,还要指出的就是,腰斩适用于缘坐制,而弃市不适用。

---

① 同样律文在《汉书·孔光传》中也有引用:"光议以为:大逆无道,父母妻子同产无少长皆弃市,欲惩后犯法者也。"
② 前引布目论文第 123—132 页。

通过上面对汉代族刑实态的探讨可知，大逆无道等于腰斩与族刑的关系可以成立，而缘坐的内容是主犯腰斩，家族处刑轻一等的弃市。前面所举的有关桑弘羊的谋反事件，桑迁以共犯论处时适用于腰斩刑，而以缘坐对待时则处以弃市。

（C）族刑的范围

族刑中被处以弃市刑的家族就是前面多次提到的父母、妻子和同产。同产，西田太一郎氏引用《汉书·龚胜传》中的颜师古注解释做相对于姐妹的"兄弟"，[1] 这是不对的，应该是指拥有同一父亲的兄弟姐妹。《汉书·元后传》有"太后同产唯曼早卒"句，张晏注曰"同父则为同产，不必同母也"，我赞同这一说法。

在族刑的规定中，明确规定父母、妻子和同产处以弃市，可见族刑的适用范围不用说就是父母、妻子和同产。牧野巽氏也曾断言，缘坐者被处死刑，即所谓族刑的范围没有超出父母、妻子和同产的事例。[2] 而作为汉代族刑前身的秦夷三族刑，其缘坐范围也应该是父母、妻子、同产，即所谓的"三族"。对此，牧野和西田两人已有详论，[3] 我也表示同意。不过，这里有一个问题，在对秦的缘坐制进行考察的第一章里，我曾经指出，秦的缘坐范围是"同居"，具体地说就是登记在同一户籍上的家族。那么，在对汉的缘坐刑—族刑的范围进行探讨时，与秦制所规定范围有何联系？"父母、妻子、同产"与户籍又是何关系呢？

带着这个问题，对汉代族刑的范围做更进一步确定，应该说是很困难的。如前所述，被适用于族刑的是大逆无道罪。大逆无道罪的代表罪行是谋反罪，在《汉书》等史料中因谋反事件而全族诛灭的事例不胜枚

---

[1] 前引西田书第 185 页。
[2] 前引牧野书第 195 页。
[3] 前引西田书第 185 页及牧野书第 197—199 页。

举。可见,一族诛灭的适用范围超出了一个户籍上登记的家族。但因此说以父母、妻子、同产为框架的汉代族刑范围比秦的同居即拥有同一户籍的家族范围更为宽泛,显然有些武断。原因是,还不能明确区分在谋反事件中被诛灭的血缘者,究竟是以共犯罪论处死刑的,还是以缘坐适用被处弃市刑的。因为谋反罪具有以犯罪者的意识构成罪行的内在性质,共犯罪很容易成立,所以在被诛杀的一族中应该包括以共犯罪论处的罪犯[1]。一族与事件关联并被处死刑的现象,在史料中又称做"相坐"。究竟是缘坐还是共犯,目前还没有确切的可以加以区别的佐证。

举一个例子。身为元帝侧室的冯奉世之女得到皇帝的宠爱,而同为侧室的傅昭仪却被冷落。哀帝即位后,归权傅太后"孝元傅昭仪",她为了宣泄多年来的怨恨,陷冯太后于祝诅大逆罪。关于大逆罪,如反复陈述的那样,适用于缘坐制。《汉书·冯奉世传》在对该事件做简单叙述后,有下面这样的一段记载:

> 参以同产当相坐,谒者承制召参诣廷尉,参自杀。

参,冯奉世之子,也就是冯太后的弟弟。问题是,如果冯参被适用于缘坐制,则说明已经出嫁的姐姐缘坐弟弟。那么,汉代的缘坐范围就要比秦的"同居"大。可以肯定地说,在这一事件中,冯参对姐姐的大逆事件完全不知,仅仅因为是弟弟就成了族刑对象。《冯奉世传》中对冯参临终时遗言有如下记述:

> 且死,仰天叹曰:参父子兄弟皆备大位,身至封侯,今被恶名而死,姊弟不敢自惜,伤无以见先人于地下!

参的"被恶名"一语,似乎让人有一种参本人也被处祝诅大逆罪的感觉。由傅太后编织的这个大逆罪的网,或许是针对冯氏一族的。那样的话,就不是缘坐而成了共犯。其实,同样的事件在《汉书·哀帝纪》

---

[1] 关于谋反罪的性质,请参考拙著《谋反——秦汉刑罚思想的展开》(《东洋史研究》42—1,1983年)。

中也有记载,它使作为共犯的冯参的立场更加明显。

> 冬,中山孝王太后媛,弟宜乡侯冯参有罪,皆自杀。
>
> 《汉书·哀帝纪》

汉代族刑的范围是否真的比秦代拥有同一户籍的家族大,要想从史料的角度进行论证,只会得到像冯参案这样缺乏决定性意义的证据而让人遗憾。其原因之一是,在汉代,缘坐制只被适用于大逆无道罪,而以谋反为首的大逆罪具有容易把主犯的周边作为共犯卷入的性格。

这显然不利于问题本身的解决。不过,既然我在第一章中对秦的缘坐范围用了很大篇幅,这里对汉代的有关情况也有必要做进一步的解释。如果先下结论,我认为,汉代族刑的范围与秦缘坐的范围在原则上没有区别。虽然父母、妻子、同产是所谓的三族,但是以被登记在同一户籍上为前提的。虽然还没有明确的作为论据的事例,但从前面列举的冯参例可知,能证明汉代族刑范围比秦施行的缘坐的范围大的事例也没有。这是理由之一。

下面想举两个可能对我的推测仅仅在方向性上有利的事例:

其一是发生在成帝末年的佞幸淳于长的大逆事件。其缘坐制适用的情形大致如下:

> 时定陵侯淳于长坐大逆诛,长小妻乃始等六人皆以长事未发觉时弃去,或更嫁。及长事发,丞相方进、大司空武议,以为:令,犯法者各以法时律令论之,明有所讫也。长犯大逆时,乃始等见为长妻,已有当坐之罪,与身犯法无异。后乃弃去,于法无以解,请论。光议以为:大逆无道,父母妻子同产无少长皆弃市,欲惩后犯法者也。夫妇之道,有义则合,无义则离。长未自知当坐大逆之法,而弃去乃始等,或更嫁,义已绝,而欲以为长妻论杀之,名不正,不当坐。有诏光议是。
>
> 《汉书·孔光传》

在这段记载中，翟方进的"犯法者各以法时律令论之"一语，对了解当时刑事诉讼原则很有启发意义。这一点，我们暂且不论。这里仅限于缘坐刑的适用而言，两种对立主张的分歧点是婚姻关系维持到何时为止的问题。主张缘坐刑适用的翟方进认为，犯罪时婚姻关系事实上仍继续存在。反过来说，离婚者不作为缘坐对象的观点，不只是孔光也是翟方进主张的前提。婚姻关系的解除，按法律程序来说，就是取消户籍。可见，这是在同一户籍上登记过的人是缘坐对象的一个反证。另外，对孔光的主张，即"长未自知当坐大逆之法，而弃去乃始等，或更嫁，义已绝"一句，如果允许臆测的话，可以理解为是知道要坐大逆罪而离婚的案例。具有讽刺意味的是，翟方进之子翟义的谋反事件，正好也是作为我以上推测的旁证而援引的案例。

> 始，义兄宣居长安，先义未发……谓后母曰：东郡太守文仲素俶傥，今数有恶怪，恐有妄为而大祸至也。大夫人可归，为弃去宣家者以避害。母不肯去，后数月败。

《汉书·翟方进传》

该案例同时也表明，离异可以免除族刑适用。在以上两例中，妻或者后母的户籍一旦取消，就是离异，但不能用同样的方法来讨论兄弟关系在户籍分离时的问题，充其量只能算作是对我的汉代族刑范围同样是同一户籍家族这一推测的稍稍补充。①

关于汉代族刑适用的范围，如上所述，我认为汉代沿袭了秦的做法，是以户籍上登记的家族为适用对象的。但是，是不是可以说到东汉末为止没有任何变化呢？不是。众所周知，在唐律中，亲族与刑罚关连，而区分亲族亲疏的丧服制是刑罚量定的基准，适用范围也因此来确定。

---

① 《晋书·刑法志》记载，魏的法律中有大逆罪的缘坐波及出嫁女的规定。另外在讨论废除时，程咸认为秦汉时期也存在过。不过，秦汉时期是否有不能证实；假设这一规定沿袭于汉律，是不是从西汉初起就有也不能确定。关于东汉后期到魏法律变迁的问题容待后考。

有关丧服制与刑罚之间关系确立的明确记载,见于晋泰始三年(267年)成立的晋泰始律。

峻礼教之防,准五服以制罪也。

《晋书·刑法志》

毫无疑问,有关规定是在晋律中得到确立的。但是,服制与刑罚的结合,可以说在三国时期甚至东汉末期就已经开始了。缘坐刑适用的范围,从户籍向服制的转化,应该是一个渐进过程。

这具体表现在禁锢刑方面。例如,在章帝元和元年(84年)废除妖言禁锢的诏书中就有如下条文:

往者妖言大狱,所及广远,一人犯罪,禁至三属。

《后汉书·章帝纪》

这里的"三属",注释做父属、母属、妻属解。在这段文字前面,诏书还引用了《书经·康诰》中的"父不慈,子不祗,兄不友,弟不恭,不相及"部分。从引用的这部分文字来看,"三属"应该是指父母、妻子和兄弟。不管怎么说,可以肯定的是,当时服制还没有起到区别亲属亲疏的作用。

但百年之后,在愈演愈烈的党锢之狱中,禁锢刑的适用出现了服制的参与。

熹平五年,免官禁锢,爰及五属。

《后汉书·党锢传》

大赦天下,诸党人禁锢小功以下皆除之。

《后汉书·灵帝纪》

这虽然是关于禁锢刑适用的案例,但在缘坐刑的适用方面,服制的观念也产生了影响。

《魏书》卷二三《常林传》引《魏略》说,钟繇认为建安二三年(217年)因同族人物吉本的事件而遭缘坐的吉茂无罪。有关记载如下:

> 会钟相国证,茂、本服第已绝,故得不坐。

这里明确说明缘坐范围以服制为标准。

一般认为,族刑的适用范围有父母、妻子和兄弟说(张晏说)和父族、母族和妻族说(如淳说)这两种观点。[①] 实际适用的范围,如本编已阐明的那样,是父母、妻子和兄弟。如淳说是非现实的,是经学上九族观念的一种反映。在现实刑法上相关解释混入的背景下,如淳的时代也就是三国魏时,族刑的适用范围由从前的以户籍为主体,开始向丧服转移,适用范围发生了变化。

如果族刑的适用范围由户籍向丧服发生变化的推测成立,那么导致这种变化的原因是什么呢? 这自然就成了接下来要探讨的问题。

对我来说,现阶段还不能用合理的理论和有力的史料来进行实证性的说明。不过,大致可以推测,东汉后半期家族构成的变化、累世同居、兄弟同居与户籍的关系以及礼教思想主义等等,都应该是刑罚和亲族关系发生变化的要因。因此,也就经常发生党锢之狱中的所谓禁锢刑的刑罚。禁锢刑与缘坐刑一样,其共同特征是适用对象不只是主犯一人,还波及家族及亲族。但不同之处是,缘坐对女性和孩子适用,具有刑罚的意义和效果。相反,禁锢刑的适用对象并不与某种亲族有直接关联,是适用于官吏,或者是具备官吏条件的成年男子的刑罚。因此,在亲族的适用范围上,禁锢刑需要与缘坐刑不同的标准,以新的服制为基准的刑罚适用很可能就是在这种情况下被导入的。

前面,对相关问题做了说明。但由于缺乏家族构成变化与户籍关系的实证资料,有关问题还有待后考。

以上,对族刑的适用原则及其范围进行了探讨。在收帑制被废除的汉代,缘坐是以族刑为中心的,这也是本编用大量篇幅对族刑进行讨论的原因。

[①] 前引牧野书第 197 页及西田书第 185 页。

秦的缘坐刑有"收"、"夷三族"和以"包"来表示的流刑。作为讨论汉代缘坐制的最后一个章节，拟对迁刑及其与族刑的关系进行若干方面的讨论。

三、汉的迁刑
——与族刑的关系

根据秦简，秦的刑罚中有迁刑，其缘坐是用"包"来表现的。对此，本编第一章已经有了论述。在汉初，虽然有作为死刑特赦的代替刑及把无罪的一般庶民强制移住边境的事例发生，但却没有作为正刑而移徙边境的迁刑。直到西汉后半期的元、成之时，迁刑才被正式纳入刑罚体系。对此，大庭脩已有论述。[①] 既然迁刑在汉初不是正刑，缘坐刑中也就不会有迁刑。到了西汉后期，随着迁刑的恢复，作为缘坐刑的迁刑也开始在史料中散见。一般是以犯大逆无道罪者的家族被徙南方边郡的形式出现的。

根据大庭脩的考证，按照正刑实行的迁刑可以分为两种：一种是流放南方边郡（合浦）的"徙远郡刑"，另一种是流放北方边郡的"徙边刑"。前者的适用对象是犯大逆无道罪者的妻妾子女。对大庭氏的这个通过对《汉书》中散见的事例进行逐一探讨后得出的结论，我毫无异议。问题是，对于大逆无道刑的缘坐刑，如前面已经反复论述的那样，主犯腰斩，缘坐者弃市，而徙迁刑的出现，反而使应该被处以弃市刑的家族减刑为迁刑了。对此该做何解释呢？对于这种变化，大庭脩认为，从元帝到成帝，随着死刑的减少，大逆无道的缘坐刑以迁刑替代了弃市成了一般现象。对此，我有不同看法。

[①] 大庭脩：《汉的徙迁刑》（前引《秦汉法制史研究》）。以下本文所引大庭氏的观点皆依此论考。

大庭脩关于大逆无道罪的缘坐被流放远郡的事例,都是从《汉书》、《后汉书》中收集来的。这里以西汉时期为限,把他所引用的事例转录如下:

(一)廷尉致其大逆罪……章死狱中,妻子徙合浦。

《汉书·元后传》

(二)会北地浩商为义渠长所捕,亡……商兄弟会宾客,自称司隶掾、长安县尉,杀义渠长妻子六人,亡……会浩商捕得伏诛,家属徙合浦。

《汉书·翟方进传》

(三)罪至大逆,死狱中,妻子当坐者徙合浦,母若归故郡。

《汉书·淳于长传》

(四)即日贤与妻皆自杀……父恭、弟宽信与家属徙合浦,母别归故郡钜鹿。

《汉书·佞幸传》

(五)平帝即位,王莽用事,免傅氏官爵归故郡,晏将妻子徙合浦。

《汉书·傅喜传》

(六)人有上书言躬怀怨恨,非笑朝廷所进,候星宿,视天子吉凶,与巫同祝诅。上迁侍御史、廷尉监逮躬,系雒阳诏狱。欲掠问……食顷,死……躬母圣,坐祠灶祝诅上,大逆不道。圣弃市,妻充汉与家属徙合浦。躬同族亲属素所厚者,皆免,废锢。

《汉书·息夫躬传》

以上六例均是家族流放合浦的徙迁刑。严格地说,其中的(二)、(四)例并不是以大逆无道的缘坐刑执行的。例(二)虽然记载说浩商的家族被流放合浦,但并不是因为缘坐于浩商所犯罪行,而是因为企图夺回浩商而大量杀人的商之兄弟的关系。家属是否与其兄弟们的犯罪行为有关联,并不能从史料方面得到确定。同时,商本人犯了何种罪行也不清楚。但有一点很明确，那就是和其他的主犯犯有大逆罪的家族不同。例（四）中，董贤的父亲恭、弟弟宽信及其家属流放合浦也与董贤所犯罪行没有直接关系，而是因为恭、宽本身就犯了罪。在例（四）省略的部分中，还有王莽列举恭等罪状的记载：

> 贤自杀伏辜，死后父恭等不悔过，乃复以沙画棺四时之色，左苍龙，右白虎，上著金银日月，玉衣珠璧以棺，至尊无以加。恭等幸得免于诛，不宜在中土。
>
> 《汉书·佞幸传》

董贤家人是因为厚葬董贤过度而被流放的，他们所适用的徙迁刑不是缘坐刑，而是正刑。另外，关于例（五），虽然没有明确记载傅晏的罪状，但在《汉书·外戚恩泽侯表》中有如下记载：

> 元寿二年，坐乱妻妾位免，徙合浦。

主犯被处迁刑的结果是，家族也被同迁合浦（因此例（五）的"将妻子徙合浦"与其它事例的记述还有所区别），这与现在所探讨的本来要被处弃市刑的缘坐者被处做徙迁的情况有所不同。所以，这里需要讨论的只有（一）、（三）、（六）三例。

三例中的主犯王章、淳于长和息夫躬都是因犯大逆不道罪而死。已经反复强调指出过，汉律规定，对于大逆不道罪，主犯腰斩，缘坐者弃市。但这里缘坐者均减为流刑。这难道真的是大庭氏所说的大逆不道罪的缘坐者已不做弃市处理了吗？前面，在探讨族刑范围的时候，曾经引用过的淳于长大逆事件和翟义谋反事件，虽然都是成帝以后的事情，但缘坐者被处弃市的律令仍然存在，[①] 缘坐者实际上也是被处以死刑的。

---

① 在上引《汉书·孔光传》中没有引全的孔光的主张如下：光议以为：大逆无道，父母妻子同产无少长皆弃市，欲惩后犯法者也。夫妇之道，有义则合，无义则离。长未自知当坐大逆之法，而弃去乃始等，或更嫁，义已绝，而欲以为长妻论杀之，名不正，不当坐。（《汉书·孔光传》）

另外，在东汉时期，也有主犯腰斩，缘坐者弃市的事例。① 我认为解释这一现象的关键是，（一）（三）（六）中有主犯均属狱死的事实。在汉代，"狱"虽有如"淮南之狱"这样表示裁判的意思，也有表示收容未决囚徒场所的意思。例（一）的王章和例（三）的淳于长为"死狱中"，例（六）的息夫躬在《汉书·恩泽表》做"下狱死"。这种表达方式是"裁判结果为死刑"吗？我认为不是。关于例（一）的王章，《汉书·王章传》有他在被系廷尉狱后临死的相关记载：

> 果下廷尉狱，妻子皆收系。章小女，年可十二，夜起号哭曰：平生狱上呼囚数常至九，今八而止。我君素刚，先死者必君。明日问之，章果死。

很显然，王章是死在狱中的。再来看看在洛阳的诏狱中做"下狱死"的息夫躬。关于他死于调查取证过程中的记述也很清楚：

> 欲掠问，躬仰天大謼，因僵仆。吏就问，云咽已绝，血从鼻耳出。食顷，死。

《汉书·息夫躬传》

从以上二例可知，所谓死狱中，就是在死刑执行以前的调查取证阶段嫌疑犯死亡的意思。也许会有在狱中执行死刑的观点，不过这与当时包括腰斩在内的死刑公开处刑的事实相矛盾。缘坐者由弃市向徙迁做减刑处理的（一）（三）（六）例有一个共同之处，那就是主犯都是在执行腰斩刑以前的取证调查阶段死亡。大庭氏所举东汉时期的有关事例也大致与此相符②。因此我认为，大逆不道罪的缘坐者被处迁刑，是主犯在判决前死亡所采取的一种措施。元、成时期，确实对刑罚特别是死刑采用了缓和政策，缘坐者由弃市向迁刑的减刑就是其中一环。不过，这种

---

① 《后汉书·班超传》："永建五年，（班始）遂拔刃杀主，帝大怒，腰斩始，同产皆弃市。"
② 请参考前引大庭书第183页表。

减刑是以主犯在判决前死亡为前提的。以上,通过判决前被告人的死亡与缘坐的关系,对汉元帝以后的相关措施进行了论述,这也是第一章第二节(C)所探讨秦的缘坐刑免除时留下的一个问题。如已指出的那样,在秦代裁判前嫌疑犯死亡时不做判决,缘坐也因此不被适用。下面拟就汉代裁判前的族刑适用再做一些探讨。

从结论看,我认为对裁判前缘坐刑免除方面的规定,汉代和秦基本上没有什么区别。秦对缘坐的免除至少有三种情况,即诬告罪、缘坐者的举报告诉及主犯裁判前的死亡。在汉代,诬告罪不做缘坐刑适用对待,《晋书·刑法志》中的有关记载可以说明这一点。

三国曹魏一改汉律,在新律中增加了缘坐诬告的新规定。

> 囚徒诬告人反,罪及亲属,异于善人,所以累之使省刑息诬也。
>
> 《晋书·刑法志》

从这一史料中,我们可以引申出以下两个事实:一个是当时对囚徒诬告缘坐的新规定,正好说明以前汉律中没有这样的规定;另一个是,在魏律中一般的良民(善人)即使犯有诬告罪,也不做缘坐适用处理。就是说,汉律中囚徒的诬告与一般良民一样,不做缘坐适用处理。可见,汉代与秦一样,对诬告罪的缘坐进行免除。[①]

其它两种情况,不论是缘坐者的举报告诉,还是主犯裁判前的死亡,在汉代应该说都是作为免除对象处理的。《史记》中有关衡山王赐谋反事件的原委,正好可以说明这一问题。

---

① 我曾在拙著《连坐制及其周边》(《战国时期出土文物的研究》,京都大学人文科学研究所,1985)说,不能肯定诬告罪是否受缘坐刑的适用。后来,堀毅氏对拙著写过书评(《法制史研究》36,1986)。根据堀氏的指点,在此做一修改。《晋书·刑法志》的原文"囚徒诬告人反罪及亲属"有"囚徒诬告人反,罪及亲属"及"囚徒诬告人,反罪及亲属"两种读法。不过,不管怎么读,汉代的诬告反坐都是沿袭于秦,汉代适用于缘坐刑的犯罪限于相当于腰斩刑的大逆无道罪,而谋反罪正是这种大逆罪。因此,这就意味着不管怎么断句,都是"囚人诬告大逆罪时,作为诬告反坐适用于缘坐刑,它和一般人大逆无道罪的诬告不同"的意思。

衡山王赐有王后乘舒，太子爽、次男孝和次女无采三子。王后乘舒死后，侧室徐来为王后。元狩元年，衡山王和淮南王安谋反之事被发觉，原因是事先与父亲及弟弟孝关系不合的太子爽的告发。衡山王的共犯，有次男孝和宾客陈喜。孝利用汉律"先自告除其罪"的规定自首免刑，衡山王在裁判前自杀。

> 公卿请遣宗正，大行与沛郡杂治王。王闻，即自杀。孝先自告反，除其罪；坐与王御婢奸，弃市。王后徐来亦坐蛊杀前王后乘舒，及太子爽坐告王父不孝，皆弃市。诸坐与衡山王谋反者皆诛。

图谋反叛的衡山王赐一族，虽然结果都是被处死刑，但徐来、孝和爽的弃市刑都不是缘坐刑，而是由于各自的其它罪行造成的。也就是说，其家族没有被缘坐适用，原因不用说是主犯在裁判前的死亡。单从次子孝来说，他是共犯者，谋反罪之所以被免除，是因为汉律有"先自告者除其罪"的规定。主犯通过自首可以被免除自身刑罚，那么缘坐者也应如此。可见，秦律中有关缘坐的免除规定，原则上在汉律中也得到了继承。

在文章最后，我还拟就因裁判前主犯的死亡而采取的缘坐刑免除所引发的社会现象进行推论。

裁判前嫌疑犯死亡的死因之一是前述衡山王赐采取的所谓自杀。关于汉代官僚的自杀，镰田重雄已有专论，① 他认为汉代有罪大官的自杀是一种强制性自杀行为，是不给大官施加刑辱的伦理性措施。从自杀的背景看，确实有镰田氏所说的因素存在，这里没有全盘否定的意思。但《汉书》有以下数例：

> （咸）宣，下吏，为大逆当族，自杀。
>
> 《汉书·酷吏传》

---

① 镰田重雄：《汉代官僚的自杀》（《秦汉政治制度的研究》，日本学术振兴会，1962年）。

老房曹，为事当族，欲自杀。

《汉书·武五子传》

（江都易王建）遂谋反逆，所行无道……廷尉即问建，建自杀。

《汉书·景十三王传》

从以上数例大逆不道罪犯罪者的自杀来看，似乎还有别的意思在里面。对自杀的其它因素，我欲做如下推测：一旦被问大逆不道罪，势必伴随有族刑，但如果主犯在裁判前死亡，裁判无效，族刑也就不被适用。因此可以说，也有为了免除族刑在裁判前自杀的情况。关于吴楚七国之乱时济北王的自杀，《汉书·邹阳传》有如下记载：

汉即破吴，齐王自杀，不得立嗣。济北王亦欲自杀，幸全其妻子。

小　　结

本编第一章对秦连坐制的实态、第二章对汉代的相关变迁进行了探讨。为了避免重复，这里不再赘述。不过，根据汉代缘坐制的变迁，作为第一章末尾表的补充，再做表3.2如下：

表3.2　秦汉缘坐制变迁

秦的缘坐刑		在汉代的变化	秦汉适用的范围
主犯的刑罚	缘坐者所受刑		同居（登记在同一户籍上的家族）
迁刑	包（与主犯同处流刑）	废止（但是在汉末，曾作为主犯死亡时族刑的减刑手段而恢复）	
劳役刑弃市	收（作为官奴婢没官）	文帝元年废除	
腰斩	夷三族刑	族（缘坐者弃市），适用于大逆无道罪	

可以说，本编所涉及的内容的主要部分在表中都得到了反映。虽然费了不少纸墨，但仍有许多值得探讨的问题。

例如，第一章最初对邻保组织的连坐进行了探讨，但在以汉代为对象的第二章却仅限于缘坐制，对什伍连坐并没有涉及。不过，我推测什伍制在汉代仍继续存在。如果推测成立，则作为制定这一制度主要目的的连带责任制也自然存在，其内容也应与秦无多大变化。因此，在以缘坐的废止和变迁为重点的本编第二章中，没有作为考察对象。当然，对汉代什伍连坐还有重新考察的必要。

另外，本书对作为缘坐制一种的迁刑，仅从其与收帑制、族刑的关系方面做了些探讨，对迁刑本身并没有从正面进行考察。对贯穿秦汉的迁刑问题，从正刑和缘坐刑的角度都有考察的必要。

还有，本编的目的既然是对连坐制的实态的探讨，那么对适用的程序、实施办法及其免除等相关问题都不得不进行论述。在这种情况下，对当时一般诉讼法体系的理解也是不可欠缺的，这也是利用秦律确定缘坐范围时首先要明确的问题。对此，过去我曾有所论及[1]。总之，本编对诉讼程序和裁判过程的讨论还很不充分，有待今后加以解决。

---

[1] 《史学杂志》92-5，《回顾与展望·战国秦汉》。

第四编

秦汉二十等爵制与刑罚的减免

爵：一级曰公士，二上造，三簪袅，四不更，五大夫，六官大夫，七公大夫，八公乘，九五大夫，十左庶长，十一右庶长，十二左更，十三中更，十四右更，十五少上造，十六大上造，十七驷车庶长，十八大庶长，十九关内侯，二十彻侯。

《汉书·百官公卿表》中记载的由二十个等级构成的汉代爵制，从《公卿表》的"秦制"来看，是对秦制度的继承，其渊源可以追溯到战国时代的商鞅变法。从商鞅的爵制到秦代制度，再到汉代的二十等爵制的过程中，爵名有变化，赐爵的对象也由有军功者转向一般庶民，同时还出现买爵现象。

关于秦汉爵制体系的研究，以镰田重雄的《西汉爵制》（《史潮》8—1，1938）和栗原朋信的《关于西汉时代的官民爵》（《史观》22、23合并号，26、27合并号，1940、1941）为代表，可谓硕果累累。

其中，西嶋定生1960年出版的《中国古代帝国的形成和构造——二十等爵制的研究》一书，一如其名，通过对汉代二十等爵制的分析，探讨了皇帝支配的方式和汉帝国统治的结构。日本后来对汉代史的研究，基本上都是围绕西嶋氏的这一成果展开的，对此已毋庸赘言。

在关于秦汉二十等爵制的诸研究中，诸家共同指出、几乎成为定论的一个事实是：有爵者被赋予了刑罚减免的特权。其中，西嶋氏就有这样的断言："很明显，在汉代作为有爵者的特权，刑罚减免的措施得到了实施"（西嶋，334页），"刑罚减免的特权是爵制的内在本质性功能"（同，335页）同时，他还从这一爵制论引伸出礼与刑的背反关系，并认为论述乡里社会秩序的形成及皇帝权力等问题的最初出发点，就是爵位的刑罚减免问题。不过，与西嶋氏的爵制论持不同意见的籾山氏，却从

"爵究竟为何可以减免刑罚"的疑问开始展开了他的反论。①

所谓有爵者的刑罚减免,就像"有爵者被理所当然的赋予"所表述的那样,可以进一步解释为"如果拥有一定爵位,原则上享受特别的司法和行政特权,即使没有以诏书为代表的上级指示,有爵者具有可以主动要求减免刑罚的权利"。就我个人的理解,诸说至少也是沿着这一方向展开的。

果真如此吗?在汉代或者秦代,有爵者真的被保证有通过削爵的方式减刑或免刑的权利吗?刑罚的减免真的是二十等爵制的本质性功能吗?假设刑罚可以被减免,那么所有刑罚都是减免对象吗?对二十等爵与刑罚,我有以上几个疑点。

本编的目的是想通过这种自问自答的方式,对秦汉二十等爵制与刑罚的关系进行探讨。

---

① 籾山明:《爵制论的再探讨》(《为了新历史学》178,1985年);同《皇帝支配的原像:以民爵赐与为线索》(《王权的位相》,弘文堂,1991年)。

第一章　史料中所见爵的刑罚减免

作为表示汉代二十等爵刑罚减免功能的史料，至今为止，诸家所引的有以下几条。出于讨论的需要，这里就把所有的史料都引述出来。

1.《汉旧仪》

《汉旧仪》中，有记载汉爵沿袭秦制的条文：

> 汉承秦爵二十等，以赐天下。爵者，禄位也。

其后紧接着就列举由公士到列侯的二十爵，并加入刑罚的内容进行展开。

> 秦制二十爵，男子赐爵一级以上，有罪以减，年五十六免。无爵士伍，年六十乃免者，有罪，各尽其刑。

这条普通庶民男子（据西嶋氏，虽然最低年龄不是很清楚，但十四岁以下的小男也包含其中①）拥有一级以上爵者犯罪可以减刑的规定，不用说是关于有爵者刑减免的规定。规定虽属"秦制"，但因为开头有"汉承秦爵二十等"的表述，一般认为在汉代也无变化。

2.《汉书·惠帝纪》

高帝十二年（前195年）四月，高帝崩。第二年五月，惠帝即位。即位之初，惠帝实施了赐与爵位、授予官位及免除租税等一系列举措，同时对刑罚的减免也采取了一些措施。

> 赐民爵一级，中郎、郎中满六岁爵三级，四岁二级。外郎满六

---

① 前引西嶋定生：《中国古代帝国的形成与构造》第二章第三节，《民爵赐与的对象》。

岁二级。中郎不满一岁一级。外郎不满二岁赐钱万。宦官尚食比郎中。谒者、执楯、执戟、武士、驺比外郎。太子御骖乘赐爵五大夫，舍人满五岁二级。赐给丧事者、二千石钱二万，六百石以上万，五百石、二百石以下至佐史五千。视作斥上者，将军四十金，二千石二十金，六百石以上六金，五百石以下至佐史二金。减田租，复十五税一。爵五大夫、吏六百石以上及宦皇帝而知名者有罪当盗械者，皆颂系。上造以上及内外公孙耳孙有罪当刑及当为城旦舂者，皆耐为鬼薪白粲。民年七十以上若不满十岁有罪当刑者，皆完之。

"上造以上及内外公孙耳孙有罪当刑及当为城旦舂者，皆耐为鬼薪白粲"，就是所谓对上造以上有爵者的刑减免。

3.《汉书·景帝纪》

针对景帝元年颁发的关于与官吏职务权限相关的贿赂问题的诏书，廷尉和丞相有下面这样的奏疏：

> 吏及诸有秩受其官属所监、所治、所行、所将，其与饮食计偿费，勿论。它物，若买故贱，卖故贵，皆坐赃为盗，没入赃县官。吏迁徙免罢，受其故官属所将监治送财物，夺爵为士伍，免之。无爵，罚金二斤，令没入所受，有能捕告畀其所受赃。

对官吏利用职务收取贿赂的处罚是，剥夺爵位使其成为士伍，并免其官职，无爵者则罚金二斤。由此可见，有爵者和无爵者在刑罚适用上是不同的。

4.《汉书·食货志》

> 令民入粟受爵至五大夫以上，乃复一人耳，此其与骑马之功相去远矣。爵者，上之所擅，出于口而无穷；粟者，民之所种，生于地而不乏。夫得高爵与免罪，人之所甚欲也。使天下〔人〕入粟于边，以受爵免罪，不过三岁，塞下之粟必多矣。于是文帝从错之言，令民入粟边，六百石爵上造，稍增至四千石为五大夫，万二千石为大

庶长，各以多少级数为差。

这是文帝时期，由晁错建议的作为边防防卫一环的纳粟授爵案。其中也有关于刑罚减免的内容：

> 夫得高爵与免罪，人之所甚欲也。使天下〔人〕入粟于边，以受爵免罪，不过三岁，塞下之粟必多矣。

5.《史记·冯唐列传》

文帝时期，身为中郎署长（《汉书》作"郎中署长"）的冯唐，在针对皇帝下问所做的上奏文中，有为云中太守魏尚辩护的内容：

> 臣愚，以为陛下法太明，赏太轻，罚太重。且云中守魏尚坐上功首虏差六级，陛下下之吏，削其爵，罚作之。

从这一记事可知，云中太守魏尚不仅被削去了爵位，并被处以劳役刑。

6.《汉书·薛宣传》

哀帝即位之初，发生了丞相薛宣之子薛况事件。在围绕处罚进行的争议中，廷尉主张削爵。他认为：

> （杨）明当以贼伤人不直，况与谋者皆爵减完为城旦。

关于该事件的论断，后面将进行详述。

以上所举六例中，《汉旧仪》是东汉卫宏对秦以及汉代制度的解释，与作为诏书或上奏文的其它五例稍微有些区别。因此，对《汉旧仪》有重新讨论的必要。下面，我们再来看看《汉书·惠帝纪》例。

《惠帝纪》中记载的内容是关于惠帝即位之初对庶民与官吏进行的几项恩赐：民各赐一级爵；以中郎为首的郎官根据在职年数赐与相应的爵位；给参加丧仪的二千石以下官吏钱；给与陵墓埋葬有关系的将军以下、二千石、六百石到佐史等各级官吏金；减免田租；以及作为刑罚减免的一个环节，对有五大夫以上爵位者实施收监时免除桎梏，等等。

如"给丧事者"、"视作斥上"等语所示，这次恩赐的背景是高祖的驾崩。可见，包括刑罚减免在内的各项措施决不是经常性的，而仅仅是一种临时性的恩典。不能因此解释说，上造以上有爵者的减刑是常制，或者此后变成了常制。可见，该史料也不可能成为有爵者持有刑罚减免特权的佐证。

　　景帝元年七月的诏书（例3），是对接受行政管辖权限以内属员饮食接待的官吏进行严惩，对接受贿赂并进行转卖以谋求暴利的则从轻处置这种刑罚不均衡性进行改革的议案。其中，作为处罚的一种而提出的夺爵，即剥夺有爵者的爵位，使其变为士伍，难道就是所谓"民爵所有者的特权"（西嶋，231页）、"有爵者的减刑特权"（同，334页）吗？首先必须指出的是，"夺爵为士伍，免之"中所谓的夺爵与免官仅限于官吏，是属于以行为者具有一定身份——这里指官吏——为条件的"身份犯"范畴，并没有考虑汉代作为赐爵对象的广大庶民。况且，这里的夺爵，并不是本来已经被处其它刑罚，通过夺爵避免刑罚的意思，毋宁说是一种近似正刑的举措。因为属于侵犯了官吏这种身份理应具备的东西而需要受到谴责的行为，所以要剥夺拥有这种身份者的爵位和官职，无爵者则以金钱代之。其目的主要是剥夺爵位，与有爵者的刑罚减免特权问题有质的区别。

　　与例3条文具有相同属性的是例5云中太守魏尚案。

　　把魏尚被削爵并处一年刑期的"罚作刑"解释为减刑是否正确呢？魏尚遭受谴责的是对获得首级数量的错误申报。本来，爵位就是根据所获首级数量赐与的。魏尚被剥夺了因虚报所得的爵位，同时被处劳役刑罚，这不是通过削爵来达到向"罚作刑"减刑的目的，而是对误赐爵位的讨还与没收，外加一定劳役刑罢了。另外，冯唐的上奏是在文帝十四年（前166年），文中提到的云中太守魏尚削爵一事已属往事，至少是文帝十四年以前的事情。在提出上奏文的一年以前，实施了以废除肉刑为主要目的的刑法改革，罚作刑正好也是在这个时候被纳入了刑罚体系。

因此，魏尚被处的罚作是否就是改革制定的刑期不满一年的劳役刑名，还很微妙。或许可以做这样的解释，即"剥夺所赐爵位，并处以居作（劳役）作为惩罚"。总之，例5作为有爵者刑罚减免的证明也不合适。

例4即《食货志》所见晁错上奏文，记述的是有关爵位也就是所谓的买爵规定。纳粟以换取爵位，再用换取的爵位来减免刑罚。这里，爵位确实有刑罚减免方面的功能，但是否因此可以说它就是"有爵者被理所当然赋予的特权"、"爵的本质性功能"的事例呢？对此，我还是有所怀疑。用拥有的赐爵数争取刑罚的免除，实际上就是一种赎刑。除了晁错以外，与赎刑和买爵相关的还有《汉书·惠帝纪》"民有爵三十级以免死罪"及《汉书·成帝纪》"令吏民得买爵，贾级千钱"等不同时期颁布的诏令。由此可见，它只是一种临时性的举措。况且，赎刑所需爵数以及取得爵位必须付出的代价，与有爵者依靠赐与可以拥有的爵数以及赐与本身所具有的相对价值之间，在质与量方面都有很大差别。这里的爵，已经不是广泛意义上对民众的赐爵，而是用金钱换取的"票据"，它与作为有爵者刑罚减免权的爵不可等同视之。

最后，还剩下一个例6，即《汉书·薛宣传》的记事。对此，有必要叙述一下事件的经由。

西汉哀帝之初，博士申咸诽谤丞相薛宣，目的是将其挤出朝廷。听说此事后，宣之子薛况收买食客杨明等人加害于申，以图反击。这时，突然出现了提升申咸以补司隶校尉员缺的可能性，薛况因惧怕而匆忙将计划付诸于实施，让杨明等人在宫门外袭伤了申咸。

这就是事件的大概情况。在对这一事件的论断上，御史中丞和廷尉之间发生了意见分歧。御史中丞认为，在宫门外公众面前的加害行为属大不敬罪，首谋者况和实行者明均应处以弃市刑。

《春秋》之义，意恶功遂，不免于诛，上浸之源不可长也。况首为恶，明手伤，功意俱恶，皆大不敬。明当以重论，及况皆弃市。

对此,廷尉的反论部分就是前面已经介绍过的例 6 的内容。

　　律曰:斗以刃伤人,完为城旦,其贼加罪一等,与谋者同罪。……《春秋》之义,原心定罪。原况以父见谤发忿怒,无它大恶。加诋欺,辑小过成大辟,陷死刑,违明诏,恐非法意,不可施行。圣王不以怒增刑。明当以贼伤人不直,况与谋者皆爵减完为城旦。

　　"皆爵减完为城旦"——食客杨明在宫门外砍申咸鼻唇,并伤及身体,是所谓的贼伤。根据汉律规定,应该论处比完城旦刑重一等的髡钳城旦刑。但经过廷尉的论辩,杨明、薛况均被处了减刑一等的完城旦。

　　问题是,这个减刑是不是行使有爵者削爵减刑特权的结果呢?对杨明、薛况减刑的相关解释,我持有异议。

　　作为有爵者特权的刑罚减免,如已经明确的那样,是指"如果拥有一定爵位,原则上享受特别的司法和行政措施,即使没有以诏书为代表的上级指示,有爵者具有可以主动要求减免刑罚的权利"。如果果真是这样,为何这里的爵减措施还需要廷尉的建议呢?如果是作为被赋予的特权,就不应该是来自廷尉的建议,而应该是被刑者自身原本就有的一种特权。

　　对此,也许会有这样的反论:诚然,权利是由被刑者行使,但仍需要廷尉的代言。既然这样,前面的御史在论辩时为何没有提到爵减呢?

　　换一个角度来看,如果是薛况和杨明放弃自己的爵位求得髡钳向完城旦的减刑,那么,至少应该以两人放弃的爵数相等为前提。[①] 但很难看出廷尉是在这样一个前提下提出"皆爵减为完城旦"的。通过廷尉提议的爵减,以及由此可见的两人本来拥有的爵数没有差别等可知,通过

---

　　① 当时,薛况官就比四百石的右曹侍郎。一般来说,爵与官职之间没有关联,但作为大致标准,第九级五大夫以上的爵从秩六百石赐与官职,所以一般庶民得不到五大夫以上爵。官爵与民爵有区别。从史料看,食客杨明没有官位,两者所拥有的爵位属同一级别的可能性不是没有,但却极低。

爵减的减刑一等，不是有爵者权利的行使，而是"原心定罪"的结果，是鉴于子对父亲的孝意而进行酌情量刑的特别举措，爵减是其行为的代价。这样解释似乎较为妥当。

以上是对至今为止诸位先辈所引的反映有爵者刑罚减免特权的史料的再检讨。很明显，没有一个可以作为刑罚减免特权的实例。只有例6的薛况案比较接近，但换一个角度看，仍然是否定削爵减刑的史料。因为，如果有爵者本身具有那种特权的话，那么廷尉的爵减建议就难以解释。

在下一章，拟引用否定汉代爵位刑罚减免实效性的实际事例进行论述。

第二章　关于刑罚减免的实效性

东汉桓帝永兴年间(152～154年)被提拔为冀州刺史的朱穆，在整肃治安混乱、盗贼横行的冀州时，采取了极为严厉的手段。当他接到关于一位宦官给其父亲举行与身份不符葬礼的举报时，采取了掘墓坏棺及暴尸的举措。他的这种过分行为激怒了皇帝，因此被处以左校署劳役刑。

帝闻大怒，征穆诣廷尉，输作左校。

《后汉书·朱穆传》

虽然对廷尉的具体量刑不是十分清楚，但一般来说，"输作左校"就是指被以劳役刑徒身份发配到将作大匠的属官左校署服劳役。[①] 在这种情况下，刑罚重则是五年刑期的髡钳刑，轻则是不满一年的罚作刑。

不过，朱穆被收监后，学生刘陶等数千人请愿为朱穆减刑：

伏见施刑徒朱穆，处公忧国，拜州之日，志清奸恶。……由是内官咸共恚疾，谤讟烦兴，谗隙仍作，极其刑谪，输作左校。……臣愿黥首系趾，代穆校作。

《后汉书·朱穆传》

从请愿书来看，朱穆确实是在左校服劳役刑。虽然不能确定作为州刺史的朱穆的爵级是多少，但估计一个两千石官所拥有的爵位，肯定会高于六百石官的官爵五大夫。拥有高爵的朱穆并没有用削爵的办法来

---

① 请参考第二编第一章。

争取刑减免。是拥有的爵数不足以用来刑减免，还是由于某种原因没有实施削爵刑减免呢？不管怎么说，这条史料中没有半点儿关于有爵者刑罚减免的内容。

不只限于朱穆一例，桓帝时期的齐相桥玄也是被处做城旦刑的。不知道这里的"城旦"究竟是髡钳城旦，还是完城旦？根据《前汉书音义》的解释，"城旦"应该是轻刑的名称，即完城旦。桥玄确实也服了城旦刑。据记载，桥玄"坐事为城旦，刑竟，征，再迁上谷太守"，"刑竟"是刑满的意思。① 齐相桥玄的具体爵位也不清楚，但肯定也在官爵五大夫以上。即使如此，他还是服了刑。可见，削爵的刑罚减免特权对完城旦刑也不起作用。

再举一个例子吧！兴平建安年间，也就是东汉晚期，身为郡太守的杨沛因与督军争斗而被处五年髡刑。

> 坐与督军争斗，髡刑五岁，输作未竟，会太祖出征在谯，闻邺下颇不奉科禁，乃发教选邺令。

《魏书》卷一五所引《魏略》

杨沛因贼伤督军被处髡钳刑。可见，前面例6中所见"律曰，斗以刃伤人，完为城旦，其贼加罪一等"的汉律，在东汉末年依然有效。

杨沛结果是被赦免了，但不是因为削爵，而是因为在服刑过程中曹操颁布的特殊政策。这说明作为两千石官的杨沛，也不得不服刑役。

有人或许会认为以上所举数例在时间上都太偏重东汉。我之所以举东汉的例子，是因为这些例子都是高位高爵者，他们不但被量定劳役刑，而且还实际服了刑。特别是最后的杨沛例，被科的刑罚不是用削爵减轻了的刑罚，而是犯罪本来应受处的刑罚。也就是说，以上数例很明显都没有行使因爵减免特权的内容。当然，被处劳役刑的例子在西汉的

---

① 同样，服丧期满称做"服竟"，如"服竟还署"（《孔彪碑》），"服竟还拜屯骑校尉"（《鲁峻碑》）。

史料中也多得不胜枚举，遗憾的是，不能确证他们是否服过刑。

不过，作为另一方面的例证，我们还是来看看西汉的情况。那就是已经引用过的惠帝即位时的诏书，即前章的例2。

在这个惠帝即位之初的五月诏书中，如已经指出的那样，记载了有爵者在刑罚适用方面承受的恩典，其中的一条是五大夫以上的有爵者、六百石以上的官吏以及惠帝近侧官吏中的知名者，免带防止逃亡的刑具：

> 爵五大夫、吏六百石以上及宦皇帝而知名者有罪当盗械者，皆颂系。

另一条是上造以上的有爵者以及内外孙耳孙被判了刑的，城旦舂减刑为耐鬼薪、耐白粲刑。

> 上造以上及内外公孙耳孙有罪当刑及当为城旦舂者，皆耐为鬼薪白粲。

前面已经说过，这两条规定并不是此后整个汉代的常制。这里需要重新指出的是以五大夫以上有爵者为对象的刑具免除规定，目前还不清楚是未决阶段即收监、拘禁时的刑具，还是服刑中的桎梏。假设是后者（从"有罪云云"、"颂系"等的语感来看，可能性很大），对五大夫以上的有爵者来说，也是被适用了较为严厉的刑罚。可见，有爵者乃至高爵者，都不能被豁免。

后者即内外孙等等的规定，虽然是减刑而不是免刑，但令人费解的是上造以上被量定刑城旦的一律都被减成了耐鬼薪。如果拥有的爵数和刑罚的减免之间有关系的话，减免刑应该根据被削的爵数出现等差。但这里却一律减成了耐鬼薪，这说明以拥有爵位的多少来决定刑罚减免的程度、高爵所有者减免的幅度相对大一些的说法不成立。可见，对有爵者持有刑罚减免特权的解释，即使从西汉时期的史料来看也大有问题。

以上，对汉代实行过削爵减免刑罚的观点提出了否定意见。不过能肯定的是，二十等爵中最高位的列侯确实可以通过削爵进行刑罚减免。对此，史料中可以证明的事例很多。现举例如下：

（宋昌）孝景中四年，有罪，夺爵一级，为关内侯。

《汉书·高惠高后文功臣表》

（南䣙侯起）孝景七年三月丙寅封，坐后父故削爵一级，为关内侯。

《汉书·高惠高后文功臣表》

（义阳侯厉温敦）五凤四年，坐子伊细王谋反，削爵，为关内侯。

《汉书·景武昭宣元成功臣表》

（丙显）甘露元年，坐酎宗庙骑至司马门，不敬，削爵一级，为关内侯。

《汉书·外戚恩泽侯表》

（魏弘）甘露中，有罪，削爵，为关内侯。

《汉书·魏相传》

（韦玄成）后以列侯侍祀孝惠庙，当晨入庙，天雨淖，不驾驷马车而骑至庙下，有司劾奏，等辈数人皆削爵为关内侯。

《汉书·韦玄成传》

司徒韩演，司空孙朗并坐卫宫止长寿亭，减死一等，以爵赎之。

《东观汉记·桓帝》

最后一例韩演等人的削爵，在《后汉书·胡广传》中也可以看到，但都没有明确说是从列侯向关内侯的削爵。位至司徒（丞相）时要被封为列侯，是公孙弘以来的常制，①因此可以看作是对列侯爵的削减。

---

① 《汉书·公孙弘传》："元朔中，代薛泽为丞相。先是，汉常以列侯为丞相，唯弘无爵，上于是下诏曰：'朕嘉先圣之道，开广门路，宣招四方之士，盖古者任贤而序位，量能以授官……其以高成之平津乡户六百五十封丞相弘为平津侯。'其后以为故事，至丞相封，自弘始也。"

前面所举数例,全都是列侯爵者通过削爵享受刑罚减免恩典的事例。[①] 当然,列侯爵本来就是二十等爵中的最高爵。另外,还有必要注意的是,也只有这个爵位才享受封邑。爵位削减的同时,还要付出食邑被没收的代价。从这个意义上来说,就有与其他没有这种对等价值的爵位区分开来的必要。

那么,除了列侯以外的其他爵位,从公士开始还有一九个等级的差,难道就没有什么刑罚减免的功能? 如前面已经讲过的那样,我认为很值得怀疑。向来被作为可以暗示有爵者刑罚减免的史料,未必能证明得了。相反,否定的事例可以列举的却不少。对至今为止各家主张的二十等爵具有刑罚减免功能的说法,我认为至少在汉代不成立。那么,秦代又如何呢? 让我们回过头去看一看吧。

[①] 如本文引用事例所示,拥有列侯爵位者,通过削爵可以减免罪。那么,作为减免对象的刑罚,也包括死刑吗? 举例中确实明确记载有"减死一等"。如果包括死刑,则有列侯爵者应该不会被处死刑。可是《汉书》中有列侯被处死刑的事例。"时朝廷多事,督责大臣,自公孙弘后,丞相李蔡、严青翟、赵周三人比坐事死。"(《汉书·公孙弘传》)以上是有关武帝以后丞相的记载。公孙弘以后的丞相被授与爵位已成惯例,由此可见有列侯爵者也被处死刑。减免死刑属于一种赦,或许可以解释成为了得到皇帝这一特殊恩典,归还了列侯的爵位。总之,是否可以断言列侯的刑罚减免特权无条件地包括死刑,还有探讨的余地。

第三章 秦代有爵者的刑罚减免

1979年12月,在秦始皇陵西南1.5公里的临潼县晏塞乡赵背村发现了百余座秦代墓葬。发掘的103座墓葬并排三列分布在东西45米,南北180米,面积约8100平方米的墓区内。墓葬为长方形竖穴土圹墓,据推测营造之初墓葬的深度大约1.2～1.7米,墓与墓的间距不到1米。一个墓穴中平均埋葬2到3人,最多可达14人。据发掘报告称,墓主的性别和年龄虽然包含有若干女性和小孩,但绝大多数为成年男子。[①]

除了铁器、陶器和半两钱等随葬器物外,在骨架上面还发现了与其他残瓦共出的瓦文墓志18片。从这些瓦文及墓葬本身分布在骊山陵域的情况来看,这些是被驱使来营造秦始皇陵的劳动者的墓葬。18片瓦文列举如下:[②]

(1) 东武罗

(2) 东武徐(内侧正书) 赣榆距(侧书)

(3) 东武居赀上造庆忌

(4) 东武不更所赀

(5) 东武东间居赀不更赐

(6) 东武宿契

(7) 博昌去疾

[①] 《秦始皇陵西侧赵背村秦刑徒墓》,《文物》1982年第3期。

[②] 瓦文的考证,还有袁仲一的《秦代陶文》(三秦出版社1987年)。与本书没有多大出入,只是没有涉及爵位与刑罚减免的关系。

(8) 博昌居赀用里不更余

(9) 杨民居赀大（教）

(10) （杨）民居赀武德公士富

(11) 杨民居赀武德公士契必

(12) 平阴居赀北游公士滕

(13) 平阴驿

(14) 赣榆得

(15) 兰陵居赀便里不更牙

(16) 趋上造姜

(17) ……居赀□□不更□必

(18) ……不更滕

完整的瓦文刻字记载有县名、乡里名、刑名、爵名及姓名等。不过也有未写刑名的。

这里之所以列举这18片瓦文，就是因为每片仅仅只有10个字左右的刻文，实际上却包含着关于秦代爵与刑罚关系极为珍贵的资料（线索）。

刻文中的"赀"是指赀刑（财产刑），意思是赀刑者把应该交纳的金钱用劳役（居作）代替了。秦律中的财产刑，也就是罚金刑，是以赀二甲、赀一甲、赀二盾、赀一盾的"甲"和"盾"为单位的。但并不是用甲和盾来支付的，"赀一甲"、"赀一盾"的刑名仅仅是表示刑罚等差的单位，或者说符号，实际上是支付相当数量的金钱。当然，并不是所有的人都能用金钱支付，用劳役代替的制度也就应运而生。以支付金钱为前提的还有赎刑和债务，它们同样都可以用劳役来代替。相对于"居赀"，它们分别被称做"居赎"和"居责"。在秦律（睡虎地秦简）中这三者被概括表述为"居赀赎责"。

隶臣妾、城旦舂之司寇、居赀赎责（债）毄（系）城旦舂者，勿责衣食；其与城旦舂作者，衣食之如城旦舂。隶臣有妻，妻更。

二〇八

居赀赎责（债）者归田农，种时、治苗时，各二旬。 司空

二一一

有责（债）于公，及赀赎者，居它县，辄移居县责（债）之。公有责（债）百姓未赏（偿），亦移其县，县赏（偿）。

一四三

有罪以赀赎及有责（债）于公，以其令日问之，其弗能入及赏（偿），以令日居之。日居八钱；公食者，日居六钱。居官府公食者，男子参

二〇〇

女子驷（四）。公士以下居赎刑罪、死皋者，居于城旦舂，毋赤其衣，勿枸椟欙杕。鬼薪白粲，群下吏毋耐者，人奴妾居赎赀

二〇一

责（债）于城旦，皆赤其衣，枸椟欙杕，将司之；其或亡之有罪。葆子以上居赎刑以上到赎死，居于官府，皆勿将司。所弗问。

二〇二

有一种观点认为，"居赀"用劳役偿还的是债务而非犯罪罪行。[①] 其实，用劳役偿还债务的是"居责"，而"赀"则属于财产刑的范畴。可见，"居赀"属于刑罚的一种不容怀疑。

居赀后面的刻字"上造"、"不更"、"公士"，不用说是指爵位。如果秦的二十等爵的等级与汉代一样，那么就应该是指有二级（上造）、一级（公士）与四级（不更）级数的爵位。在从事秦始皇陵墓建设的刑徒墓砖上并记刑名与爵名，究竟是为什么呢？如果秦代有通过削爵进行刑罚减免的制度，那么瓦文中从事居赀的劳役刑徒爵位与刑罚爵减免有何关

---

① 孙英民：《秦始皇陵西侧赵背村秦刑徒墓质疑》，《文物》1982年第10期。

系？对刑罚减免有何影响？

对此，可以有两种假设：(A)由于某种原因没有削爵；(B)放弃爵位的结果就是被减刑为赀刑(罚金刑)，然后替代以居作。下面从(A)、(B)两个方面展开讨论。从(B)的角度来说，所记爵名又可以有(B1)犯罪以前所有爵位和(B2)减爵以后所余爵位两种可能。不过，(B1)与理不通。原因是这样以来拥有四级不更爵位的人与一、二级爵者，在犯罪时的减刑结果都成了赀刑，爵位的等差与减刑之间没有直接关系，至少是四级等差对减刑程度没有影响。当然，赀刑本身也有等级区别。不过我认为，由于赀刑在刑罚体系中属于轻刑，如果有四个级次的爵位，应该完全可以免刑。

（前略）●有为故秦人出，削籍，上造以上为鬼薪，公士以下刑为城旦。●游士律

三三三

欲归爵二级以免亲父母为隶臣妾者一人，及隶臣斩首为公士，谒归公士而免故妻隶妾一

二二二

人者，许之，免以为庶人。工隶臣斩首及人为斩首以免者，皆令为工。其不完者，以为隐官工。军爵

二二三

从上面的规定来看，上造和公士之间的一级爵差，可以起到刑城旦向耐鬼薪减刑的作用，而免去父母的隶臣妾刑也只需要两个级次的爵位。两者都是重于赀刑一级的肉刑和劳役刑。

(B2)的情况也完全一样。如果所记爵位是削爵所余的话，比如不更爵，为何还剩下四级而没有全部放弃。为了给后半生留下爵位而去服居赀刑，结果送了命？这种做法实在费解。那么，(A)的假设又如何呢？"没有削爵"是指"本来有通过削爵进行刑罚减免的特权，本人却没

有行使"吗？这也和刚才用以否定（B）的理由一样，因为可以通过放弃爵位来减免刑罚却"不愿意放弃"的情况难以想象，所以这种假设也很难在考虑之列。综上所述，唯一的可能就是，赵背村出土墓砖所见的刑徒通过削爵减免刑罚的权利不予认可，服役刑徒不得不服实际刑罚。除此而外，我还找不到更为合理的解释。

那么，是不是可以说与前章考察过的汉代一样，秦代削爵减免刑罚的实效性也不予认可吗？有爵者对刑罚本身没有减免特权吗？

有一点不能否定，那就是前面列举过的睡虎地秦简游士律和军爵律的规定，即简三三三和简二二二、二二三是削爵减免刑罚的规定。与前面《汉书》、《史记》的例2～6不同，这些是法律条文。可以说，这里所说的削爵减免刑罚，不是诏书等所见的特别措施，而是一般规定。

另外，最近湖北省江陵县张家山247号汉墓中出土的汉简《奏谳书》中有如下条文：①

七年八月己未江陵丞言：醴阳令恢盗县官米二百六十三石八斗。恢秩六百石，爵左庶长，□□□□从史石盗醴阳己乡县官米二百六十三石八斗，令舍人士五（伍）兴义与石卖，得金六斤三两、钱万五千五十，罪，它如书。兴、义言皆如恢。（中略）恢，吏，盗过六百六十钱，审，当：恢当黥为城旦，毋得以爵减、免、赎。律：盗臧（赃）直（值）过六百六十钱，黥为城旦；令：吏盗，当刑者刑，毋得以爵减、免、赎，以此当恢。

醴阳令恢，令其部下石偷盗醴阳己乡的官米二百六十三石八斗，江陵县丞判决当为黥城旦，没有以爵减免刑罚。其根据是律令"律：盗臧（赃）直（值）过六百六十钱，黥为城旦；令：吏盗，当刑者刑，毋得以爵减、免、赎"条。

"当刑者刑，毋得以爵减免赎"这样的律文规定只能说明，在一般

---

① 《江陵张家山汉简〈奏谳书〉释文》，《文物》1993年第8期。

情况下，也就是说在不具备教唆属吏行窃的条件时，削爵减免刑罚是被认可的。

另外，文献史料中还有如下规定："秦制二十爵，男子赐爵一级以上，有罪以减"（《汉旧仪》），"爵自二级以上，有刑罪则贬，爵自一级以下有刑罪则已"（《商君书·境内篇》）。这些规定的实效性暂且不论，需要承认的是它们在削爵减刑方面具有不可忽视的重要性。

从临潼赵背村出土的瓦文不能得出有爵者刑罚减免的事实，但秦简等资料却充分说明了削爵与刑罚减免的关系。怎样才能使这两组史料不相互矛盾呢？我认为关键是"刑"与"刑罪"的语义。

睡虎地秦简中，"刑"与"刑罪"频繁出现，它们在秦律中的意思，不是指对犯罪者进行科处的广义上的刑罚，而是仅限于对身体造成毁损的刑罚（肉刑）。如"刑城旦"、"刑鬼薪"和"刑隶臣"等在劳役刑之前冠以"刑"字的刑罚是与不施肉刑的"耐"相对使用的。这说明"刑"不单纯是处罚的意思，而是具体的限定于肉刑的术语。

> 葆子狱未断而诬告人，其罪当刑为隶臣，勿刑，行其耐，有（又）毄（系）城旦六岁（下略）
>
> 四七九

进而言之，在斩趾、劓和黥这三种（宫刑除外）被推定的肉刑中，相对与被作为附加刑科处的斩趾和劓，正刑是指肉刑黥城旦。刑城旦与刑鬼薪，具体地说也可以看作是黥城旦和黥鬼薪。[①]

"刑罪"与"刑"一样，在秦律中也表示肉刑。如已经引用过的《司空律》条文：

> 有罪以赀赎及有责（债）于公，以其令日问之，其弗能入及赏（偿），以令日居之。日居八钱；……公士以下居赎刑罪、死罪者，居

---

① 斩趾刑、劓刑经常是作为黥刑的附加刑出现。这可以从睡虎地秦简《法律答问》三七一、三七一简的加罪（加刑）的解释得到证明。

于城旦舂，毋赤其衣，勿枸椟欙杕。

死罪，不用说是死刑，与其并列的"刑罪"则不应该是抽象的刑罚的意思，而是指肉刑这种具体刑罚。因此，这则条文肯定是关于用劳役刑代替死刑或肉刑的赎刑，即"居赎刑罪死罪"的规定。除了肉刑和死刑以外，秦律中还有财产刑（罚金刑），不过已如前面叙述的那样，这种刑罚被称做"赀"或者"赀刑"，而不是"刑罪"。

捕赀罪，即端以剑及兵刃刺杀之，可（何）论？杀之，完为城旦；伤之，耐为隶臣。

四九四

盗出朱（珠）玉邦关及买（卖）于客者，上朱（珠）玉内史，内史材鼠（予）购。●可（何）以购之？其耐罪以上，购如捕他罪人；赀罪，不购

五一〇

在对赀罪、耐罪、刑罪和死罪进行区分的过程中，我们可以明显地看到，刑罪是指对身体的毁伤刑（肉刑）。

在上面的基础上，我们再反过头来看与爵和刑罚减免有关的几条资料。

律：盗臧（赃）直（值）过六百六十钱，黥为城旦；令：吏盗，当刑者刑，毋得以爵减、免、赎。

《奏谳书》

这里的"律"虽然是指汉律，但由于它是对秦律原封不动地沿袭，所以不妨可以当做秦律来考虑。[①] 这样，"当刑者刑"中的"刑"就应该

[①] 睡虎地秦简四〇五简的简文为：士五（伍）甲盗，以得时直（值）臧（赃），臧（赃）直（值）百一十，吏弗直（值），狱鞫乃直（值）臧（赃），臧（赃）直（值）过六百六十，黥甲为城旦，问甲及吏可（何）论？甲当耐为隶臣，吏为失刑。由此可知，秦律对赃值六百六十钱以上的量刑也是黥城旦。

是秦律中"刑"、"刑罪",也就是肉刑。

另外,在睡虎地秦简《游士律》中有如下条文:

● 有为故秦人出,削籍,上造以上为鬼薪,公士以下刑为城旦。

● 游士律

三三三

对不适用于爵减免的公士以下有爵者来说是刑城旦肉刑,上造以上则分别被处以(耐)鬼薪。

上面所举的两条律文是证明有爵者刑减免的资料。相反,在赵背村出土的砖瓦的记录中,有关刑罚即赀刑(居赀)因爵减免的内容却得不到确认。已经反复说过,在秦律中,刑罪(肉刑)与赀罪是被截然区分开来的。这样,对秦代有爵者刑罚减免的实际情况也就清楚了。在秦律的规定中,有爵者(具体地说,是指第二级上造爵以上)是被赋予了免除刑罪(肉刑)适用的特权。不过,也仅限于肉刑,并不包括所有的刑罚。赀罪即罚金刑自然也不在其内。只有这样,所有的资料才能在理解上不发生矛盾。《商君书·境内篇》有这样一条:

爵自二级以上,有刑罪则贬。爵自一级以下,有刑罪则已。

暂且不论这则经常被引用的条文是不是商鞅时代确被实施过的制度,但至少从某种程度上折射出了秦统一后的规定。如果秦律本身受了"商鞅之法"的影响,那么出现"刑罚"这一术语就可以理解了。

《汉旧仪》中也有类似的记载:

秦制二十爵,男子赐爵一级以上,有罪以减。

由于这条记载中的"有罪以减",不足以说明有爵者免除肉刑适用、减刑耐刑以下,所以常被忽视。但至少不是个反例,仍然有它的价值。

那么,肉刑被减免以后究竟变成了甚么刑罚呢?爵的多寡与减免的程度之间又有甚么样的关系呢?遗憾的是,现阶段的史料还不能充分说明。不过,如果允许臆测的话,我认为上造以上的有爵者的减刑结果一样,如刑城旦均被减刑为耐鬼薪。

  上造以上为鬼薪,公士以下刑为城旦。　游士律

三三三(前引)

  (上略)爵当上造以上,有睾当赎者,其为群盗,令赎鬼薪鋈足;其有府(腐)罪

四八三

  上造以下到官佐、史毋(无)爵者,及卜、史、司御、寺、府糯(粝)米一斗,有采(菜)羹,盐廿二分升二。　传食律

二四九

  "上造以上"可以总称上位爵,《游士律》可以得出上造→鬼薪,公士以下→刑城旦图式,这些都足以支持前面的推测。

  这样,可以把秦代有爵者刑罚减免的情况再一次总结为:有爵者(持上造以上爵者)的肉刑通常被减免为非肉刑的劳役刑;耐刑、赀刑等轻刑不作为爵减免刑罚的对象。①

  在弄清楚秦代的情况之后,我们再返回来看看汉代的有关情况。

---

 ① 不过,彻底断言隶臣妾刑与其它耐刑一样在爵减刑的对象之外可能还有问题,目前不能做进一步阐明,容待后考。

第四章　爵制的变异和刑罚

一般认为，《汉旧仪》中记载的"秦制二十爵，男子赐爵一级以上"，起源于战国时期。《商君书·境内篇》和《韩非子·定法篇》中的商鞅爵制（其实效性有待讨论）与周的五等爵有质的不同，它是给一般老百姓赐爵的制度，特点是针对军功，具体做法是根据斩获敌人的首级数赐予爵位。

商君之法曰：斩一首者爵一级，欲为官者为五十石之官；斩二首者爵二级，欲为官者为百石之官。

《韩非子·定法篇》

能得甲首一者，赏爵一级，益田一顷，益宅九亩，级除庶子一人，乃得入兵官之吏。

《商君书·境内篇》

根据以上记载可知，赐爵一级与斩首一级相对应。那么，秦统一后的爵制是不是采用了这个"商君之法"并使其制度化了呢？现阶段还找不到相关的实证资料。不过，沿袭秦二十等爵制的汉代爵制就未必会按照"商君之法"施行。

1978年，在青海省大通上孙家寨115号墓中出土了近400枚木简，其内容全部都是与军事有关的规定，其中也包括依军功授爵的相关内容。上孙家寨汉墓的年代为西汉后期，随葬的军事法规文书实际施行的年代为西汉前期。对此，我无异议。

已有多位先学对上孙家寨木简进行了研究。其中，关于军功与赐爵关系问题的研究,藤田高夫最近的进展最大①。对他通过逐简考证得出的有关军功与汉代爵制的成果,目前我没有任何可以补充的地方,如果再引用简文进行解释说明,显然有些多余。因此,请允许我在此对其成果做原文引述:

> 从目前来看,想通过残简较多的上孙家寨简牍阐明汉代军功拜爵的具体内容仍很困难。不过,关于拜爵的规定还是可以总结出几点来。

接着,藤田氏便列举了以下三点:

1. 赐与爵位的级数未必就等同于斩获的首级数,这里面还存在着斩首级数与爵位进行级位换算的情况。也就是说,取得一级爵位需要斩首数级。

2. 即使一个人斩获的首级数,在赐与爵位时也有级数的限制。也就是说,斩获的首级并不都是论功行赏的标准。

3. 对通过军功一次赐与的爵位有一定限度。也就是说,不是一次性无限制的加封爵位。

以上是藤田氏对上孙家寨简中有关汉代爵制的概括总结。他认为汉代爵制限制严格,具有抑制爵位泛滥的情况存在。

他由此得出这样的结论,即军功不只限于爵,还可以带来其它恩典,比如说,赏赐金钱。当然,他认为这也仅限于军功爵。在这里,我只想指出的是,上孙家寨简记载的汉代军爵授与和"商君之法"的相关部分之间确有明显的区别。汉代的军功授爵规定最初与秦代相同的观点,或许可以成立。但是,与其说秦的军功授爵制为了抑制爵位的泛滥从一开始就进行了某种限制,倒不如说是在以军功授爵的实际操作中,以及在

---

① 藤田高夫:《关于汉简中所见的军功赏爵》(《古代文化》45—7,1993 年)、《汉代的军功与爵制》(《东洋史研究》53—2,1994 年)。

以斩首为主的军功举报的机制（机会）发生变化的过程中，顺应时代要求而逐渐设置的更为自然。从秦二十等爵成立的战国秦时期，即所谓战时状态下的军功授爵，与完成统一以后战争由内战变为外征，最后交战机会越来越少的武帝时期相比较来看，秦汉军功授爵完全相同的解释恐怕很难成立。

不仅仅如此。秦代和汉代赐爵的最大区别还在于，秦是以军功为主要功绩进行授与的，而汉代则是对一般男子无对等价值的授与，而且赐爵的次数与机会也大大增多。总之，我们不能不认识到秦汉爵制之间存在的巨大差异。

既然赐爵制度发生了变化，那么秦汉有爵者刑罚减免的方式也就不可能一致。况且，发生变化的不只是爵制，同时还有刑罚制度本身。因此，也就不得不承认秦汉在削爵减免刑罚方面存在的质的区别。

关于刑罚制度的变革，稍后将有所论及。不过，对有爵者的刑罚适用，从汉初开始就没有按照秦制实施。从秦灭亡到楚汉战争，再到统一后平定混乱的时代变化中，按照功绩对高祖功臣进行授爵的情况散见于功臣们的列传中。相关方面也有人做过研究。[①] 高祖统一汉土是在公元前206年，惠帝即位是在十年后的前195年，在这个战争混乱持续不断的十余年间，刑罚减免应该说是起到了如秦时一样的功能。

十二年四月高祖驾崩，第二年五月惠帝即位后，颁布了诏书即前面提到的例2（《汉书·惠帝纪》）中的刑罚减免措施。其中的"上造以上及内外公孙耳孙有罪当刑及当为城旦舂者，皆耐为鬼薪白粲"条，是秦代施行过的有爵者刑罚减免措施。也就是说，这个诏书是在拥有上造以上爵位者黥城旦减刑为耐鬼薪制度的基础上颁布的。或许可以说它是

---

① 李开元：《西汉初期军功受益阶层的成立——以"高帝五年诏"为中心》，《史学杂志》99—11，1990年。

对秦制临时性地沿用与参考。不过，当时颁布如此内容诏书本身，正好也说明秦制已经失去了它应有的功能。因为维持和实施秦的爵与刑罚减免制度的环境已经发生了变化。

最后，发生了彻底改变爵与刑罚关系的事情，那就是刑罚制度自身的变革，即所谓文帝十三年的刑制改革。

关于文帝的刑制改革，这里不再重复叙述。不过，为了展开讨论，需要特别指出的是当时废除了肉刑，从有爵者刑罚减免的角度来说，作为减免对象的刑罚没有了。因此，秦以来的削爵与刑罚减免之间的相互关系也就到了非改不可的地步。

那么，肉刑废除以后通过削爵减免的刑罚范围扩大到一般的广泛意义上的刑罚了吗？答案是没有。如上章已经讨论过的那样，在汉代，有爵者（关内侯以下）通过削爵减免刑罚的事例一个也没有找到。如此看来，当时爵和刑罚已经没有关系了。也就是说，有爵者在科刑方面已经得不到任何特殊恩典了。

已经反复指出，以"刑"和"刑罪"名出现在秦律中的肉刑的具体刑罚就是在人脸面上刺青的黥刑。如刑罚改革诏书中所说的那样，"当黥者，髡钳为城旦舂"（《汉书·刑法志》）就是把黥城旦和黥鬼薪等所谓的黥刑改为髡钳城旦刑了。单就"黥"字来说，它变成了"髡钳"。就是说，由对身体的毁伤变成了对身体的束缚。

通过以上考察，可以得出这样的结论：对肉刑发挥作用的有爵者的刑罚减免，在文帝刑制改革以后，向回避作为被废止肉刑的替代物的髡钳特别是回避钳即桎梏的方向转移了。

对拥有某种身份、官职或爵位的人的刑具夹戴进行减轻甚至免除的举措，在文帝刑制改革以前已经存在。例如，在睡虎地秦简《司空律》中可以看到，拥有公士以下爵位的人用劳役赎刑时可以不戴桎梏。当然，奴妾的居赎和居赀不在其列。

女子驷(四)。公士以下居赎刑罪、死罪者,居于城旦舂,毋赤其衣,勿枸椟欙杕。鬼薪白粲,群下吏毋耐者,人奴妾居赎赀

二〇一

责(债)于城旦,皆赤其衣,枸椟欙杕,将司之;其或亡之有罪。葆子以上居赎刑以上到赎死,居于官府,皆勿将司。所弗问。

二〇二

虽然是反复列举过的史料,仍不免让人想到《汉书·惠帝纪》惠帝即位时的诏书中官吏和有爵者免除刑具的记载:

> 爵五大夫,吏六百石以上及宦皇帝而知名者有罪当盗械者,皆颂系。

另外,作为实证史料也许不太恰当的《周礼·秋官·掌囚》中,也有有关有爵者与刑具关系的条文:①

> 掌囚,掌守盗贼。凡囚者,上罪梏拲而桎,中罪桎梏,下罪梏;王之同族拲;有爵者桎。以待弊罪。

这些文献史料中的桎梏,与文帝以后具有刑罚名的功能,表示刑罚轻重的"钳"、"釱"等刑具不同,完全是为了防止犯人、嫌疑犯逃跑的器具。另外,还应该认识到,在刑具免除的条件方面也存有差别。不过,在这里我想说的是,文帝刑制改革以后免除对象由肉刑向桎梏刑具的变化并不突然,是早已存在的隐形规定在肉刑废止以后的制度化与显形化而已。

那么,文帝以后有爵者被免除刑具(钳、釱)一说得以证实的史实是否存在呢?遗憾的是,明确记载的史料没有。作为蛛丝马迹,我拟从"弛②刑"这一刑罚名称入手。

《汉书》、《后汉书》以及简牍资料中,"弛刑"一词可以说多得不胜

---

① 这里之所以援引《周礼》,是因为与小结有关。
② 也作弛。

第四章 爵制的变异和刑罚

枚举。在第二章中已经提到,从为被处左校署劳役刑的朱穆减刑的请愿书开头"伏见施刑徒朱穆……"就可以确认它的存在。另外,还可以列举如下事例:

(神爵元年)西羌反,发三辅、中都官徒弛刑及应募佽飞射士、羽林孤儿、胡越骑

《汉书·宣帝纪》

时上已发三辅、太常徒弛刑,三河、颍川、沛郡、淮阳、汝南材官……合六万人矣。

《汉书·赵充国传》

建武十二年,遣骠骑杜茂将众郡弛刑屯北边,筑亭候,修烽燧。

《后汉书·光武帝纪》

(吴)汉留夷陵,装露桡船,将南阳兵及弛刑募士三万人,溯江而上。

《后汉书·吴汉传》

诏(王)霸将弛刑徒六千余人,与杜茂治飞狐道。

《后汉书·王霸传》

唯置弛刑徒二千余人,分以屯田,为贫人耕种,修理城郭坞壁而已。

《后汉书·邓寇列传》

元康四年二月己未朔乙亥使护鄯善以西校尉吉副卫司马富昌丞庆都尉宣

建都□

乃元康二年五月癸未以使都护檄书遣尉丞赦将弛刑士五十人送致将车

□发

■右五人弛刑屯士

308·19,308·5

二月尉薄食弛刑屯士四人为谷小石

464·3

弛刑成有三斗　十月食　凡出穬麦二斛

D338

所谓"弛刑",有观点认为是"指被免除刑罚送往边境守备的罪人"。[①]我认为不是。如果是被免除刑罚的罪人,那么就无法解释为左校署服役的朱穆减刑请愿书"伏见弛刑徒朱穆,处公忧国"中的"弛刑徒"。更何况还出现过对弛刑刑徒进行免刑的诏书:

其弛刑及郡国徒,在中元元年四月己卯赦前所犯而后捕系者,悉免其刑。

《后汉书·明帝纪》

可见,把弛刑解释为被免除刑罚的刑徒的观点是错误的。

关于弛刑,颜师古和李奇均注做"废止"、"解脱"即免除钳、釱和赭衣的意思。弛刑徒是指不带桎梏刑具进行劳役的刑徒。

李奇曰:弛,废也。谓若今徒解钳釱赭衣,置任翰作也。师古曰:……

弛刑,李说是也。若今徒囚但不枷锁而责保散役之耳。

《汉书·宣帝纪》注

师古曰:弛刑谓不加钳釱者也。弛之言解也。

《汉书·赵充国传》注

两人的注释是正确的。

[①] 夏鼐:《新获的敦煌汉简》(《中央研究院历史语言研究所集刊》19,1984 年),陈槃:《汉晋遗简识小七种》(1975 年),永田英正:《居延汉简研究》(同朋舍 1989 年)。

那么，采取这一举措的条件是什么呢？我认为只能是拥有爵位而赋予的特殊恩典。

在皇帝颁布的赦令中，确实也有除去桎梏的内容。

（建武二十二年）制诏曰：……其死罪系囚在戊辰以前，减死罪一等；徒皆弛解钳，衣丝絮。

《后汉书·光武帝纪》

不过，有关诏令在《后汉书》等史料中未必常见。相反，弛刑徒的事例却不仅仅限于前面所举，散见于各种史料中的，可以说多得举不胜举。尽管如此，我认为在弛刑徒出现之际，被适用于刑罚的有爵者（从秦以来的情况来看，是指拥有上造以上爵位者）被赋予了通过削爵免除桎梏刑具的特殊恩典。例如，被量定为髡钳刑（髡钳城旦、釱左右趾刑）不戴首枷足镣服五年劳役刑者，在史料中就被称作"弛刑"。

有爵者的刑罚适用由肉刑免除向刑具解脱的演变，实际上就是汉代爵与刑罚关系之真实写照。

以上，对秦汉二十等爵与刑罚的关系进行了考察。下面，拟在对其进行总结的基础上结束本编。

小　　结

至今为止，对汉二十等爵制进行讨论研究过的研究者们有一个共识，那就是秦汉的二十等爵具有减免刑罚的作用，刑罚减免是赋予有爵者的特权。

如果是有爵者的特权，那就意味着"拥有一定爵位的人，原则上说，即使没有来自上面的特别指示（诏），谁都可以自动的用爵来抵消刑"。这样理解应该比较合理。但是，汉代的二十等爵是否具备这种减免刑罚的功能呢？

首先需要指出的是，在所有通过削爵进行刑罚减免的事例中，没有一例是不经过特别的司法和行政措施而自动的、按一般方式被减免的。进而言之，至今为止，所有用爵充当刑罚减免功能的事例都有某种特殊原因，并非是无条件的。这不正是与所谓"有爵者被当然赋予"完全相反的结果吗？

其次，在秦代并不是所有的有爵者都适用于用爵位来免除刑罚，用爵可以减免的对象刑罚也仅限于死刑和肉刑，伴随于肉刑的劳役刑和财产刑不在其内。也就是说，在秦代爵只具有回避肉刑的功能。

汉文帝时肉刑被废止，这样一来，刑罚减免和爵的关系也就发生了变化。那么，在没有肉刑的情况下，作为减免对象的刑罚是不是扩大到更广范围的劳役刑甚至罚金刑了呢？从实际运作的情况来看，并没有发现相关事例。相反，反映有爵者服役的史料却可以找出很多。因此我认为，汉代的爵不具备对所有刑罚实行减免的功能。当然，这并不是说爵和刑罚减免之间的有机联系没有了，也不能说有爵者即使拥有爵位面对刑罚也没有任何优待了。其实，对于有爵者来说，如果拥有一定程度的爵位（这里暂定为上造以上）可以除去桎梏，即可以免除髡钳的"钳（首枷）"和釱左右趾的"釱（足镣）"。散见于史料中的"弛刑"，就是指通过削爵除去桎梏的劳役刑徒。通过削爵减免的内容由对身体毁损（肉刑）的回避向对身体束缚的解脱转移的过程，正好与刑罚由黥城旦向髡钳城旦的变化相吻合。从另外一个角度来看，也可以说是秦律中所谓的肉刑回避的遗制。或许还可以说，随着肉刑的废止和爵位的轻量化，被回避和免除的内容也由刑罚本身向刑罚的周边（刑具）退却了。

二十等爵制中，可以确定的采取了弃爵减刑措施的是，通过列侯向关内侯的削爵达到死刑罪减一等的事例。这在以功臣表为主的《汉书》中随处可见。另外，虽然有性质上的差别，还有通过临时颁布的诏书买得的爵位赎换刑罚的赎刑。例如，赎换死刑所需的爵数曾经高达三十级,这个数目远远超出有爵者通过赐与得到的所有爵数。在这里,爵位其实已经变成赎刑所需金钱的"符号"了。

秦代的军功、汉代军功以外的封邑、金钱以及刑罚减免所需要的爵位,并不是完全没有对等价值。它象征着土地和金钱,刑罚减免也是与它的一种等价交换。

从这个意义上来讲,秦汉时期通过削爵实现的刑罚减免,应该是"二十等爵制赋予的特权"、"爵本质性的功能"。但是由此引申出"向大范围庶民赐爵减弱了刑罚的效果"、"引诱民众犯罪"等疑问,用"施行礼仪的世界是施行爵制的世界,施行刑罚的世界是不施行爵制的世界"这种礼和刑对置方式来解答,并以之解释乡里社会秩序论的西嶋氏爵制论[①],从一开始就犯了一个很大的错误。

作为考察汉代赎刑、赦令与罚金等减刑问题的一个环节,本书只想就削爵减免刑罚的问题进行讨论,不打算论及爵制论和国家论。但却有一个在考察过程中一直未曾涉及又不得不涉及的问题,那就是秦代有爵者的刑罚减免为何仅限于肉刑?

简单地说,这恐怕与肉刑被当做流放刑看待的基本观念有关。对于肉刑的相关属性,已有学者指出过,我也在其它地方明确表示过对这种观点的支持[②]。对犯罪者施行身体毁伤的行为,说明犯罪者已不被当做社会成员看待了。这意味着为恶者是要被人们抛弃并驱逐出社会的。也就是说,黥面者已不再被当做汉族社会的一员来看待,是一种向异类的流放[③]。脸面刺青及砍掉腿脚等一生无法消除的烙印,从某种意义上来说就象征着流放。可以说,肉刑与不带烙印的耐刑和财产刑有质的区别。

---

① 前引西嶋书的第三章,二《刑罚减免的特权》
② 《性的刑罚——宫刑》(《性的 polyphony》,世界思潮社,1990 年),《古代中国的刑罚》(中央公论社 1995 年)。
③ 前引拙著《古代中国的刑罚》第 107—112 页。

"刑"的含义也只限于肉刑的称谓。被适用于死刑或肉刑,与被科处为财产刑或罚金刑等刑罚,虽然可以通称为刑罚,但其本身的含义及给予受刑者的损伤程度,却有根本性的区别。当然,这就有一个承受如财产刑这种轻刑的人是否果真有被科处了刑罚的罪人意识问题了。

在秦代,有爵者免除肉刑,是因为对国家有功而被赐与爵位的人不同于无爵的庶人。换句话说,不给身体施加一生消除不去的烙印,其实就是对有功之人保留作为共同社会一员资格的一种恩典,即所谓礼的理念升华后的"刑不上大夫"。

众所周知,"礼不下庶人,刑不上大夫"出自《礼记·曲礼下》,是法制史论考中经常被不分年代地引用论及的条文。其中的"大夫"究竟是指哪一个阶层,由于《曲礼》篇中没有明确界定,后世的注释家出现了多种解释。不管怎么说,"刑不上大夫"这个关于礼的规定,肯定意味着拥有一定地位与身份的人可以对刑罚适用实行减免。这样,有爵者的刑罚减免与《礼记·曲礼》的条文之间就不能说没有关系了。严格地说,事实上存在大夫是有爵者的解释①。

行文至此,如果要对已经考察过的内容再重复一遍的话,那就是在战国秦及秦统一后的刑法中,拥有一定爵位者的肉刑适用可以免除。与汉代实行过的以一般庶民为对象的无偿民爵赐与不同,秦的爵位授与以军功等对皇帝或国家做出的功绩为依据。如果说肉刑这一刑罚的深层含义是驱除出共同体,那么对无爵者(庶人)不予肉刑免除与对有爵者不予取消其作为共同社会一员资格,具有同等性质。

战国秦以来,二十等爵制在逐渐完善的过程中,不但确立了爵位授与以及与爵位相对应的刑罚适用免除的法规定,而且还确立了礼教经

---

① 《驳五经异议》:"凡有爵者,与王同族,大夫以上,适甸师氏,令人不见,是以云刑不上大夫。"

典。如果说礼的规定在其成立时期对现行制度有所承袭并使其理想化的话，我认为，"刑不上大夫"这个《曲礼》中所表现的礼的规定，正是有爵者免除肉刑这种现行法规定在礼的理念下的一种升华。同样，有爵者除去桎梏的汉代制度，也可以说是《周礼·秋官·掌囚》理想化的礼规定。

"刑不上大夫"在成立之初，"刑"就是指"肉刑"，整个条文就是从现行法规定中引申出来的礼教思想。随着时间的推移，对条文的解释和现行法的施用都发生了变化。

条文的解释方面，"刑"一词的含义由最初狭义的"肉刑"扩大到了广义上的所有刑罚。当然，"刑"字从很早以前开始就有一般处罚的意思。但把相对"耐"（不施肉刑）的"刑"（肉刑）作为"德"、"礼"相对应的法处罚来解释的观点，较为普遍。之所以发生变化，主要原因是文帝时的肉刑废止使狭义的"刑"变得有名无实了。

两汉时期，随着《曲礼》儒学在社会上的不断深入和礼教思想的进一步盛行，有关"礼不下庶人，刑不上大夫"的解释与有爵者免除肉刑的制度相脱节。从而，一种新的理念，即郑玄注释中的贤者（相当于《周礼·八仪》中的"贵"）及高于士、庶身份者免除刑罚适用的礼教理念出现了。对经书条文解释的变化，最终对现实的法适用产生了某种影响和新的制约。也就是说，本来是针对有爵者免除规定的"刑不上大夫"，在礼经中被做了扩大化的解释，并随着礼教主义对现实社会及其制度的指导与规范，扩大化了的"刑不上大夫"反过来作用于刑罚制度本身。这种反作用虽然在秦汉时期较为弱小，但在以后却逐渐加强，以至于唐律中确立了几条对官吏处罚回避的规定。[①]

[①] 关于这个问题，参考梅原郁：《刑不上大夫——宋代官员的处罚》，《东方学报》京都，67，1995年。

结　　语

　　以《秦汉刑罚制度研究》命名的本书，对秦汉刑罚的种类、内容及其变迁等做了一些考证和探讨。

　　第一编对秦统一后的刑罚体系进行了考察，第二编以沿袭秦制的汉代刑罚制度为对象，着重探讨了因文帝十三年废除肉刑而引起的刑罚改革。在第一编和第二编的结尾部分，通过图表的方式，分别对秦代刑罚制度的情况及其在汉代被继承和改革后的情况做了简要概括。探讨秦汉刑罚制度及其变迁情况，是拙稿的一条主线，贯穿于本书的前两编。第一编以秦为对象，第二编以汉为对象，分别进行了考察。从秦汉刑罚制度整体而言，两编可合而为一。

　　第三编围绕连坐制，特别是缘坐刑，对其适用实态、范围及其变迁进行了考证。在第四编中，对至今为止在日本学界争论仍比较大的二十等爵制和刑罚减免的关系问题，提出了我的一些看法。三、四编和一、二编可以构成一个坐标系。连坐制也好，爵制也好，从刑罚制度的角度来看，均位于边缘位置，是秦汉时期特有的刑罚和刑罚减免制度。在对这些制度进行探讨的同时，还就其与法定正刑体系的关系以及随着秦汉刑罚制度的演变而产生的变化等问题，进行了考证。

　　前四编，均是对刑罚诸制度的逐个考证。作为结语，如果再翻来覆去地重复，就显得过于繁琐而没有意义。因此，本章拟以已经考证的结果为基础，对秦汉时期刑罚制度进行一次全面考察。同时，对一些拙搞中还没有涉及的问题以及尚未能探明的问题，再做一些探讨。

一般认为，汉王朝的诸制度，如中央官制、地方行政、税制以及法制等，都是对秦制度的继承和发展。《汉书》和《汉旧仪》等文献史料，均把"汉制"放在"秦制"的延长线上，并理所当然地认为汉代制度就是对秦代制度的沿袭。从某些方面来说，确实如此。为建立和维持中央集权制而实行的秦统一后诸制度，其完善程度令人叹服，汉王朝想超越都有困难。甚至可以说，如果汉不原封不动地继承秦的制度，就很难维持整个帝国。

　从这一点来说，作为本书研究对象的法制即刑罚制度，也不例外。而且我认为，在法制国家秦的诸制度中，作为确保政令畅通的重要制度保证，其刑罚制度是最为完备的。

　如第一编结尾的图表所示，在秦的刑罚体系中，死刑、肉刑和财产刑等刑罚，具有各自不同的属性，分属不同的范畴。但是，各种刑罚又都以劳役刑为纽带，相互关联。赎刑和赀刑可以通过劳役刑来进行换算，肉刑则不能单独执行，需要与劳役刑并用。从这个意义上说，所有刑罚都可以纳入劳役刑的体系中去。

　可以说，劳役刑作为刑罚体系的基轴，是秦的刑罚以及沿袭至汉的刑罚中最具特征的刑罚。

　属于死刑、肉刑范畴的斩、黥和劓等刑罚名称，散见于经书以及春秋战国时期的各种史料中。不管是以诸侯国施行的法定正刑名称存在，还是以私家处罚的名称存在，有一点可以肯定，那就是这些名称在秦律制定以前就已经存在。秦律只是把其中的几个作为法定刑确定了下来而已。

　但是，劳役刑却不同。从城旦舂、鬼薪、白粲、司寇到隶臣妾，所有的劳役刑名称，均不见于秦以前的文献史料，给人的印象是既陌生又新鲜。在秦律中，它们作为新的刑罚名称首次亮相。可以说，它们体现了秦代刑罚的基本特征。

　秦代为何要发明这么多名称的劳役刑呢？我认为其主要原因是，支撑中央集权的国家体制以及官僚体制必要的各种劳役需要刑徒的劳动来补充。

城旦刑是从事修筑城郭劳动的刑罚,以修筑长城为主,此外也参加咸阳城等重大土木工程的修建,是秦帝国的军事行动和都市计划中不可或缺的劳力。

舂是脱谷作业。脱谷,与官吏的俸禄供给(包括俸给和给食两部分)密切相关。姑且不说作为俸给的谷物支给,单就作为官吏食粮支给的谷物而言,一般都认为配给的是米(脱了壳的谷米)。[1] 当时给数以万计的官员提供谷物,脱谷所需的劳动力如何保证呢?不用说,舂这种劳役的重要性不容忽视,它在当时确实起到了支撑整个官僚体制的作用。

鬼薪、白粲是与宗庙相关的劳役。统一后,秦虽然把诸庙置于渭水之南,先王之庙置于西雍、咸阳,[2] 但这两种劳役并不限于某一个庙,而是从事于与王室有关系的所有祭祀。当时,财政分国家和皇室两部分。如果劳役刑也是如此的话,那么就可以把城旦舂看做与国家相关的劳役,鬼薪、白粲看做是皇室的劳役。可见,管理刑徒、逮捕罪人的司寇以及上述的劳役刑徒,是维持中央集权必不可少的劳役。依靠刑徒的劳役来维持和发展帝国的秦,简直可以说就是一个"刑徒国家"。反过来说,劳役刑也只在统一的中央集权国家才有存在的必要。

秦帝国经常被说成是严刑峻法的国家。因此,很容易给人以毫无情理地推行和使用严酷刑罚,从而导致大量刑人存在的印象。但如本书第一编中所阐明的那样,实际上的秦刑罚,体系严密,量定和施用都很合理。而被置于诸刑罚基础地位、独具特征且独立存在的劳役刑,支撑了秦帝国的中央集权体制。

---

[1] 拙稿《汉代谷仓制度——从额济纳河流域粮食支给谈起》,《东方学报》京都 68,1996 年。

[2]《史记·始皇本纪》:"诸庙及章台、上林皆在渭南",同"古天子七庙,诸侯五,大夫三……先王庙或在西雍,或在咸阳。"

秦的刑罚适用的完善程度，还可以通过连坐制进一步得到印证。正如第三编中所述的那样，在秦代，连坐刑并不是简单地对犯罪者的家属和邻人等进行毫无原则的收监和处罚，而是明确规定了被适用罪行的构成要素、责任条件、适用范围以及免除等各个方面。可见，当时像缘坐、连坐这样在现代法系中没有的刑罚非常完善。

　　总之，秦代政治政策的实施，是依靠刑罚和恩赏并重的重赏严罚主义来实现的。《韩非子》作为"主所用术"提出的虽然是"必罚明威"和"信赏尽能"（《内储说》），但正如《韩非子》所提倡的，第一恩赏是爵禄。通过对秦代赐爵的实际情况及其性质进行考察的第四编《秦汉二十等爵制与刑罚的减免》可以看出，持爵可以减免刑罚的规定，使得刑罚和恩赏相互交错。而作为减免对象的刑罚，则主要是身体损伤刑即肉刑，这是在对秦刑罚进行考察时不容忽视的一点。

　　在秦的刑罚体系中，肉刑和非肉刑之间，有明确的界线。从"刑"一语在秦律中仅做肉刑使用这一点可以证实，肉刑与它之外的财产刑、罚金刑等具有本质上的区别。驱逐是肉刑的本义，而财产刑、赎刑等其它刑罚都没有驱逐的意思。至少我从财产刑中找不到驱逐刑的因素。虽然死刑、肉刑等刑罚和耐刑、财产刑等处罚都是对犯罪的制裁，但在理念上却有质的区别。对此，有必要做更深层次的思考。可以说，肉刑是较多地保留了刑罚原始属性的制裁，而罚金刑、赎刑以及劳役刑则更具功利倾向。[①] 这里的功利，是针对国家的利益而言。秦代刑罚在独具

---

① 在这里，我认为赎刑和罚金刑更具功利性，是刑罚理念很薄弱的刑罚。不过，在代表西洋法制史的一般解释中认为，财产刑起源于损害赔偿的国家介入，赔偿金的一部分为国家所有。也就是说，由复仇向赔偿金转移。但对秦汉刑罚来说，这种观点不符。另外，关于中国刑罚的起源，小岛祐马氏认为，所谓赎罪起源于宗教意义上的赎罪是宗教的赎罪向法律的赎刑的转化（《关于支那刑罚的起源》，《古代支那研究》所收，弘文堂，1943年）。小岛的依据是族外制裁和族内制裁的二元起源论。不过，由于他完全是以经书为史料立论的，不能算作是对实际秦律汉律的实证研究。至少，从睡虎地秦律的分析来看，找不到赎罪（赎刑）的宗教性。详论见补编《秦汉刑罚——其性质及特征》。

理念的原始刑罚基础上，结合了有助于形成和维持帝国的功利性刑罚，应该说，这正是它的特色之所在。

拥有完善法体系的秦帝国，却异乎寻常的短命。导致这一结果的原因究竟是甚么呢？显然，认为过于苛酷的严刑主义加速了其灭亡的说法缺乏说服力。我更倾向于认为其超前的先进法制思想，在还保留有春秋战国时代余韵的中原、华北地区一下子很难被接受的观点。这个问题涉及到更为广泛的政治史，超出了刑罚制度考证的范围，不是本书所能解决的，只好留待后考。

继亡秦而建的汉帝国，最初采用的刑罚制度，如本书多次指出的那样，就是秦的刑罚。但就其王朝建立的过程来说，汉王朝不能一直原封不动地照搬秦的刑罚制度。以否定严刑主义法制国家为由而推翻了秦的汉王朝，公然采用秦的刑罚制度，是绝对不行的。至少在表面上，也要给人一种与严刑主义不同的宽政印象。

在社会趋于安定的高祖末年到高后、文帝时期的二三十年间，汉王朝分阶段对秦法进行了清理。本书第三编论及的收孥相坐律令就是其中的一个，接着，妖言诽谤令和三族刑等相继被废除。最终标志着完全脱离秦刑罚制度的是文帝十三年的废止肉刑。

由一个以拯救父亲生命为目的的少女的悲愿导致文帝废止肉刑，不仅彻底废除了黥、劓和斩趾刑等身体毁伤刑，而且造成刑罚体系本身的彻底改变。如前所述，秦刑罚是由肉刑和非肉刑两部分组成，废除肉刑就等于是对体系的重新构筑。汉代重新构筑的新刑罚体系，使秦以来的各种刑罚以劳役刑为中心，形成了一个纵向体系，并通过刑期这个时间系数达到序列化。通过导入秦没有的刑期概念，使刑罚除了死刑之外并列有五年到一年未满七个阶段的劳役刑。

这种以劳役刑为中心的纵向体系形成的主要原因，就是秦刑罚体系中劳役刑所处的独特位置。如前所述，汉承秦制时，作为秦刑罚基轴的劳役刑是一个十分重要的特征。在秦代，劳役刑是基础，与所有的刑罚相互关联。但随着肉刑废止出现的新的刑罚体系则是以劳役刑为主体。

从下面这个角度再来看看。

相对于极具原始属性的死刑、肉刑和赀刑等刑罚，秦代的劳役刑在国家运营方面更具功利性。秦为了突出这种功利性，采取了对所有刑罚附加劳役刑的制度，而汉把这种基础位置的劳役刑表面化。也就是说，汉代的刑罚体系把秦代刑罚制度中的功利性更向前推进了一步，并从实质性层面进行了继承和推广。名义上是实施德治政治，实际上推行的却是法治主义。说到汉王朝的儒术政策，劳役刑的统合或许是一个典型，名和实毫不抵触。在汉帝国的内政方面，如在长安城的建设、历代陵墓的营造以及各种土木工事等方面频繁役使刑徒的史实，在《史记》和《汉书》的《本纪》、《沟洫志》等中都有记载。毫无疑问，为了帝国安定和内政充实，汉也需要劳动力。另外，在外政方面，刑徒也被当作兵力使用。在《史记》和《汉书》的《四夷传》中，有关刑徒从军征讨四夷的记载很多。居延汉简中也能找到髡钳城旦舂等刑名。可见，在对付最大敌人匈奴的北方防卫中，刑徒的作用也不小。劳役刑是帝国发展不可或缺的劳动力和兵力的供给来源。另外，新的制度化了的刑期，也使劳动力得以稳定供给和有计划使用。在景帝和武帝时期，汉帝国的内政外交有了很大发展，而促使这种发展的主要原因之一，就是文帝时期的劳役刑统合制度。

既然文帝刑制改革在汉帝国的政策实施方面意义如此重大，那么从刑罚制度本身来说又将如何呢？

秦刑罚在肉刑和非肉刑之间有明显的区别，肉刑是一种较多保留刑罚原始属性的制裁，而劳役刑则更具功利性质。肉刑的废止，标志着具备刑法基本理念的刑罚的废止。那么代替肉刑的髡钳、釱趾等刑罚是不是具备完整而独立的刑法理念呢？答案是否定的。汉代劳役刑虽然增加了"劳役"比重,但却削弱了刑罚本质性的作用。换句话说,在重视政策、注重功利的过程中,刑罚的意义和法理念却显得有些欠缺,这也可以从罚金刑和赎刑等在汉代的变迁得到证实。

如第二编中所述,从秦继承来的赀刑和赎刑,经过文帝的刑制改革,被新的劳役刑所吸收,从而出现了新的赎刑和罚金刑。罚金刑对应于作为皇帝恩典的"赐金",抵赎的是皇帝或者皇室的恩赐,不是犯罪者在对被害者所致伤害进行补偿,而是君臣关系中臣下在对君主进行"赎罪"。

从另一个方面体现皇帝存在的是赎刑。在秦代作为正刑之一的赎刑,在被隐藏于劳役刑中之后,刑罚体系的外围出现了另外一种新的赎刑,即通过金钱、物品乃至军功,对所犯罪行和所科刑罚进行赎免。但律令中没有这样的规定。作为皇帝超法规专管的权限,它以一种类似于赦令的方式存在。

刑法中规定的刑罚,通过超法规的措施进行减免,以及允许这种超法规的现象存在,使得法的独立性减弱,从而隶属于拥有超越法规权限的皇帝。强调维持法的稳定性的法家思想主张,用法的度量衡排斥人格主义,[①]让政治从圣人的个人因素中解放出来,进而防止君主的主观干涉。可是,汉代赎罪的存在却是这一思想的倒行逆施。

另一方面,从皇权来说,赋予超越法规的职能比让刑罚单纯在法律中运营更能推行皇帝的政治。从西汉文帝到武帝再到宣帝的皇帝专制政治,与刑罚对皇权的让步和退却不无关系。但是,对于专制,即使是绝对无比的超法规特权的所有者,随着皇帝权力的弱势化和相对化,赎刑和赦这种所谓超法规的特权,反过来会成为加快权力弱化速度的重要因素。西汉晚期的赦令、赎刑令的泛滥和国力的衰退,正是这一现象的真实写照。

---

① 田中耕太郎:《法家的法实证主义》,福村书店1947年。

皇权和刑罚相关关系的出现，肇始于文帝十三年的刑制改革。劳役刑吸收以往的赎刑和赀刑，形成了功利性的刑罚体系。这一过程被认为是由刑罚本身应有的理念弱化引起的。但实际上，其远因在秦律中就已经存在。

所谓刑罚本身应有的独特理念，当然是指刑罚的目的及其基本精神。但它最终还是以罪是什么，针对它科处的刑罚的抵赎对象是什么，以及如何使因损害而造成的恶果得到补偿等为终结的。已经多次指出过，在秦律中，罪（crime）和罚（punishment）这两个概念之间没有严格的区分。由此导致赎罪、赎刑的含义和对象的确定暧昧化，抵赎所需物品、金钱的范围不固定化，以及罪这种负面行为（经常被作为对皇帝有功与否的当量函数来衡量）与功绩这种正面行为相抵消的现象发生，为皇帝私人权力介入国家制裁提供了条件。由废止肉刑引起的刑罚制度上的变化，与刑罚减免产生了直接关系。

作为秦汉帝国支配体系中历来备受注目的二十等爵制，以及授与有爵者通过削爵减免刑罚的特权规定，在秦代确有过实效性。只不过，作为减免对象的刑罚，是指被科处"刑罪"、"死罪"者。也就是说，只限于适用肉刑的囚犯。可见，有爵者的刑减免，完全是一种以回避肉刑为前提的法措施，与肉刑这种刑罚的基本含义密切相联。但在肉刑被废止以后，以往的制度已不成立，因此不得不进行改变。对此，第四编中已有详述。必须承认，秦和汉用爵位减免刑罚的实际情况完全不同。

行文至此，就已经涉及到更本质的问题了。在秦律中，"刑"是表示肉刑的狭义上的法律术语，"刑不上大夫"的规定，也是指对有爵者回避肉刑的法措施。但是，在肉刑被废除以后，"刑"这个术语一般被当做更广泛意义上的刑罚、处罚来使用。这样，本来与"耐"、"赀"相对应的形而下的法律术语"刑"，升华成与"德"、"礼"相对应的形而上的抽象用语，"刑不上大夫"的规定也变成了礼的理念。在这里，礼和刑的二元世界在政治思想上得到了进一步明确，从而最终反过来影响了法制度。秦未被承认的礼制与法制相互补充的关系，在这里得到了体现。

以上，对本书的内容做了一个简要概括。由此可知文帝十三年以废止肉刑为主的刑罚改革，引发的秦汉刑制的变化。如果要对中国法制史进行分期的话，那么首先应该是秦律的确立，而秦律的终结则在文帝十三年。

虽然用了很多文字，占了大量篇幅，可是遗留的问题仍然不少。有些刑罚，如秦代的迁刑，汉代的禁锢刑等，都有加以分析讨论的必要。另外，其它可列举的课题也很多，这里只就其中两个问题作一些探讨。

一个就是前面已经提及的礼和刑的问题。在秦代刑罚中，礼教、礼制并不具有与刑制相对应的位置。可是到了汉代，尤其是武帝时期以后，礼与刑具有或相对、或表里的密切关系。在第四编小结"刑不上大夫"部分中对此做过一些讨论，本章也进行了反复论述。在西汉后期，兴盛起来的儒学和礼教，与刑罚的关系日趋紧密。到了东汉，众所周知，礼教主义更加盛行，东汉时期刑罚制度来自礼制的影响就更不容忽视。

礼制和刑制的交叉最明显的例子，是第三编考察过的汉末围绕缘坐制的适用范围所发生的变化。刑罚的适用开始以丧服制这样的礼制度为基础，从而使刑和礼的关系在现实制度上得到了反映。关于包括丧服制和刑罚适用在内的广义上的刑礼问题的考察，本书仅仅开了个头，并没有做任何实质性的研究。如果对这一问题不予解决，三国、魏以及晋代刑罚制度的研究就无法进行。

第二个是秦汉刑罚制度与春秋战国时期诸侯国刑罚的关系。现有的观点认为，法典是依魏李悝《法经》、商鞅六律、秦律和汉律的顺序进行继承和改编的。法典的这种传承方式说明，作为主要内容的刑罚也应基本上沿袭。不过，现在对此似乎应该有重新考虑的必要。

在对隶臣妾的问题进行讨论时曾经指出，隶臣妾这种刑名为秦所首创,在东方诸侯国,例如鲁国中,它以其它名称和体系存在。秦没有鲁国的"罚金"刑名,但据《韩非子》记载,作为财产刑的"赀刑",却在秦昭襄王时代就已经存在。

另外,在秦律中,关于同害复仇刑的因素,哪怕是凤毛麟角也找不到。但在先秦的文献史料中,却有与同害刑性质相关的刑罚的记载。不过,那不是秦的刑罚,而是以包括魏在内的东方诸侯国为舞台记述的东方诸侯国的共有物。这就是说,李悝、商鞅和统一以后的秦未必可以连成一线,甚至可以说,秦律和先秦时代东方诸侯国的刑制根本就属于不同系统。

汉代刑制承袭秦制,但如罚金刑所反映的那样,在其外围也吸收了秦以外战国诸侯国的法律,并最终成了正刑的一个组成部分。也就是说,汉代法制以秦制为框架,又创造和部分吸收了其它诸侯国的法制度。相信以后新出土的资料可以填补先秦和秦统一后法制度的空白。

当然,利用新出土资料对秦汉刑罚制度进行考证的本书,以后难免也会因更新资料的出土而被重新修订。

补编

秦汉的刑罚
——其性质和特征

在这本以《秦汉刑罚制度研究》命名的书中,主要探讨了至今为止不甚明了的刑罚制度。对刑罚思想、罪罚意识以及与其它时代、其它地域刑罚的比较研究等,虽然做了一些探讨,但并没有从正面展开论述。

毫无疑问,以弄清制度的存在方式为终结,不再从解释学或理论上做新的探索,是法制史研究应有的态度。但是,作为制度背景的刑罚思想,换句话说,就是秦汉时代的刑罚是在何种目的下实施的;秦和汉律(刑法)的依据、特征以及当时有关犯罪与刑罚的观念等等,还是有专设一章进行讨论的必要。这样做可以加深对法制度以及中国古代史全貌的理解。

在前四编的基础上加上本编,从全文的构成来说,也可以算做是对本书的总结。不过,前四编完全是以制度为中心展开的,作为本书的主要部分,应该说已经有了一个了结。增设补编,即《秦汉的刑罚——其性质及特征》,主要是想对法制度深层次的法意识进行考察。

一、约和律

汉高祖刘邦进军关中后,与关中诸县的父老及豪杰曾约"法三章":

> 召诸县父老豪桀曰:父老苦秦苛法久矣,诽谤者族,偶语者弃市。吾与诸侯约:先入关者王之。吾当王关中。与父老约,法三章耳:杀人者死,伤人及盗抵罪。余悉除去秦法。
>
> 《史记·高祖本纪》

《汉书·刑法志》中也有关于这个法三章的记载。不过《刑法志》紧接着还记述了相国萧何制定律九章的内容。

三章之法不足以御奸,于是相国萧何捃摭秦法,取其宜于时者,作律九章。

汉律从法三章到九章律逐步完善的记载,在历代《刑法志》中都可以看到。

这里想要探讨的是"约法三章"的"约"或"约束"。前引《史记·高祖本纪》中,除了与父老的"法三章"之外,还有与诸侯的"入关约",有两个约。"约"、"约束"在战国秦汉时代的史料中随处可见。那么,所谓"约",到底是什么样的法律规范;具不具备法律强制力?约和律令之间究竟有何关系?

之所以要重新探讨约和律的关系问题,是因为《史记》中有这样的记载:

> 何守关中,侍太子,治栎阳。为法令约束。
>
> 《史记·萧相国世家》

在对萧何的政绩进行表述的上文中,记有"法令约束"的文字。另外,在《史记·汲黯列传》中记载有汲黯对张汤改定律令一事的批判文句,其中也涉及到了约。

> 张汤方以更定律令为廷尉,黯数质责汤于上前,曰:公为正卿,上不能褒先帝之功业,下不能抑天下之邪心,安国富民,使囹圄空虚,二者无一焉。非苦就行,放析就功,何乃取高皇帝约束纷更之为?
>
> 《史记·汲黯列传》

值得注意的是,在上文中,"更定律令"与"高皇帝约束"相互对应。关于战国秦汉时期的约,已有增渊龙夫的著作名论考《关于战国秦汉集团的"约"》。[①]它是学界对战国以降社会人的结合方式以及集团的支配

---

① 增渊龙夫:《关于战国秦汉集团的"约"》,《中国古代的社会和国家》1960年,弘文堂,新版第996页,岩波书店。本文引用的页数依新版。

关系进行考察时必须参考的巨作。相关内容,其实已经没有必要重述,但出于行文的需要,姑且简要概括如下。

春秋时期,维系君与臣、个人与个人之间信用关系的"盟"和"誓",是通过神明的力量来确保其拘束力的。但这种拘束逐渐失去了力量。依靠神明获得的巫术拘束力,最终由人的组合关系中"信"这种新的维系力所代替。在战国、秦汉乃至后汉时期,保持法的拘束力,从内部支撑集团的向心力,并发挥强化功能的是集团内缔结的从传统习惯中产生的依靠情感结合维系的"约"与"约束"。

增渊氏所说的具有代表性的集团,就是刘邦集团。另外,还有战国时期的几个战斗集团、东汉末的赤眉集团以及田畴集团。这些集团无一例外地都缔结有约,作为"具有强制力的法规范"(增渊,182页),"用法以外的其它强制力从外部对人们进行约束"。

不过,增渊氏在对约的解释中,把集团内部缔结的"约束"和"律令",统称为具有法律强制力的规范,没有从正面对二者的关系进行论述,也未对二者做严格的区分。有时约与律同义,有时律又是约的延伸。也就是说,增渊说给人一种约为法之源的印象。他认为,前引《史记·萧相国世家》中萧何所制定的"法令约束"是事律三篇,而《史记·曹相国世家》中"参代何为汉相国,举事无所变更,一遵萧何约束"一语中的"约束",才是指萧何制定的律令(九章律)。同时,他还认为,《史记·汲黯列传》中记载的对张汤进行非难的汲黯语,即"何乃取高皇帝约束纷更之为"中的"约束",是高祖刘邦制定的律令,是国家的法令。可见,在增渊氏看来,"约"和"律"没有明显区别。那么,"约束"和"律令"果真一致,且"约"是秦汉帝国的法之源吗?

有关律令和约束,大庭脩先生也做过考察。① 他认为,应该把国家

---

① 大庭脩:《关于(制诏御史长沙王忠其定著令)》,《秦汉法制史研究》1982年,创文社。

统治的律和集团间缔结的只在其内部发生效用的约区分开来。

虽然两者确实都具有强制拘束力，但我还是很难接受增渊氏律是约的延伸，约是法之源的观点。下面，就这一问题谈谈我的看法。需要申明的是，有些地方会重复大庭说。

作为反映约和律之关系的资料，前引《史记》中的两则记事，这里有必要重复引用。首先是《史记·萧相国世家》中的那一段，对留守关中、建都栎阳的萧何"为法令约束"的"约束"，增渊氏认为具体内容是指九章律中的兴律、厩律和户律，即所谓的事律三篇（增渊，178页）。

为了证明这一点，他援引了贝冢茂树先生的观点。[①] 他认为，作为从后方向楚汉战争前线补充兵力物资的法律依据和保证，萧何在当时最先制定的是事律三篇。另外，他还根据荀悦《前汉纪》"萧何守关中，治栎阳宫，定约束，转漕给军，专任关中事"的记载，进行了论证。仅看《前汉纪》，"定约束"和"转漕给军"的确直接关联，约束的内容就是"转漕给军"，即补充军资。但结合《史记》来看，就不难发现它实际上是对《史记·萧相国世家》的一种概括。《史记》中原来的记载是：

> 为法令约束，立宗庙社稷宫室县邑，辄奏上，可，许以从事；即不及奏上，辄以便宜施行，上来以闻。关中事：计户口转漕给军。
> 汉王数失军遁去，何常兴关中卒，辄补缺。

可见，"约束"和"转漕给军"并没有直接关系，也不是对约束内容的具体表述。

另外，户、兴、厩三律，虽然可以看作是对户口、兵役和繇役进行征发、驿传的有关规定，但又怎么能说它与楚汉战争前线有直接的因果关系呢？贝冢氏所谓的"作为治国之法，制定了法律"（著作集三卷，299

---

① 贝冢茂树：《汉律略考》，《贝冢茂树著作集》第三卷，中央公论社1977年。

页)和"当时制定的是其原形"(同上,299页),具体是指甚么呢?对此,我不是很清楚。总之,从现有史料还无法证明萧何制定的约束就是事律三篇。

另一则记事,即在《史记·汲黯列传》中,针对张汤的"更定律令",汲黯有过"取高皇帝约束纷更之为"的非难。其中的"高皇帝约束",增渊氏认为是高祖制定的律令。

对此,大庭氏有极富启发性的反论。他认为,从传统型重臣张汤来看,律令甚至约束很相似;而从法的角度来看,传统型重臣和酷吏的对立,实际上是集团约束和国家律令的对立。他的这个认为高祖集团在向汉帝国转变的过程中律令优先甚至凌驾于约束之上的观点,应该说正中要害。

不过,汲黯没有集团约束和国家法律都是集团内规范的意思。《史记·汲黯列传》"何乃取高皇帝约束纷更之为"的"约束",即使不做"高祖制定的律令"解,也完全可以理解。武帝时期,张汤曾使好几项律令得以立案,并实现立法化,因此受到汲黯的非难。但非难并不能理解为"为何要把刘邦时期的法三章等约束变成现行法律,从而遍撒法网呢"。另外,把高祖时制定的"九章律"看做是"高祖约束",也显武断。

史料所见"约",一般都会有以下几个共同特征。

第一,如"与诸侯约"和"与父老约",一般要说明缔结约束的对方。即使是一方的强制,形式上也要表现为当事者共同协商基础上的缔结。而且,按照正规方式缔结的约,不只是单纯的口头约定,还要互换文书。①

具有很大强制力并发挥过作用的是战国到秦统一的军事集团之间的约束。当时,执行者要在士卒面前宣读形成书面文书的约束,以至于"三令五申"。这是缔结约束后一种象征性的仪式。通过这种仪式,以期

---

① 增渊前引论文,参考第170页。

在军队中取得认同。①

第二个特征如大庭氏所言,约束完全是在集团内部发挥作用的规则。由于是集团首长与集团成员之间的缔结物,只在相应的环境下有效。也就是说,国家和人民,皇帝和臣下之间不存在类似约或约束的东西。

还需要指出的第三个特征是,约中没有罚则规定。说"没有罚则",会招致"法三章"和"军法"该是什么的反驳,会遭到法三章中的"杀人者死"、"伤人及盗抵罪"难道不是罚则的质疑。

这些确能给人一种诸如对违反者进行惩罚的印象。不过,不要忘了先于其而存在的秦律。关于秦律中规定的对违法行为进行制裁(刑罚)的具体情况,本书已有过系统论述。与经过阶段性多重性的整合后有机组合的刑罚相比,法三章中"死"、"罪"所表现的应该说具有强制执行的性质。缔结约束的当事人是否把它当做罚则规定,还值得怀疑。

　　杀人者死,伤人者刑,是百王之所同也,未有知其所由来者也。
　　　　　　　　　　　　　　　　　　　　　　　　《荀子·正论》
　　墨者之法曰:杀人者死,伤人者刑。此所以禁杀伤人也。夫禁杀伤人者,天下之大义也。
　　　　　　　　　　　　　　　　　　　　　　　《吕氏春秋·去私》

可见,"杀人者死,伤人者刑",不是刘邦和关中父老之间约定的什么特别规定,而是"百王之法"、"天下之大义",是习惯法则。也可以说,是"危害人者当罚"这一习惯说法的阐发,它不是刑罚规定的替代物。

另外,可能还有观点认为军队中的制裁是严格的,不应该是习俗的道德的规定。那么,军约中有没有针对违约制定详细而又成型的罚则规

---

① 增渊前引论文,参考第170—175页。增渊氏认为,战斗集团的约或约束具体的是指军法、军律和军令。但是,在国家成文法规还没有成立的阶段,使用"军律"、"军令"等术语会招致混乱。

定呢？没有。军队中的处罚只针对不服从命令，保证这种制裁有效性的不是约，而是由皇帝下放给指挥官的指挥权。

不过，依靠约束进行的强制是建立在个人信赖关系之上的增渊说值得肯定。但由于有太多的习惯和道德伦理的成分，缺乏律所具备的明确而又成型的强制措施，无章可循，其强制力因此会被减弱。

约，不单是存在于战国到汉初以及西汉末年声势浩大的赤眉集团，在整个汉代乃至以后的社会各阶层，都一直发挥着维持集团秩序的作用。而且，以不同于律的次元方式存在。① 边境出土的简牍中，各烽燧间为了传递信号而缔结的约束"塞上烽火品约"（EPF16·1—17 及其它残简），可以说就是军事集团内部的约即军约的一种。另外，还有关于买卖方面的约（钱约）。

建昭二年闰月丙戌甲渠令史董子方买鄣卒欧威裘一领直七百五十约至春钱毕已旁人杜君隽

居延汉简 26·1

像这样的买卖契约简，居延汉简中还有 262·29、EPT52·323、EPT57·72、EPT59·555、EPT22·419A·B 等简。另外，敦煌汉简中的 D846A、D1149A、D1708A 等，也属这一类。在这种被称做"钱约"的约中，没有关于违约的罚则条款。

---

① 从东汉末到三国时代，作为考察集团约的绝好史料，增渊氏也引用来展开自说的是《魏书》卷一一《田畴传》田畴集团内的约。不过，增渊氏对当时情况下约的分析解释，我不能苟同。他认为"田畴用以刑法、礼法为内容的'约束'奠定了赢得父老支持的基础"。他之所以这样解释的依据是《魏书·田畴传》中的如下记载："畴谓其父老曰：……愿推择其贤长者以为之主。皆曰：善。同佥推畴……畴乃为约束相杀、伤、犯盗、净讼之法，法重者至死，其次抵罪，二十余条。又制为婚姻嫁娶之礼，兴举学校讲授之业。"

增渊氏把"为约束相杀伤犯盗净讼之法"读做"为约束，相杀伤犯盗净讼之法"，认为"约束"就是"杀伤犯盗净讼之法"。这里的"相"是"补助"的意思，即使从此可以证明约具有补助律的功能，但把约确定为"完备了的刑法、礼法"（增渊，第180页）仍然有错误。

那么，一旦出现践约行为，该怎么办呢？下面的简文就与此有关。

贷甲渠候史张广德钱二千，责不可得，书到验问审如猛言，为收责言，谨验问广德

对曰：乃元康四年四月中，广德从西河虎猛都里赵武取谷钱千九百五十，约至秋予。

EPT59·8

上简是对不履行钱约进行申诉的证书（爰书）的一部分。在这里，官方替契约者督催违约方。虽然不清楚官方介入的原因，[①]但有一点是清楚的。那就是，约中没有针对违约行为进行处分的规定，约不能保证债权者对债务者的强制处理。官方是根据情况，按照法律规定进行定罪量刑的。以《建武三年候粟君责寇恩事》为标题的三十六枚居延汉简（EPF22·1—36），正好反映了这一史实。

这三十六枚简，是甲渠候粟君雇用寇恩前往䚡得县，用通行钱四十万买鱼五千头的"约"没有被履行的爰书。这里不打算对有异议的诉讼内容进行考证。但需要指出的是，官方依律处置了践约行为，认为其适用于"证财物，故不以实，赃五百以上，辞已定，满三日不更请者，以辞所出入罪反罪"的与伪证相关的法律条文，并最终以"政不直者之法"给粟君定了罪。

也就是说，对违约的处罚或强行处理，完全是由官方根据律文规定的处罚来进行的。没有罚则规定的约，虽然不能称做强制法规，但由于和其它法规有关连，可以说其本身从一开始就有效。但是，约和律并不存在交叉，充其量只是律的外缘和补充，不可能变成法之源。

约和律的不同之处可用表列如下：

[①] 在这种情况下，由于甲渠候史一职与违约相牵连，也可以认为是官署的介入。不过无论如何，都有待后考。

表补 1　律和约不同之处

律	约束
帝国的法规范，在国家组织存在的社会中，国家是维持和实施法的基础。	特定集团内有效的规范。通过集团协议和集团人的结合来维系。
法的强制是自立的，在有一定的必要条件时，本身就具有相应的强制装置。	由于直接或间接的与自立法规范关联，从一开始就具有法规范的性质。但是属于非自立的规范。
作为法规范，具有强制力，而且也一定伴随有使之有效的制裁（刑罚）规定，并且是定型的。	由于具有习俗规范和道德规范的性质，未必一定伴随有制裁的规定。即使有制裁规定，也不定型。
依赖于主权者单方面的命令成立并得以实施。	在集团的构成成员和集团首长之间成立，为此，两者通常都采取哪怕是形式上的某种协议缔结的方式。

上面，对约和律的范畴和属性进行了陈述。总而言之，在律中，没有集团间根据协议达成的"约"的属性。律完全是一种由主权者一方制定的自上而下的法规。秦汉帝国的立法权，不用说属于皇帝。皇帝的制诏，作为律或令，会不断被增补到正式法规中去。

这让人想起秦帝国成立之时，即皇帝诞生之际的如下著名记载：

> 臣等昧死上尊号，王为秦皇。命为制，令为诏，天子自称曰朕。……王曰：去泰，著皇，采上古帝位号，号曰皇帝。他如议。制曰：可。

《史记·秦始皇本纪》

对看法未必一致的皇帝称号的由来及其含义，这里不做深究。需要注意的是，在决定皇帝称号时，也含有命和令，也随之分别变成制和诏的意思。上义下达被叫做"命令"与被称做"制诏"，不就是一回事吗？那么，名称变更的原因究竟是什么呢？我认为，随着皇帝这一主权者的诞生，其下达命令的称谓被置换成"制"和"诏"的做法说明，皇帝的命令比以前的国王的命令提高了一个档次,从而确立了它与具有绝对权威的律的相同地位。另外,同时期进行的统一文字的规定,也不仅仅是书体上的统一,它和各种文书使用的书体赋予的等级区分一样,也是为了达到提高文书权威的目的而采取的举措。[①]

这样,与集团间协议达成的约或盟完全不同,由绝对权威制定的具有法的强制力的律就成立了。而刑罚则是律所规定的强制措施、定型制裁。它既不是约中所有的,也不是从约中产生的。

行文至此,对约与律的考察就暂告一段落。相关问题在本编三"秦汉的刑罚"中还将重新讨论。

二、罪与罚

在这里,拟就秦汉时期的罪罚问题进行探讨。

作为违法行为的罪和对违法行为进行制裁的罚,在秦律和汉律中没有区别。至少,在秦汉时期没有罪与罚是一对不同概念的认识。对此,本书已多次提到。虽稍显重复,这里仍想就这一问题再做一些讨论。

"罪",《说文解字》七篇下做"捕鱼之网"解。在秦统一以前,这个字以"辠"为正字。睡虎地秦简中用的就是"辠"字。但在秦统一后的云梦龙岗秦简中成了"罪"字。居延、敦煌等地出土的汉简中,"罪"字用的就更普遍了。

关于"辠"字的含义,《说文解字》做如下解:

辠,犯法也。从辛自,言辠人戚鼻,苦辛之忧,秦以辠似皇字,改为罪。

《说文解字》十四篇下

[①] 拙稿《二十一世纪的秦汉史研究》(《岩波讲座:世界历史》第三卷,1998年)。

在《说文解字》中，罪确实是"犯法（犯辠）"，即违法行为的意思。但在紧接着的说明中，便由违法行为的罪向被科处刑罚带来的痛苦方面倾斜了。

有关"罚"字本身的解释，见于《说文解字》四篇下。"罪之小者也"，即不属于肉刑"辠"的"小罪"。总之，在《说文解字》中，虽然罪是作为违法行为定义的，但很难说罪就只限于加害者的行为，罚就专指对加害者进行的制裁或处罚。两者在含义上有接近甚至交叉的倾向。

在睡虎地秦律中，"罚"只有厩苑律一例可以确定。

以四月、七月、十月、正月肤田牛。卒岁，以正月大课之，最，赐田啬夫壶酉（酒）束脯，为旱〈辠〉者除一更，赐牛长日三旬；殿者，

八〇

谇田啬夫．罚冗皂者二月。其以牛田，牛减絜，治（笞）主者寸十。有（又）里课之，最者，赐田典日旬；殿，治（笞）卅。厩苑律

八一

"厩苑律"中的这个"罚"，不是刑罚的意思，而是指在评价养牛者时，与优秀者的"赏"相对的"叱责"或"谴责"。确切地说，就是"罪之小者也"。

在秦简中，不是没有"罪（辠）"字真正被当作违法行为的意思使用的例子。如：

夫有罪，妻先告，不收。妻賸（媵）臣妾衣器当收不当？不当收。

五四〇

但是，在下面数例中，"罪"却都不是犯罪行为，而是对罪犯进行的制裁。

●葆子狱未断而诬告人，其罪当刑为隶臣，勿刑，行其耐，有（又）毄（系）城旦六岁。●可（何）谓当刑为隶臣？●葆子□□未断而……

四七九

甲徙居，徙数谒吏，吏环，弗为更籍，今甲有耐、赀罪，问吏可（何）论？耐以上，当赀二甲。

五一七

害盗别徼而盗，驾（加）罪之，●可（何）谓驾（加）罪？●五人盗，臧一钱以上，斩左趾，有（又）黥以为城旦；不盈五人，盗过六百六十钱

三七一

伍人相告，且以辟罪，不审，以所辟罪罪之，有（又）曰不能定皋人，而告它人，为告不审……

四六六

这几条资料本书已多次援引过。四七九简中的"罪当刑为隶臣"，即"罪当（刑罚名）……"，是其他睡虎地秦简中常见的量定刑罚时使用的套语。由于"当"一词不是对罪的认定，而是对刑的量定，所以"罪当……"的"罪"字，就是指应该科定的刑罚。

五一七简中有"耐罪"、"赀罪"等术语。"耐"和"赀"也是本论中曾不止一次提到过的刑罚名。在刑罚名下缀有"罪"字的，还有"死罪"、"刑罪"等，可以释为"罪当死刑"、"罪当肉刑"的意思。但如果做死刑、肉刑、耐刑等刑罚来解释，则更有利于对整个条文的理解。"耐以上"一语，是指重于耐刑的意思。由于"耐以上"的"耐"承接前面的"耐罪"，那么，"耐罪"就可以理解为"耐刑"。

如果"有耐赀罪"做"当处耐刑赀刑"解，则前面五四〇简中的"夫有罪"就有重新考虑的必要。前面曾做"夫犯有违法行为"解，但如果从"有罪"与"有耐罪"在表现方法上一致性上来看，则完全可以理解为"夫被刑罚适用"。

"罪"被当作刑罚意思使用的情况，从接下来的三七一简可以得到

进一步证实。其中,"驾罪"的具体内容,就是指给斩左趾刑附加城旦刑。城旦刑是指在原有基础上附加的刑罚。"驾罪"的"罪"是刑罚的意思,驾(加)罪只能是"附加刑"。

关于四六六简,如前论所示,"以辟罪"所要回避的不是罪,"罪之"也不是"所辟罪"中犯下的罪行,而是同伍者为了回避刑罚适用的举动。在这种情况下,有用想要回避的刑罚适用之(以所辟罪罪之)的规定。条文中所见的"罪"也应做刑罚解,罪名是告不审罪。

以上,是对睡虎地秦简中所见罪的考察,有关情况在汉代也是一样。

☐罪司寇以上各以期☐

457・2

驾罪一等其为☐

EPT52・163

☐其减罪一等当安世以重罪完为城旦制曰以赎论●神☐

EPT52・280A

☐言何罪耐司☐

EPT65・519A

以上都是居延出土的汉简简文。其中,457・2 中的"罪司寇以上"和前面睡虎地五一二号秦简的表现方法相同,是科处司寇刑以上刑罚的意思。EPT68・519A 的"言何罪耐司",虽为断简残文,但表述的罪是耐司寇的意思。EPT52・163 中的"驾罪一等",也是睡虎地三一七号秦简所谓的附加刑一等的意思。相反,表现减刑一等意思的则是 EPT52・280A 中的"减罪一等"。具体地说,就是一个叫安世的人虽被论处为完城旦的重罪,但是根据制诏却应减罪一等为赎刑。这里的"减罪"、"重罪",毫无疑问都是刑罚的意思。

从上面数例可知,汉简与秦律一样,"罪"一词不是被作为 crime,而是被作为 punishment,也就是刑罚的意思使用的。

虽说是对罪与罚含义的考证，但本文主要是围绕秦简及汉简等简牍资料来进行展开的。《史记》、《汉书》等文献史料中所见的"罪"和"罚"，情况与之相同，可以列举的例子也不胜枚举。之所以仅限于简牍资料，是因为这些资料都是司法、行政类的原始文书和法律条文，记录于其中的术语都是在当时司法与行政上通行的法律术语。也是因为这些资料与司马迁、班固等人的个人主观不同，是秦汉时期普遍解释的真实反映。

不过，我在考证过程中极力否定把"罪"限定为违法行为 crime 的同时，又过分强调"罪"作为处罚 punishment 的意思，这也许会导致"罪"在秦汉时期只做处罚、制裁之义使用的误解。下面，拟在上述考察的基础上，对罪与罚的含义做个总结。

是不是说在中国古代的法律及法学家那里，违法行为的罪和针对这种罪进行的处罚之间根本就没有区别，或者说"罪"一词被当作"刑罚"的意思混用了？不是。例如，《荀子·正论篇》在对"象刑"的解释中对刑罚和罪有这样的论述：

> 凡爵列、官职、赏庆、刑罚，皆报也，以类相从者也。一物失称，乱之端也。夫德不称位，能不称官，赏不当功，罚不当罪，不祥莫大焉。……杀人者死，伤人者刑，是百王之所同也，夫有知其所由来者也。刑称罪，则治；不称罪，则乱。故治则刑重，乱则刑轻。

在同书《君子篇》中也有类似论述：

> 故刑当罪则威，不当罪则侮；爵当贤则贵，不当贤则贱。古者刑不过罪，爵不踰德。故杀其父而臣其子，杀其兄而臣其弟。刑罚不怒罪，爵赏不踰德，分然各以其诚通。

在这里，"刑当罪"、"刑不当罪"、"罚不当罪"、"刑不过罪"中的"刑"、"罚"和"罪"，与"功"和"赏"相对应。也就是说，对功绩这种善的行为进行褒奖的"赏"、"爵"与对犯罪这种恶的行为进行制裁的"罚"，是一种对应关系。除了《荀子》外，在法家思想的代表作《韩非子》

中，对罪与罚也有较为清楚的阐述。

> 古秦之俗，君臣废法而服私，是以国乱兵弱而主卑。商君说秦孝公以变法易俗而明公道，赏告奸，困末作而利本事。当此之时，秦民习故俗之有罪可以得免、无功可以得尊显也，故轻犯新法。于是犯之者其诛重而必，告之者其赏厚而信，故奸莫不得而被刑者众，民疾怨而众过日闻。孝公不听，遂行商君之法，民后知有罪之必诛，而私奸者众也，故民莫犯，其刑无所加。是以国治而兵强，地广而主尊。此其所以然者，匿罪之罚重，而告奸之赏厚也。
>
> 《韩非子·奸劫弑臣》

和《荀子》一样，《韩非子》也认为罪与罚的关系和功与赏的关系一致，即罪和功是行为，而罚和赏则是根据行为对行为者的处理。

在《荀子》和《韩非子》中，刑罚和犯罪均属不同概念。但是在后来，两者之间概念逐渐模糊，语义开始混淆，明显的区别不复存在，一说到"罪"，总是被当做"罚"的意思使用。秦汉法律、司法及行政文书中所见的"罪"，就是这一现象的具体反映。确切地说，就是"罪"在残留有违法行为意思的同时，也含有对这一违法行为进行处罚的意思。在秦律中，"有罪"、"有耐罪"是"犯有违法行为应该使其得到处罚"，而"罪之"则是"确认其违法行为并进行处罚"。可见，当时"罪"有 crime 与 punishment 双重含义。

那么，罪与罚为何会出现这种错综复杂的关系呢？有关问题将在第三节中讨论。

三、秦汉的刑罚

刑罚是怎样起源的，又是出于何种目的执行的等等问题，无论是东洋法制史还是西洋的法制史上，都是被经常探讨的课题。

刑罚是指在共同社会里，当有人对其构成成员加害时，共同体代表被害者按照一定标准进行的报复。一般认为，刑罚的起源就是这种报复的法的制裁。但也有在此基础上进行进一步分析提出的刑罚二次起源论。

所谓刑罚的二元性，是指族外制裁（外部刑罚）和族内制裁（内部刑罚）。前者是指被害集团对外部的加害集团的制裁，通常采取血腥报复的方式。与此相反，所谓族内制裁，其对象是集团内部发生的对集团的禁忌、神圣的侵犯行为，如近亲相奸、性的禁忌侵犯等集团内的宗教罪。在这种情况下，首先剥夺他（她）正常生活的权利，使之失去法的保护，进而驱逐流放。所谓二元制裁，是古代日耳曼社会フェーデ事件和アハト事件的延续。后来，外部制裁和内部制裁出现融合，在通过政治权力进行控制干预转向强制性司法手续的过程中，フェーデ的和解由复仇向赔偿、通过支付赎罪金转化。フェーデ事件，除了极为严重的情况外，也使赎罪成为可能。[①] 总之，从程序化的司法手续和刑罚体系来看，后来刑罚的发展主要源于外部刑罚。

持刑罚体系的基本型是在报复向赔偿转化、外部制裁对内部制裁吸收的过程中形成观点的主要是西洋法制史家。有人认为古代中国刑罚的起源也基于二元论。

这方面的代表论著就是小岛祐马的《关于支那刑罚的起源》。[②] 在该文中，小岛氏认为中国古代刑罚的起源不是一元，而是族外制裁和族内制裁二元。具体地说，就是生命刑、身体刑源于族外制裁，自由刑、财产刑源于内部制裁。中国古代刑罚的二元性，与欧洲的缘起不同，不存

[①] ヨゼフ・コーレル《法的一般历史》，小野清一郎译，日本评论新社，1963；ハインリッヒ・ミッタイス《德国法制史概论》（世良晃志郎译，创文社 1954 年）；塙浩：《刑罚的历史——西洋》（《刑罚的理论与现实》，岩波书店 1972 年）；石尾芳久：《日本古代的刑罚体系》（《日本古代法的研究》，法律文化社 1959 年）。

[②] 小岛祐马：《关于支那刑罚的起源》（《古代支那研究》，弘文堂 1933 年）。

在复仇向赔偿转换的过程。在中国，所谓罪，一般是指宗教意义上的罪，赎罪也是发端于宗教意义上的赎罪。赎罪作为族内制裁替代物的出现，从起源来说虽然与以五刑为代表的外部制裁二元对立，但同西洋不同的是，中国的内部制裁体系经过发展最终成了公刑的基础。以上就是小岛氏的基本观点。①

对以日耳曼法为核心的西洋刑罚史，我没有发言的资格。但对中国刑罚史，至少围绕小岛的论点，我有很多不能苟同之处。

小岛在考证时主要援引的是《周礼》、《尚书》和《礼记》等经书。用经书来解析儒家的刑罚思想，或许还能说得过去；但用经书来考证现实刑罚制度和刑罚起源，其可信度究竟会有多大呢？对此，我一直都很担心。为了避免误解，换个说法，就是经书的史料性。由于涉及到经书的成书时间和内容的可信程度，很难说它在研究上能有多大价值。判断刑罚以何种基本观念为依据的史料实效性，首先要看这种刑罚是不是具体实施过。与此同时，还要看它是公的刑罚还是私的制裁，以及它是以何种法体系为基础构成的等等。从这个意义上来说，经书里所记载的刑罚，作为第一条件，其实效性很值得怀疑。

例如，小岛认为赎刑不是对刑罚的抵赎，而是对犯罪本身的抵赎，可以追溯到宗教意义上的赎罪，依据是《尚书》的《吕刑》和《尧典》。同时他还认为，宗教意义上的罪向法律意义上的罪的转化，可求证于《周礼·秋官》。但如本书业已论述的那样，汉代的赎刑是对刑罚的抵赎，而非小岛氏所谓赎罪（抵赎犯罪）的转化物。至于现实中是否存有宗教意义上的赎罪；秦律中的赀罪、赀刑是不是它的延伸等等，我认为还缺乏实证性。

经书中所见的刑罚制度以及刑罚思想，是从儒家立场上产生的理想化了的刑罚制度和刑罚思想。儒家的理想在秦的现实政治中究竟能有

---

① 石尾芳久氏也沿袭了小岛氏的观点。（前引石尾论文）

多大程度的反映呢？我认为，把汉代特别是武帝以后儒学变成国家意识形态时儒家思想和刑罚的关系，与先秦及秦统一后儒学未变成国家意识形态时儒家思想和刑罚的关系同等对待，显然有困难。应该说，在"独尊儒术"之前，儒家思想论著与同样是思想论著的《韩非子》和《商君书》（虽然作为史料也存有不少问题）给予秦律的直接影响力，有很大不同。

在考察刑罚制度时，以这种性质的史料为主要依据并结合宗教性来展开讨论刑罚的二元性，其结果会怎样呢？

姑且不论用刑罚二元论研究中国古代刑罚这一做法正确与否，首先把以外部制裁为特征的报应、同害复仇作为中国古代刑罚的原始形态的观点，就没有多大新意。

刑罚是天意的一种必然反映，不可带有半点私意恣情。它是神圣的、绝对的。如前所述，天意的刑罚具有西欧自然法的属性。如果认为中国古代刑罚观念是以这个自然法为基准实施的，那么中国古代刑罚的目的就不言自明。也就是说，它相当于西欧所谓的应报主义。因为，应报主义源于心理学意义上的复仇本能。虽然不能说没有赔偿意识，但从本质上来看，其重心主要表现在正义遭受侵犯时的必然反映（根本诚《上代支那法制的研究·刑事编》，有斐阁，1938）。

另外，仁井田陞在《中国旧法的同害刑和反映刑》一文中，也引用相关文献史料对应报主义的基础即同害刑（tario）和反映刑进行了考证。①

---

① 仁井田陞《中国旧法的同害刑与反映刑》(《补订中国法制史研究》刑法，东京大学出版社1980年)。

另外，西田太一郎氏也指出中国古代刑罚的目的为应报刑。西田氏注意到《荀子·正论》"凡爵列官职赏庆刑罚，皆报也，以类相从也"一语中的"报"字，认为是刑罚中的应报。同时分析，"因为班固在《汉书·刑法志》中引用了此文，可见他也认为刑罚的目的是应报"。

《荀子》所谓的这个"报"，并非从罪与罚的对应关系中推演出来的严格意义上的应报。而且注释中的"报，谓报其善恶"是指"针对善行或恶行给予官职、赏罚"的一般的抽象的意思，由此演绎出タリオ式的应报刑观念有些勉强。另外西田氏说《汉书》中引用了此文，但《刑法志》的"凡爵列、官职、赏庆、刑罚，以类相从也"省略了"报也"。

应该说，在认为中国古代刑罚中存在应报主义的诸位先辈的观点中，都一致认为应报、同害复仇并不是刑罚的唯一起源，另外还有其它刑罚观念。只是应报主义在中国古代刑罚（没有确切的时代概念）体系中占有相当比重。

那么，应报主义、同害复仇以及反映刑等刑罚的基本观念是不是真的存在于古代中国的刑罚中呢？答案并不那么简单。因为，"古代中国"不但时代概念模糊，而且公的制裁和私的制裁的界限也很暧昧。具体地说，在秦汉帝国刑法典（秦律、汉律）所规定的法定正刑中有同害复仇和反映刑的因素，应报也作为刑罚的目的存在过。但是，是不是就能说这是当时有意识的行为呢？

把被害者所受的伤害作为刑罚同样施加给加害者的所谓同害复仇刑，在文献史料中很难找到。稍有关联的只有《孟子·尽心篇》中的如下条文：

> 孟子曰：吾今而后知杀人亲之重也。杀人之父，人亦杀其父；杀人之兄，人亦杀其兄。然则非自杀之也，一间耳。

这只不过是对复仇的反复叙述。在这里，孟子不但没有言及刑罚和法定正刑，也没有提及复仇的进一步延伸就是刑罚。①

另外，反映刑又如何呢？包括先秦文献，作为体现反映刑的史料而受到注目的是《尚书大传》中的如下记载：

> 决关梁、踰城郭而略盗者，其刑膑；男女不以义交者，其刑宫。

不法翻越关梁、城郭进行掠夺用斩足刑，性犯罪则切割性器官。应该说，这是对犯罪时使用过的身体部位进行直接制裁的反映刑的如实反映。

---

① 上页注①中引用的《荀子·正论》条也一样。另外，仁井田氏在前引的《中国旧法的同害刑与反映刑》中说："在孟子里，无法直接证明当时用公的刑法实施アッシリア古法中所见的同害刑。"（第184页）

这里需要指出的是，如前面已经指出的那样，《尚书大传》这个儒家经典在法制史史料方面存有疑点。下面拟就此展开讨论。首先，宫刑如果是适用于男女之间的性犯罪，且对性器官加以损伤的刑罚（《尚书大传》确实是这么说的），那么它应该是反映刑的首选刑罚。这里所谓的性犯罪，是以"男女不以义交者"为依据的，这句话也见于《周礼·司刑》的郑玄注，不过很可能是以《尚书大传》为滥觞的。但在儒者伏生撰写该书的西汉文帝时期，宫刑却不是针对男女间性犯罪的刑罚。秦也一样。

在秦律中，男女之间的性犯罪被称为"奸"。

奸　爰书：某里士五（伍）甲诣男子乙、女子丙，告曰：乙、丙相与奸，自昼见某所，捕校上来诣之。

六七五

甲、乙交与女子丙奸，甲、乙以其故相刺伤，丙弗智（知），丙论可（何）殹（也）？毋论。

五四三

同母异父相与奸，可（何）论？弃市。

五四二

以上都是与性犯罪有关的案件。尤其是后面的五四二简，是属近亲相奸一类，按照反映刑的原则，理应被处宫刑。但适用刑罚却是一般的死刑即弃市刑，根本看不出反映刑的痕迹来。

我们再来看看前面涉及到的"不义"。在《尚书大传》中，宫刑适用于"男女不以义相交"。所谓的"不义"，并不是秦简中所见到的近亲相奸等行为。在《孝经》五刑章"五刑之属三千"条的郑玄注中，有"宫刑男女不与礼交者"。《周礼》司刑的贾公彦疏解释说，"以义交，谓依六礼婚者"。也就是说，按照儒家的说法，"不义"的"义"是指婚义。具体地说，就是《仪礼》士昏礼规定的纳采、问名、纳吉、纳征、请期及亲迎等六个阶段的婚礼仪式。所谓"不以义交者"、"不与仪交者",是指没有按照规定举行的婚姻。可以说,《尚书大传》就是根据它做出的解释。

儒家的礼说也许是那样。但是,在实际的法适用中,没有依照婚礼仪礼的婚姻被当做犯罪行为处以宫刑的做法并不存在。如前面在论及小岛说时所指出的那样,所谓"男女不义交者其刑宫",只是儒家倡导的一种理想。这也雄辩地说明经书作为法制史料的局限性。

如果《尚书大传》中所谓的宫刑可以作如上解,则膑(刖)刑在现实法制度中也未必存在过,它同样也可以看作是儒家的一种理想。事实上,要想找出对通过破坏关梁进行盗窃者科处砍足刑的事例也很难。[①]遭庞涓陷害而被处砍足刑的齐人孙子,并不是因为蒙有破坏关所或城壁进行抢夺的冤罪。

另外,从以下角度同样能得出否定宫刑和刖刑是反映刑的结论。

宫刑、刖刑包括在五种肉刑(五刑)中,除了宫、刖以外,还有黥、劓和死刑,它们都是秦汉法律中规定的法定正刑。对此,本书多处提及并进行过考察。如果古代中国的刑罚中确有反映刑的因素,那么从属于身体毁损刑的黥、劓也应该能看得出。《尚书大传》在宫刑之后,对其它肉刑也有解释。

> 触易君命,各与制度。奸宄盗攘伤人者,其刑劓;非事而事之出入不以道义,诵不详之辞者,其刑墨;降判寇贼劫略夺攘矫虔者,

---

① 《韩非子·外储说左下》有如下记载:"梁车为邺令,其姊往看之,暮而后门闭,因踰郭而入,车遂刖其足。"这里确实与《尚书大传》的"踰城郭而略盗者其刑膑"相符合。但除此之外,史料中并不见刖、斩趾适用于"踰城""踰郭"行为的案例。假设斩趾刑是反映刑,不会是针对"略盗"行为的,而是对"踰郭"、"踰城郭"的反映。在春秋战国时期,"踰城"这种行为在城郭都市中发生的频率究竟有多大?另外,不以盗窃为目的的"踰城"(梁车姊的情况)和以盗窃为目的的"踰城"是不是同等对待?对此,我不清楚。只是如果允许推测的话,会不会是由于梁车姊之故事(虽然不能确定它的真实性,况且梁车砍断姊足也是对法定正刑的适用)流传很广,《大传》据此记载了"踰城郭"事呢?也就是说很可能同出一源。

其刑死。

但看不出有反映刑的属性。肉刑中,只有宫、刖存在有反映刑的因素显然不合情理。

在滋贺秀三的论考《关于中国古代刑罚的考察》中,围绕五刑共通的刑罚基本观念,提出了与反映刑、同害复仇刑不同的观点。[①]

滋贺氏在对春秋战国时期刑罚体系的中心是死刑和身体毁损刑(肉刑),以及春秋时期对盟誓绝交的诅言和驱逐弃绝文字进行分析的基础上,发现死刑、肉刑都是以把加害者从社会或共同体中驱逐出去为目的。他认为这是中国刑罚的起源。

滋贺这种五刑基本观念中不存在反映刑属性的观点,极具说服力。在此基础上,关于秦汉时期刑罚的目的、罪与罚概念之间的合理解释才成为可能。

滋贺所考察的对象,主要是春秋战国时期,也就是秦律以前的刑罚。当时的刑罚,具有在共同体内进行处罚的性质。另外,由于共同体的盟约和誓具有不确定性,因此才有驱逐这种制裁。正如第一节"约与律"中所述,在帝国成立以后,通过单向命令颁发的律中规定的制裁,与以前的有本质上的区别。

在春秋战国时期的制裁中,看不出有应报、同害复仇的因素。秦汉的律与以前的约有质的区别。虽然说应报刑是指国家对个人复仇的代行,但是由于在统一国家成立以前,没有应报刑这种应该代行刑罚的基本观念,因此秦汉刑罚中看不出应报刑和反映刑的痕迹也是理所当然的。更何况,秦汉帝国规定刑罚的律,是以皇帝命令的形式颁发的,不存在共同体中个人的契约或协议。因此,由皇帝代行个人复仇的属性自

[①] 滋贺秀三:《关于中国古代刑罚的考察》(《石井良助先生还历祝贺法制史论集》,创文社 1976 年)。

然也就很淡薄。

不过，约与律两者有一个共同目标，即维护社会秩序。正因为此，才有盟约的缔结和律令的颁发。在盟约里，为了维护社会秩序，采取的是把恶人从社会中排除驱逐的措施。在帝国成立以后，维护国家秩序的手段主要是根据皇帝命令制定的律的立法化，更具主动性和强制性。可见，秦汉时期的刑罚，是维护社会秩序、保护国家和皇帝权益的主动性强制措施。它采用一种强制性的防范措施来防止恶害的发生。也就是说，它是以威慑和预防为目的的目的刑。威慑和预防是达到同一目的的两个互为表里的手段。

反映中国古代刑罚的目的是威慑和一般性预防的文献史料，很容易找到。[①]

> 夫严刑者，民之所畏也；重罚者，民之所恶也。故圣人陈其所畏以禁其邪，设其所恶以防其奸。是以国安而暴乱不起。
>
> 《韩非子·奸劫弑臣》
>
> 古之善守者，以其所重禁其所轻，以其所难止其所易。……夫贪盗不赴溪而掇金，赴溪而掇金则身不全；贲、育不量敌则无勇名，盗跖不计可则利不成。
>
> 《韩非子·守道》
>
> 公孙鞅之法也重轻罪。重罪者人之所难犯也，而小过者人之所易去也，使人去其所易无离其所难，此治之道。……行刑重其轻者，轻者不至，重者不来，是谓以刑去刑。
>
> 《韩非子·内储说》
>
> 殷之法刑弃灰于街者，子贡以为重，问之仲尼，仲尼曰：知治

[①] 仁井田陞也不是只注意到应报刑、同害复仇刑，他同时还对一般预防和威慑刑进行了考察（见前引仁井田陞：《中国旧法的一般预防主义》）。

之道也。夫弃灰于街必掩人，掩人人必怒，怒则斗，斗必三族相残也。此残三族之道也，虽刑之可也。且夫重罚者，人之所恶也，而无弃灰，人之所易也。使人行之所易，而无离所恶，此治之道。

《韩非子·内储说》

其立法也，非以苦民伤众而为之机陷也，以之兴利除害，尊主安民而救暴乱也。……其行罚也，非以忿怒妄诛而从暴心也，以禁天下不忠不孝而害国者也。

《汉书·晁错传》

彼以知为非，罪之必加，而戮及父兄，必惧而为善。故立法制辟，若临百仞之壑，握刃蹈火，则民畏忌，而无敢犯禁矣。

《盐铁论·周秦篇》

"国安而暴乱不起"（《韩非子·奸劫弑臣》）、"兴利除害，尊主安民"（《汉书·晁错传》）和"禁天下不忠不孝而害国者也"（《汉书·晁错传》）等，显然是指安定国家和维持秩序。为了达到目的，《晁错传》中提到要"立法"和"行罚"。法和罚应该是"民之所畏"的严刑和"民之所恶"的重罚（《韩非子·奸劫弑臣》），如"百仞之壑"、"握刃蹈火"等使民畏怖以致不会轻易犯禁，确实是以威慑和预防为主要目的的目的刑。

所谓预防，就是指预防犯罪。不过，在以上所举史料中，预防具有两种不同的属性。一种是通过执行刑罚，对犯罪者以外的第三者进行威慑以抑制犯罪。预防的直接对象不是犯罪者，而是可能走向犯罪的第三者。这里暂称其为"犯罪可能预防"。

另一种预防是对未然阶段的犯罪行为予以严惩，以防止其在犯罪完成时可能产生的严重后果。预防的对象与其说是第三者，不如说是犯罪者的行为，而且是萌芽阶段的行为。目的是提前防止犯罪行为的最终完成，称其为"犯罪完成预防"。

犯罪可能预防就是如今刑罚理论中所谓的一般预防、心理强制和第三者预防，希望通过威慑抑制犯罪。不过需要注意的是，与近代刑罚理论中的威慑和预防，即作为以费尔巴哈（1775—1833）（P.J.A.Feuerbach）为代表的刑罚法定主义基础的心理强制说倾向于"法的威慑"相比，由于法律威慑的效果不大，犯罪可能预防的威慑手段是指刑罚本身。[①]

　　众所周知，"法的威慑"与刑罚法定主义紧密关联。费尔巴哈由之引申出来的罪与罚，按罪刑均衡的原则规定于法律条文。[②] 但是，在提倡通过刑罚而非法律进行威慑的中国古代刑罚观念中，不但不存在演绎出近代罪刑法定主义的基础，而且由于没有罪罚均衡的意识，反而存在轻罪重罚重刑的现象。对此，不能不引起注意。

　　犯罪完成预防的典型事例则是"弃灰于街者刑"的法令，它是对同族成员之间杀伤事件在未然阶段的预防。[③]

　　有观点认为，所谓商鞅的"弃灰之法"在殷或秦代是否真的存在过，值得怀疑。如果该法果真存在过，那么它本身就是恐怖政治，这样的法能被为政者继承简直不能理解。

　　其实，"弃灰之法"完全是《韩非子》对刑事政策的一种比喻，但其中所反映的犯罪完成预防观念，在秦律中可以得到证实。

　　从秦律可以看出，刑罚适用的基本原则不承认未遂和既遂、主犯和

[①] 荆南之地、丽水之中生金，人多窃采金，采金之禁，得而辄辜磔于市，甚众，壅离其水也，而人窃金不止。夫罪莫重辜磔于市，犹不止者，不必得也。故今有人于此，曰"予汝天下而杀汝身"，庸人不为也。夫有天下，大利也，犹不为者，知必死，故不必得也，则虽辜磔，窃金不止；知必死，则天下不为也。（《韩非子·内储说上》）
《韩非子》所主张的是单纯通过贯彻法律，盗窃不会消失；逮捕犯人意识不到犯罪者绝对不能逃脱刑罚，就不会有效果。从而否定法的威慑，认为只有刑罚的威慑有效果。
[②] 庄子邦雄：《近代刑法思想史序说》（有斐阁1983年）。
[③] 仁井田陞认为"殷之法，弃于灰公道，断其手"之说可以看做是反映刑，仁井田陞《中国旧法的同害刑与反映刑》，但由于并不是都是切断手臂，多处引用的条文都不一致，所以看做反映刑有些勉强。

从犯之间的差别,两者的量刑是等同的。本书已经不止一次引用过的睡虎地秦简《法律答问》三八四简中,有这样的规定:

> 夫盗千钱,妻所匿三百,可(何)以论妻?妻智(知)夫盗而匿之,当以三百论为盗;不智(知),为收。

反映刑罚适用原则的秦简,还有三八五、三八六等。这些简在对犯罪行为进行判定时,主犯与共犯量刑相同,充分反映了主犯和从犯之间无差异的量刑原则。

反映未遂与既遂的秦律规定,见于《法律答问》四〇〇、四〇一简。

> 抉钥,赎黥。可(何)谓抉钥?抉钥者,已抉启之乃为抉,且未启亦为抉,抉之弗能启即去,一日而得,论皆可(何)殹(也)?抉之且欲有盗,弗

四〇〇

> 能启即去,若未启而得,当赎黥。抉之非欲盗殹(也),已启乃为抉,未启当赀二甲

四〇一

可见,未遂和既遂之间也没有严格的界限。未然阶段的可能、企图以及犯罪意识的形成都是处罚的对象,而且在量刑方面与已然时没有区别。秦律的这种主观主义的刑罚适用原则也被汉代所沿袭。武帝时期,酷吏依据的法律,即发现可能犯罪要适用于实际已犯该罪刑罚的"见知之法"和只在心中诽谤过就构成诽谤罪的"腹诽之法",就是该原则的具体体现。对此,我曾做过考证。[1]

当时我认为,秦律这种主观主义刑罚适用原则的基础是《春秋公羊传》所谓的"原心定罪"思想,因此对史料中没有反映的公羊学和秦律之间的隐性关系进行了探索。

---

[1] 拙稿《谋反——秦汉刑罚思想的展开》(《东洋史研究》42—1,1983年)。

我曾指出,《春秋公羊传》对沿用至汉代的刑罚适用原则具有不可忽视的影响力,该原则的基础就是《公羊传》这种动机主义与心情重视思想。对此,我没有更改的意见。但是,秦律和公羊学之间的关系问题却需要重新考虑。

能不能在盛行于齐地的公羊学与秦律之间找到明显的交流迹象呢?不能。虽然两者在刑罚适用思想方面相近,但秦律所反映的主观主义适用刑罚,是从秦律自身的刑罚目的,即对犯罪完成时的严重后果进行未遂回避的犯罪完成预防中引申出来的。不过,《春秋公羊传》"将而必诛"与《韩非子》"欲制物者,于其细也"(《喻老》)及"见微以知萌,见端以知末"(《说林》)在未然断处和主观主义刑罚适用上的一致性,使心情重视与秦律犯罪完成预防这两种渊源不同的观念,经过补充融合最终形成了汉代的刑罚适用思想。

与犯罪可能预防相比,犯罪完成预防是中国古代特有的理论,[①]因为犯罪可能预防在现代刑罚理论中还作为刑罚的一种目的而存在。

行文至此,可以得出这样的结论:秦汉刑罚是由犯罪可能预防和犯罪完成预防构成的目的刑。这个结论同时也回答了第一节"罪与罚"中提出的罪罚一体及交叉问题。

当政者要避免由犯罪引起的社会秩序混乱,老百姓要回避因犯罪带来的伤害即刑罚。罪也好,刑也好,对立场不同的两者来说都需要回避。在这里,罪与罚相互交错,融为一体。我曾指出,"僻(避)"表示刑罚,"僻罪"、"僻刑"同样也是刑罚的意思。这充分说明了它们之间的相互关系。

如果像今天的犯罪那样仅限于过去的结果,作为回避的目的,罪与

[①] 预防除了一般预防外,为了防止犯罪者再犯,以对犯罪者进行教育、改造为目的的特别预防,才是刑罚的目的。但是,在秦汉的刑罚观念中,没有特别预防。另外,我这里所说的"犯罪完成预防"也不是所谓的特别预防。

罚之间的距离则不可能拉近。但在当时，对犯罪的认定往往基于某种可能，罪与罚都是将来时，意识上很容易出现交叉。

与此同时，在秦汉及其以前的中国古代刑罚中，也没有发现应报刑的因素。所谓应报刑，就是针对已犯罪行的相应刑罚。如"同害复仇"所示，罪与罚在天平的两侧，蒙受的伤害与对应的报复性制裁程度完全相同。现在，由于不存在这种罪与罚一对一的对应原则，两者之间的区别以及原因、结果的对应关系也就不太明显了。

另外，秦汉的法（=律）是皇帝单方面的命令，不存在围绕法制定的契约。盟约和律令的立法化过程不同。在盟约环境中制定的罪罚规定，也许存在过罪刑均衡的意识，但强权者单方面命令的法规化，首先会强调它的威慑性。

小　　结

以上，通过"约与律"、"罪与罚"及"秦汉的刑罚"三节，对中国古代特别是秦汉时期的刑罚理念和法意识进行了考察。

在本编中，我特别想指出的是，秦汉的罪罚并不是违法行为的罪和对其加以科处的罚相对应的概念。罪罚之间界限不明显，语义上经常出现混同，这与刑法的制定及其实施的目的密切相关。

中国古代刑罚没有应报刑的属性，它是一种目的刑，是一种以维护社会安定，贯彻皇帝意志命令为目的的强制措施。因此刑罚以预防和威慑为主。预防包括犯罪可能预防和犯罪完成预防两种，后者是中国古代尤其是秦汉刑罚观念的真实反映。

与集团内部缔结的约不同，秦统一以后法律规范的立法实施，是根据主权者单方面的命令，并采取刑事政策优先的办法达到威慑的效果，从而使目的刑的制定成为可能。

不过，围绕目的刑，还有一点需要指出。

秦汉刑罚所追求的目标是保护社会，维持秩序。所谓目的刑，就是把刑罚作为一种达到或维持某种状态的手段。所以，刑罚本身应有的使命以及通过刑罚实现的价值理念比较淡薄。单从维持治安的目的来看，与刑罚本身应有的使命之间的距离不是太远。但是，如果偏重于目的和手段，使其超出刑事政策的范畴进一步成为补充国家行政、财政政策的手段时又会如何呢？没有应报刑刑罚思想的秦汉刑罚，很容易创造产生超越刑事、司法领域的目的刑的环境，其最大特点就是劳役刑位于刑罚体系的主轴位置。制定这种强制劳动刑，主要是为中央集权体制和官僚体制的正常运转提供各种劳役。我曾经称其为"功利性刑役"，这种功利性的劳役刑恰恰是偏重于目的刑的秦汉刑罚的产物。

目的刑的取向使秦汉律令罪罚不分，而抵赎罪过的赎罪和代替刑罚的赎刑之间区分不明显则造成了罪罚之间的交叉。关于赎刑和赎罪，本书在第二编第四章"汉代的财产刑"中已经进行了分析考察，这里不再重复。但有一点需要指出，用以赎罪或刑的赎物，除了金钱之外，还有物品和功绩等。而抵赎的对象不仅包括过去已犯的罪恶，也包括未然阶段的罪，即预先抵赎可能会犯的刑罚。

> 隆虑公主子昭平君，尚帝女夷安公主。隆虑主病困，以金千斤钱千万为昭平君豫赎死罪，上许之。

《汉书·东方朔传》

赎刑为何会出现这种一般常识难以理解却能公然得到认同的现象呢？这归根结底还是与秦汉刑罚所确立的未来时制有关。本来，作为行为的罪属于已然，罚是对它的惩罚。换句话说，就是罪与罚的时制分别是过去和现在。但是，中国古代的罪与罚并不是那样，中国古代的刑罚是一种着眼于未然的刑罚，这种把刑罚和刑法的时制放在未来的未然措施，最终为像赎罪所看到的针对未然犯罪个人提前预防现象的产生提供了土壤。

　　总之,未然的罪与罚,以及赎刑(赎罪)充分体现了中国古代刑罚的特征。

参 考 文 献

本书所引简牍和刑徒砖、瓦的编号主要参考以下文献：

1. 云梦睡虎地竹简：《云梦睡虎地秦墓》，文物出版社，1981年。
2. 居延汉简(1930年出土)：西北科学考察团原简编号。
3. 居延汉简(1973年出土)：《居延新简》，文物出版社，1990年。
4. 敦煌汉简：《敦煌汉简》，中华书局，1991年。
5. 云梦龙岗秦简：《考古集刊》8，科学出版社，1994年。
6. 上孙家寨出土木简：《文物》1981年第2期。
7. 罗布泊汉简：《罗布泊考古记》，中国西北考察团丛刊之一，1948年。
8. 《江陵张家山汉简——奏谳书》，《文物》1993年第8期和1995年第3期。
9. 《洛阳郊外刑徒墓出土砖》，《考古》1972年第4期。
10. 《临潼县赵背村出土瓦文》，《秦代陶文》，三秦出版社，1987年。

附　　录

睡虎地秦墓竹简新旧版编号对照表

1978 年版	1990 年版
六三	语书一〇
六四	语书一三
六五	语书一二
六六	语书一三
〇七三	秦律十八种六
〇七四	秦律十八种七
八〇	秦律十八种一三
八一	秦律十八种一四
一一六	秦律十八种四九
一三五	秦律十八种六八
一四三	秦律十八种七六
一八〇	秦律十八种一一三
二〇〇	秦律十八种一三三
二〇一	秦律十八种一三四
二〇二	秦律十八种一三五
二〇八	秦律十八种一四一
二一一	秦律十八种一四四
二一二	秦律十八种一四五
二一三	秦律十八种一四六
二一四	秦律十八种一四七

续表

1978年版	1990年版
二一九	秦律十八种一五二
二二二	秦律十八种一五五
二二三	秦律十八种一五六
二四九	秦律十八种一八二
二七六	效律八
二七七	效律九
二七八	效律一〇
三三三	秦律杂抄五
三五五	秦律杂抄二七
三六〇	秦律杂抄三二
三六一	秦律杂抄三三
三六六	秦律杂抄三八
三七一	法律答问一
三七二	法律答问二
三七四	法律答问四
三七八	法律答问八
三八四	法律答问一四
三八五	法律答问一五
三八六	法律答问一六
三九〇	法律答问二〇
三九一	法律答问二一
三九二	法律答问二二
四〇〇	法律答问三〇
四〇一	法律答问三一
四〇三	法律答问三三
四〇五	法律答问三五
四〇六	法律答问三六
四〇八	法律答问三八

续表

1978年版	1990年版
四〇九	法律答问三九
四一三	法律答问四三
四一五	法律答问四五
四一六	法律答问四六
四一九	法律答问四九
四二一	法律答问五一
四三二	法律答问六二
四三七	法律答问六七
四三八	法律答问六八
四四一	法律答问七一
四四二	法律答问七二
四四六	法律答问七六
四四七	法律答问七七
四五一	法律答问八一
四六一	法律答问九一
四六六	法律答问九六
四六七	法律答问九七
四六八	法律答问一一六
四七三	法律答问一〇三
四七六	法律答问一〇六
四七九	法律答问一〇九
四八一	法律答问一一一
四八二	法律答问一一二
四八三	法律答问一一三
四八六	法律答问一一六
四八八	法律答问一一八
四九〇	法律答问一二〇
四九一	法律答问一二一

续表

1978年版	1990年版
四九二	法律答问一二二
四九四	法律答问一二四
四九五	法律答问一二五
四九六	法律答问一二六
四九七	法律答问一二七
四九八	法律答问一二八
五〇二	法律答问一三二
五一〇	法律答问一四〇
五一七	法律答问一四七
五二五	法律答问一五五
五二六	法律答问一五六
五三五	法律答问一六五
五四〇	法律答问一七〇
五四一	法律答问一七一
五四二	法律答问一七二
五四三	法律答问一七三
五四四	法律答问一七四
五五三	法律答问一八三
五七一	法律答问二〇一
五八八	封诊式八
五八九	封诊式九
五九〇	封诊式一〇
六二六	封诊式四六
六二七	封诊式四七
六二八	封诊式四八
六三〇	封诊式五〇
六三一	封诊式五一
六七五	封诊式九五

后 记

本书是在1996年向京都大学文学部提出，1997年获得博士学位的学位申请论文《秦汉刑罚制度考证》基础上完成的。承蒙有关方面人士的厚爱，得以交付1997年度文部省科学研究费补助金"研究成果公开促进费"出版。我也借此履行了公布学位论文的义务。

本书和《秦汉刑罚制度考证》，均以此前发表过的四篇法制史论文为基础。它们分别是：

1.《秦汉的劳役刑》(《东方学报》京都，55，1983)

2.《两个刑徒墓——秦到后汉的刑役和刑罚》(《中国贵族制社会的研究》，京都大学人文科学研究所，1987)

3.《连坐制及其周边》(《战国时代出土文物的研究》，京都大学人文科学研究所，1985)

4.《秦汉刑罚制度考证》(《前近代中国的刑罚》，京都大学人文科学研究所，1996)

1、2是对秦汉刑罚制度史的比较研究，即本书中的第一编《秦统一后的刑罚制度》和第二编《汉代刑罚制度考证》，两篇都是在十年前发表的。由于发表得比较早，来自各方的批评意见也比较多，有几处需要做些修改。发表最早的《秦汉的劳役刑》，尤其受到了中国法制史大家滋贺秀三和古代法制史家籾山明先生的严厉批评。

两位的批评涉及多处。其中，对《汉书·刑法志》中文帝废除肉刑和隶臣妾的解释，拙论确有不足之处。按照两位的高见，本书对原来的观点做了部分修改和补充。具体见解释《汉书·刑法志》的(1)、(2)、(3)部分。

对籾山明关于隶臣妾问题的批评,本书没有正面接受,也未展开新的讨论。另外,关于隶臣妾作为刑罚的效果问题,也未能做出令人满意的答复。在不得不留待后考的同时,在此对批评者的失敬之处也深表歉意。

关于文帝刑制改革问题,虽然不是对我论文的直接批评,但却不容忽视,这里有必要做一些探讨。

北京大学法律系教授张建国先生在《西汉文帝刑法改革及其展开的再讨论》(《古代文化》,1996年第10期)一文中,围绕《汉书·刑法志》中肉刑废止的记载,提出了新的复原原文的解读方法。因为他认为《刑法志》中可能混有后代的注释。而滋贺秀三在《关于西汉文帝的刑制改革——汉书刑法志脱文质疑》(《东方学》79,1990)一文中则认为《刑法志》有脱文现象,利用假设的脱文对全文重新做了解释。

与滋贺相比,张先生不是用脱文脱字的假设而是用《刑法志》本身的记载解决问题,应该说更胜一筹,理应是本书引用的重要观点。但本书在解释《汉书·刑法志》的(1)到(4)部分中,始终没有提及张氏之文,并不是我不知道张的文章。《古代文化》中以日文发表的论文的翻译,还是我受张氏之托所为,这也是我"不容忽视"的原因。

一方面,在接到张氏论文之时作为本书原形的学位申请论文已基本出笼。另一方面,尽管张氏的论考很出色,也极具魅力,但由于其观点完全基于假设,无法驳论。

关于张先生的观点,这里只想就他围绕《汉书·刑法志》肉刑废止把笞刑作为附加刑对待的问题做些解释。虽然论证过程不同,但结论却与本书基本一致。需要说明的是,译者绝没有剽窃张氏的高见。证据是这一观点我早在《古代中国的罪与罚》(中央公论社,1995)一文中就已经提出了。当然,这里并不是要讨论谁先谁后即谁占先的问题,完全是为了感谢张先生的不谋而合。

在第1、2编提到了以前论文中没有论及的刑罚,即属于财产刑范畴的罚金刑和赎刑。两种刑罚虽然在秦汉时期有着不同的属性,但都与劳役刑关系密切,且都随着劳役刑的变化发生了变化。由于有关罚金刑和赎刑的研究论文相对比较少,希望拙论能成为原论之一。

赎刑和赦,与秦汉帝国的皇帝政治密切相关,在有些情况下采用二律背反原理的法的统治与皇权究竟是如何搅在一起的?对此,本书并未从正面进行充分讨论。第4编爵制和皇权的关系问题也是一样。

第3编和第4编,虽然没有像前两编那样做大幅度的改动,但也做了一些修订,个别部分还进行了进一步的考证。总之,本书也可以说是对以前发表过的四篇拙稿的修订版,并借此对《秦汉的劳役刑》等做了一个回顾。希望以后对我秦汉刑制之拙见的批评指正,不要仅限于以前的四篇,还应加上本书的各编。

两年前,我出版了一本面向一般读者的读本《古代中国的罪与罚》(中央公论社),对本书《秦汉刑罚制度研究》这样的专业书籍来说,它可以算作一个缩写本。缩写本先出本来就不合常理,何况该书的出版还发生了让我极为后悔和难为情的事情。

在《古代中国的罪与罚》出版后不久,我收到了某个正在酝酿废除死刑的组织要我发表看法的邀请。原因是在该书的后记中,我曾涉及了一点当今世界尤其东西方两个世界刑罚的不同,另外还谈了些连感想都谈不上的关于废除死刑的愚见。

当时的我,当然现在也一样,始终都是纯粹在对法制史、中国古代制度史进行考证。对现行死刑制度的存废,除了一般人的有感而发外,对方期待的当然是专家关于法意识、法制度的意见。结果,我谢绝了邀请。作为学习刑罚史并以此为职业的人,被邀请去发表关于现代死刑制度的看法,不管怎么样,赞同也好反对也好,都应该有一个明确的态度,拒绝回答显然很丢人。

日本著名人士、刑法学界代表、死刑废除论者团藤重光，在其近作《死刑废止论》第五版（有斐阁，1979年）中考察了古代日本死刑的有关历史。既有从历史的角度阐述死刑废除论的章节，也有涉及亚洲精神风貌与死刑废除关系的章节，如实反映了研究刑罚制度对转变现代法律意识的作用，是一部贯通古今的大作。在这种情况下，作为法制史研究者是不是就可以说没有关系，请随便用我的研究成果，这是一个历史学家应该采取的态度吗？

在自悔之际，出现了让我重新考虑死刑废止和刑罚目的的事情。有一年，作为外聘讲师去一所私立大学法学部讲课。当时选修者围坐一桌，其中有一半是中国留学生。于是，我改变了最初的讲课计划，发给每人一个题目，让他们就各自的题目进行讨论并发表意见。论题涉及日中两国法律、政治和社会等方面，如《论女性机会均等》、《安乐死》及《有关死刑废止的讨论》等论题。讨论中，中国留学生异口同声地说："中国没有废除死刑的讨论。"为何没有？"因为中国的犯罪率很高，治安不好。在这种情况下不可能废除死刑，而且也不会有这样的讨论。"

首先要说明的是，学生们都是法学部专业课程的在校生，正在对民法、劳动法做专门研究，而不是法律、法学的门外汉。对死刑废止问题有这样的看法，绝不能说是中国留学生的法律意识差。从中国政府执行死刑的实际情况和中国国内的社会舆论来看，留学生的意见与政治家、司法关系者的相同，是大多数人的意见。这说明中国是以维护治安和社会安定为第一目的，刑罚是实现这一目的的手段。这种目的刑，一般预防本身的观念与秦汉时代的刑罚有共通之处。其实，在当今的日本，支持死刑继续存在观点的理论依据，主要也是认为死刑有抑制犯罪的效果。不过，中国和日本不同，在中国，对死刑包括一般预防抑制犯罪的效果深信不疑。这是中国的现实状况。

在这里，我没有把秦汉时代的刑罚和现代中国的刑罚观念强扯在一起进行类推渲染的打算。毕竟两千年的岁月不容忽视，但保留有浓厚目的刑色彩的中国刑罚之基础的古代刑罚观念，作为一种很重要的因素仍有考虑的必要。

而且不只限于死刑，其它刑罚如罚金刑也是一样，它涉及到在中国罪是什么，以及如何看待刑罚目的等问题。再进一步可以把问题扩展到中国刑罚观念和日本刑罚观念，以及现代东洋和西洋在罪与罚之间刑罚观念的差异等方面来。可以说，这也是留给法制史和现代刑法等不同专业研究者的课题。

在这一课题的研究中，从秦汉帝国的法创立开始，按时代依次考察到现代中国，对法制史进行通史研究，然后转入日本律令制导入阶段的考察，并解析后来独立的日本刑罚制度和刑罚思想，从而进一步对东亚地区的刑罚史进行整体研究，最后再围绕刑罚适应在现代东洋和西洋产生的冲突、日本死刑废除论的本质，以及不同国家对罪与罚的认识等问题进行全面阐述。

当然，这只是个梦想。大学毕业二十多年，差不多用了半生的精力才好不容易弄出个《秦汉刑罚制度研究》来，这对我来说已经远远超出了自己的能力之外。可见，这是一个很不谦虚的研究计划。日暮途远，在无论如何也没有可能完成的情况下，我想至少也要把到唐律为止的六朝刑罚体系及其变迁搞清楚。汉的刑罚及汉的法制究竟是经过怎样的改变汇入到唐代刑罚制度，进而影响了日本律令中的刑罚？这一问题，将是我以后努力主攻的课题。毫无疑问，从中可以找到阐明日本古代死刑观念与中国古代中世刑罚意识不同之处的金钥匙。

虽然为时已晚，但魏晋南北朝刑罚制度的研究也不得不着手进行了。

1997年秋
富谷至

跋

在日本留学期间，最大的收获之一就是有幸认识富谷至先生和他的研究班子。

众所周知，京都大学人文科学研究所是日本著名的国际学术研究机构，在人文科学方面具有很强的研究能力和很高的研究水平。这里聚集了许多学者，他们都是某一学科或领域的著名专家，富谷至先生就在其中。在这里，专家们除了自己搞研究之外，还通过开班、讲学等形式进行广泛的学术交流。日本各地乃至世界各国的专家，通过各种渠道，在某一个特定时间聚集在一起就某一个学科或领域的问题，进行深入细致的研究。从这个意义上来讲，这里又是一个国际学术交流中心。

认识富谷先生，可以说就是从他的研究班开始的。

1997年5月23日星期五（记得那是我到达日本后的第16天）一大早，我拿着何双全先生（原甘肃省文物考古研究所汉简研究室主任，现任甘肃省文物保护研究所副所长）的推荐信，从神户市中央区港岛（人工岛）的神户大学留学生会馆出发，先到大阪车站与提前约好的吉村昌之先生会合，在他的引见下前往京都大学人文科学研究所拜见富谷先生。由于比较远，紧赶慢赶，赶到的时候已接近10点。富谷先生听了介绍，看了推荐信，用中文简短地问了几句后，就把我带进了他的研究班。研究班10点正式开始。等大家落座后，富谷先生向大家很隆重地介绍了我，同时也给我介绍认识了研究班上的成员。不听不知道，一听吓一跳。原来，研究班上的成员大都是我在国内早有耳闻的日本著名的简牍专家，在秦汉简牍研究方面有很深的造诣。仅这一点，就使我对这个研究班产生了浓厚兴趣。接着，富谷先生宣布研究班正式开始。当时，研究班正在研读敦煌马圈湾汉简。首先由一个成员就自己负责的部分发表意见，然后再由富谷先生主持讨论。一次研究班参加下来，使我受益匪浅。对日本简牍专家特别是富谷先生汉学功底之深厚、治学态度之严谨、学术气氛之活跃和研究讨论之充分有了最直接的感受和认识。当时我就想，如果能参加这样的研究班，也不枉我日本的留学生活。因为有了这种想法，所以在富谷先生当天征求我的意见的时候，我就迫不及待地答应了下来。后来才知道，作为一个参加过敦煌悬泉遗址发掘、对简牍学有浓厚兴趣的中国留学生，我是唯一一个在非博士课程阶段被破格吸收到研究班子中的成员。

其实，对一个初到日本的中国留学生来说，不要说参加研究班，就是每周五从神户到京都的往返交通费和午餐费（相当于230元人民币）就很让人头痛。但为了不使自己与这些汉学大家们失之交臂以致失去绝好的学习机会，更为了能尽快熟悉日本学界的情况，掌握日本在汉学研究方面的成果，为自己的留学生活开一个好头，我硬是挺了下来。一坚持就是五年多，除了中间回国或者神户大学这边有实在离不开的事情参加以外，我几乎是风雨无阻，从未间断过。

五年来，从富谷先生及其研究班上学到的东西自不必说。富谷先生和他的研究班子给予我生活上无微不至的关怀和照顾，使我至今历历在目，记忆犹新。富谷先生充分考虑到了我的难处。在他的极力推荐下，从1999年开始，我就先后担任了京都大学人文科学研究所的非常勤讲师、研究助手和课题组成员等。这不但使我有了在京都大学人文研究所工作的机会，而且减轻了我的生活压力和因参加研究班产生的各种负担。之所以能在较短的时间内完成自己的学业，与我一开始就参加富谷先生的研究班、一直以来受富谷先生的关照是分不开的。当然，我的导师百桥明穗先生的恩情就更不待言了。

富谷先生这本巨著的翻译工作，就是在参加研究班的过程中争取到的。那是在我留学后的第三年年底，也就是1999年年底。据说，当时有好几位先生的学生都想成为先生大作的中文译者。最后之所以给我，我估计与我来自中国甘肃的特殊身份有关。因为此前我参加过汉代简牍的发掘和释文工作。仅此而已。

接受工作时兴奋，接到工作后发愁。翻译工作是一项非常艰辛的工作，正如谢桂华先生后来告诉我的那样，它不仅仅是个语言的置换过程，而是一种再创作。但此前我并没有也不可能认识到这一点。最初，我敢于接受这个工作，显然是因为不懂。"无知者无畏"，这话一点不假。后来虽然有所醒悟，但已经来不及了，只好硬着头皮去做。结果，一个初译稿就差不多用了三年时间，最后交给富谷先生的时候，已经到了2002年7月份。尽管当时自以为不错，但在几年后的今天返过头去再看时，就很是汗颜。总结经验教训，作为日语的初学者，日语语境的影响是一方面，更为重要的还是和自己的学术水平有关，特别是作为一个刑法制度的门外汉，要想把这部专业宏著翻译好，本身就不现实。

初译稿拿出来以后，我几乎没有再看。请以前的同事张俊民先生（现任甘肃省文物考古研究所简牍研究室副主任）代为校对、通稿后，就直接交付给中国社会科学院历史研究所谢桂华先生。一方面，由于工作比较忙没有时间再看，另一方面确实也认为差不多。可是，直至今年4月底，当谢先生把最后一校的任务交给我，译稿拿到手上再看的时候，我感觉到了问题的严重性。尽管当时谢先生催得很紧，我也答应利用5月黄金周的七天长假尽快完成校对工作，可是我还是把稿子压了下来。于是从5月拖到6月，从6月又拖到7月，一直到今天2004年8月16日，稿件也没有寄出去。五、六遍的反复通读和无数次的仔细校对，反而使我没有了信心。要不是谢先生的鼓励，我恐怕不会有勇气让这个译稿同大家见面。

不过，既然要见面，我就已经做好了接受批评的准备，丑媳妇总是要见公婆的嘛。在这里，我只有一个恳求，就是真诚地希望大家能不吝赐教，予以批评指正。

同时，我要向所有支持和帮助过我的各位先生、同事和朋友，表示最崇高的敬意和最真挚的感谢！没有他们，就不可能有这个译稿。首先要感谢富谷至先生对我的信任；感谢谢桂华先生自始至终的支持、指导和帮助，特别是先生考虑到我回国后工作上的压力，带病替我通稿和校对，使我深感内疚。而正是谢先生提出的进一步修改的意见，才促使我下决心重新审视初译稿，才有经过反反复复修改过的这最后一稿。还要感谢张俊民先生，他先后两次为我通稿和校对文献，花了不少时间，费了许多周折。也要感谢我的搭档。在接受这个翻译工作时，我到日本才两年多一点。当时我的日语虽然已经能够应付一般的日常生活用语，但是要想把一本书翻译成中文，显然是有心无力。为了弥补自己在语言上的不足，在征得富谷先生的同意后，我就邀请我的好友朱恒晔加盟来共同完成这项工作。她虽然是学经营管理的，但日语非常好，更重要的是她对中国历史和文化有较好功底。她为这本书的翻译付出了大量心血。可以说，没有她的加盟，就不可能有今天这部译稿的出版。当然，对编辑们辛勤劳作也表示深深的谢意。

最后，对译稿本身再作几点说明。

由于我自己的能力和时间有限，翻译过程中视自己方便，对原著有些部分擅自作了删减：一是图版，二是有关简牍和文献史料的译文，三是关于原著所引秦汉简牍、砖瓦文索引、相关事件索引和人名索引。这些虽然不影响原著的内容，但影响原著的完整性，也不便于读者阅读。在此，深表歉意。但愿我补做的云梦睡虎地秦简新旧版编号对照表，在这方面能稍稍有所弥补，那就是莫大的欣慰了。

总之，由于水平有限，难免有理解不透、表达不清，甚至说外行话的现象，敬请方家斧正。

柴 生 芳
2004 年 8 月 16 日于丝路古城兰州

再版后记

值此《秦汉刑罚制度研究》一书在商务印书馆再版之际，我受邀撰文，深感荣幸。我和五叔柴生芳先生，其实聚少离多。

现在回想起来，和他相处时间比较长的日子有两次。这两次对我的人生成长至关重要。一次是那年初一暑假，在我父亲的联系之下，我搭卖苹果的顺风卡车到兰州找他。那个时候，他在甘肃省考古研究所上班，住在职工宿舍，高低床的那种，我和他一住就是多半个月。对于我而言，是一个农村娃第一次到省城，他从兰州张苏滩蔬菜水果批发市场接到我，带我到兰州逛了不少的地方，吃了不少好吃的。这期间，我是第一次吃到兰州牛肉面，直到现在还能想起他带我吃的那碗牛肉面的味道。那不是一碗简单的牛肉面啊！回到老家，直到来兰州上大学，我就再也没有吃到过那么好吃的牛肉面。虽然在高中的时候，县城也有了兰州牛肉面馆，但丝毫吃不出那时那碗牛肉面的味道了，因为那次吃饭叔叔鼓励我立志。正是因为这一次在兰州与他生活在一起近一个月的日子，让我第一次真真切切地感受到外面世界的精彩。

另外一次是在兰州上学的那段时间。在兰州上学期间，他从日本神户大学获得文学博士学位，学成归来，去了甘肃省委办公厅。那时候，他还是单身，一个人住。尽管他平时的工作很忙很辛苦，却依然找时间为我改善生活，带我去吃各种好吃的。饭后，我们经常去的地方就是书店，一进书店就找自己喜欢看的书并认真地去看，一看就是很长的时间。他告诉我这样看书实惠且有效果。回到他的住处，在他的床头周围堆满了书，每本书上都有他标注过的痕迹，密密麻麻写满了读书心得体会。那时候，我非常不能理解，五叔已经是博士了，还这么认真地看书，而且无论多忙都要抽出时间去看书。我就想，我要是能像五叔一样成了博士，还会这么读书吗？现在想想，那时候的自己还没有真的入读书的门。《秦汉刑罚制度研究》，这本书第一版的书稿也是在那时完成的，经常看到他在电脑上敲来敲去，非常认真地斟酌翻译书稿。

  大学毕业后，在五叔的鼓励和引导下，我也东赴日本神户留学。为了节省费用，我和他当时出国留学时一样从天津港出发，乘坐"燕京号"在海上漂泊50多个小时后顺利抵达了日本神户港。从此我八年多的留学生活开始了。留学生活，远没有走出国门前想的那么美好，有许多困难摆在我的面前，需要我去克服，比如说语言问题、文化问题，等等，其中最为困难的就是学习和生活的平衡问题。然而，无论我遇到什么问题，在与他交流沟通之后，总是能找到解决问题的方法。就这样，当我取得了法学博士学位，我能感觉到他的开心，我深知没有五叔的教诲，也就没有我今天的成长。我给他汇报了我当时的一些想法后，他鼓励我回兰州工作，没有什么大道理，只是说回家乡，一家人在一起，其乐融融。我很能理解他对我的期望，也很能理解他的深意。出国留学这么多年，于公于私，该是时候回家了，该是时候回到家乡做点事了。

  在他这个榜样的一路影响和指教下，2014年7月14日我入职兰州大学法学院，成了一名年轻的国际法教师。原以为，这个选择能让我有更多的时间和他在一起，也能让我更多的聆听他的教诲，同时也能去像孝顺长辈一样孝敬他。何曾想，我才回国工作一个月，2014年8月15日犹如一个晴天霹雳从天而降，年仅45岁的五叔，在没有留下只言片语的情况下突然与世长辞，永远地离开了我和我的亲人。面对突如其来的变故，我和亲人们不知所措，一时间我都不知道悲伤，真是伤大莫于无啊！之后，我长时间沉浸在悲伤之中，不能自拔，半夜从梦中哭醒，真想他的离去只是我做的一场梦而已。

我接受不了他离去的事实,我又能做些什么呢?回想起他一路走来的执着和取得的成就,对我而言,他是高山仰止的存在。对于我的五叔,我是十分愧疚的。他对我的影响应该是最大的,甚至可以说似我的父母养育了我,我受五叔培养。正因为如此,这份"子欲孝而亲不在"的愧疚,将会永远伴随着我。我从甘肃宁县到兰州,再从兰州到日本神户,从日本神户回到兰州,重要的抉择都与他的鼓励有关。日常生活中,他基本上都是以表扬的方式,鼓励我努力学习,同时通过日常中的点滴教会我许多如何做人的道理,这些也必将让我受益终生。即便是现在,每当我遇到一些不顺心的事,我都会想到我的五叔,以前是去找他商量,而现在我坚信他留给我的这些精神财富足以支撑着我毫不畏惧地向前迈去。

谨以此文纪念我最敬爱的五叔!

柴 裕 红

2021 年 3 月 23 日于金城兰州

图书在版编目(CIP)数据

秦汉刑罚制度研究/(日)富谷至著;柴生芳,朱恒晔译.—北京:商务印书馆,2021
(中国法律史学文丛)
ISBN 978-7-100-19947-6

Ⅰ.①秦… Ⅱ.①富…②柴…③朱… Ⅲ.①刑罚—制度—研究—中国—秦汉时代 Ⅳ.①D924.02

中国版本图书馆 CIP 数据核字(2021)第 092070 号

权利保留,侵权必究。

中国法律史学文丛
秦汉刑罚制度研究
〔日〕富谷至 著
柴生芳 朱恒晔 译

商 务 印 书 馆 出 版
(北京王府井大街36号 邮政编码100710)
商 务 印 书 馆 发 行
北京新华印刷有限公司印刷
ISBN 978-7-100-19947-6

2021年9月第1版　　开本 880×1230 1/32
2021年9月北京第1次印刷　印张 10 插页 2
定价:89.00元